MÉMOIRES
DE
MADAME DE RÉMUSAT
— 1802-1808 —

PUBLIÉS AVEC UNE PRÉFACE ET DES NOTES

PAR SON PETIT-FILS

PAUL DE RÉMUSAT
SÉNATEUR DE LA HAUTE-GARONNE

III

PARIS

CALMANN LÉVY, ÉDITEUR

ANCIENNE MAISON MICHEL LÉVY FRÈRES

RUE AUBER, 3, ET BOULEVARD DES ITALIENS, 15

A LA LIBRAIRIE NOUVELLE

—

MDCCCLXXX

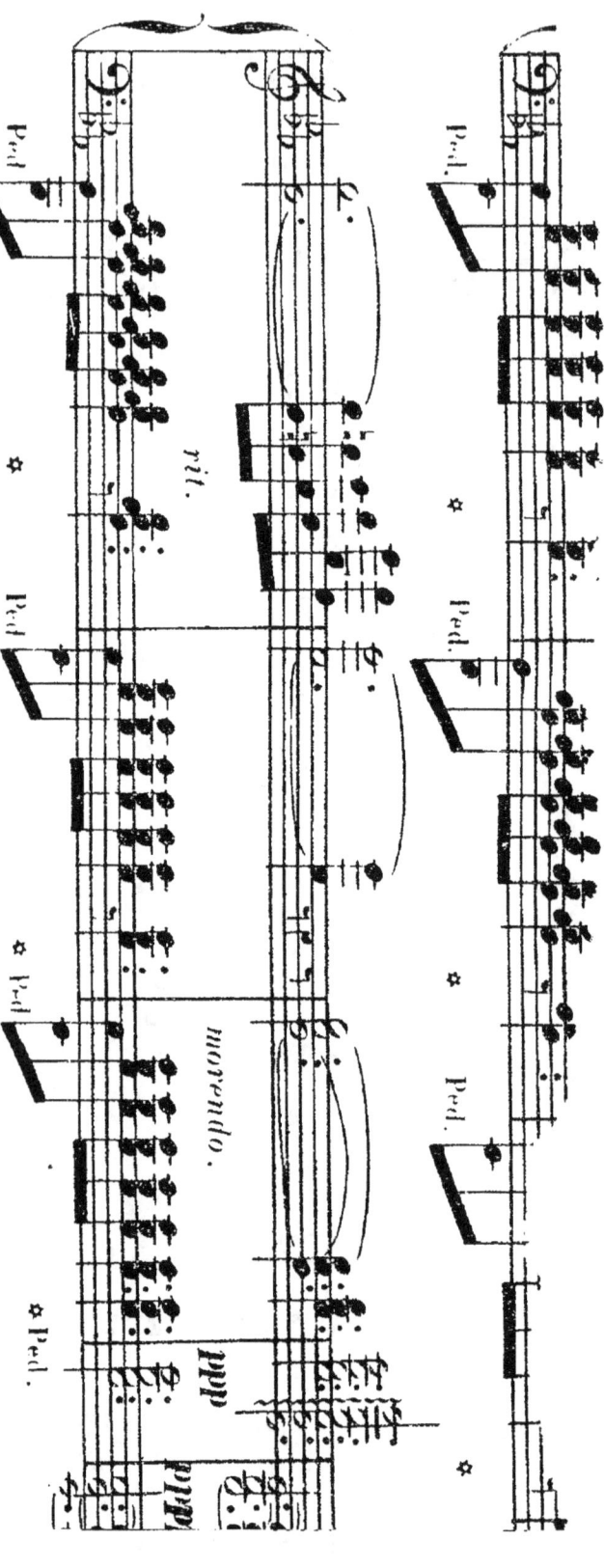

MÉMOIRES

DE

MADAME DE RÉMUSAT

III

OUVRAGES

DE

M. CHARLES DE RÉMUSAT

DE L'ACADÉMIE FRANÇAISE

ESSAI DE PHILOSOPHIE, 2 volumes in-8. Paris, Ladrange, 1842.

DE LA PHILOSOPHIE ALLEMANDE, rapport à l'Académie des Sciences morales et politiques, in-8. Paris, Ladrange, 1845.

SAINT ANSELME DE CANTORBERY, sa vie et sa philosophie, in-8. Paris, Didier, 1853.

ABÉLARD, sa vie, sa philosophie et sa théologie, nouvelle édition, 2 volumes in-8. Paris, Didier, 1855.

L'ANGLETERRE AU XVIIIe SIÈCLE, études et portraits, 2 vol. in-8. Paris, Didier, 1856.

BACON, sa vie, son temps, sa philosophie et son influence jusqu'à nos jours, in-8. Paris, Didier, 1857.

CRITIQUES ET ÉTUDES LITTÉRAIRES ou passé et présent, nouvelle édition revue et considérablement augmentée, 2 volumes in-18. Paris, Didier, 1857.

POLITIQUE LIBÉRALE, ou fragments pour servir à l'histoire de la Révolution française, in-8. Paris, Michel Lévy, 1860.

PHILOSOPHIE RELIGIEUSE. De la théologie naturelle en France et en Angleterre, in-18. Paris, 1864.

HISTOIRE DE LA PHILOSOPHIE EN ANGLETERRE, depuis Bacon jusqu'à Locke, 2 vol. in-8. Paris, 1877.

ABÉLARD, drame inédit publié avec une préface et des notes par PAUL DE RÉMUSAT, in-8. Paris, C. Lévy, 1877.

LA SAINT-BARTHÉLEMY, drame inédit, publié par PAUL DE RÉMUSAT, in-8. Paris, C. Lévy, 1878.

MÉMOIRES

DE

MADAME DE RÉMUSAT

— 1802-1808 —

PUBLIÉS PAR SON PETIT-FILS

PAUL DE RÉMUSAT

SÉNATEUR DE LA HAUTE-GARONNE

III

PARIS

CALMANN LÉVY, EDITEUR

ANCIENNE MAISON MICHEL LÉVY FRÈRES

RUE AUBER, 3, ET BOULEVARD DES ITALIENS, 15

A LA LIBRAIRIE NOUVELLE

1880

Droits de reproduction et de traduction réservés.

PRÉFACE

DU TOME TROISIÈME.

Dans le premier volume de ces Mémoires j'ai tenté de retracer les principaux événements de la vie de ma grand'mère, et j'ai raconté les circonstances qui l'ont décidée à récrire le manuscrit malheureusement brûlé en 1815. Il m'a paru nécessaire, pour que ses opinions fussent justement comprises et appréciées, d'expliquer comment elle avait été élevée, quels étaient ses parents, pour quelles raisons elle était venue à la cour, par quels enthousiasmes, quelles espérances, quels désenchantements elle avait passé ; comment peu à peu des opinions plus précises et plus libérales l'avaient envahie, et quelle influence son fils, arrivant à la vie du monde et de la politique, avait exercée sur elle. Quelle que soit sa confiance dans le succès d'une publication, l'éditeur doit mettre toutes les chances de son côté, et tout expliquer, pour être sûr, ou à peu près, que tout soit compris. C'était d'autant plus nécessaire cette fois, qu'élevé dans les mêmes sentiments, habitué à voir les mêmes opinions et les mêmes anecdotes reproduites autour de lui, sous des formes analogues, cet éditeur pouvait craindre de se tromper sur la valeur ou le succès de ces souvenirs. Les parents apprécient malaisément l'esprit ou les traits de leurs proches. Beautés ou génies de famille, de coterie ou de coin du feu, s'effacent ou s'atténuent parfois au grand jour. Il était donc sage d'expliquer avec soin tout ce qui pouvait instruire le lecteur, le faire pénétrer dans la vie intime de l'auteur, et justifier celui-ci sur ce mélange, parfois contradictoire, d'admiration et de sévérité. Il eût été naturel d'y joindre une appréciation du talent de l'écrivain et du caractère de son héros. C'est là sans doute l'objet d'une préface véritable, qui, dit-on, doit précéder tout ouvrage sérieux. Mais cette préface, je me suis bien gardé de l'écrire, me réservant de donner celle qui, pour le public comme pour moi, rehausse le prix de l'ouvrage tout entier. Mon père l'avait faite, il y a plus de vingt ans, et je la puis imprimer, maintenant que le succès a justifié ses prévisions et nos espérances.

Quand mon père écrivait les pages qu'on va lire, le second empire durait encore, et rien ne semblait en menacer l'existence. Pour en croire la chute possible ou probable, il fallait une confiance persistante dans les principes inéluctables de justice et de liberté. Depuis, les temps se sont accomplis, et les événements ont marché plus vite qu'on ne le pouvait prévoir. Les mêmes fautes ont amené les mêmes revers. La pensée indécise et obscure de Napoléon III l'a conduit où s'est perdu le génie brillant et ferme du grand empereur. Mon père a pu revoir pour la troisième fois l'étranger dans Paris, et la France vaincue cherchant dans la liberté une consolation à la défaite. Il a souflert de nos malheurs, comme il en souffrait cinquante ans plus tôt, et il a eu le cruel honneur d'en réparer une partie, de hâter le jour où notre sol serait définitivement délivré. Il a enfin contribué à fonder sur tant de ruines un gouvernement libre et populaire. Ni les dernières années de l'Empire, ni la guerre, ni la Commune, ni l'avènement de la République, si difficile à travers les partis, n'avaient changé ses convictions, et il penserait aujourd'hui comme il écrivait il y a vingt-deux ans, sur les misères du pouvoir absolu, sur la nécessité d'apprendre aux nations ce que leur coûtent les conquérants, sur le droit de sa mère à écrire ses impressions, et sur le devoir pour son fils de les publier.

PAUL DE RÉMUSAT.

II

« Lafitte, novembre 1857

» Je reprends, après un long temps écoulé, le manuscrit de ces Mémoires, composés par ma mère il y aura bientôt quarante ans. Je relis avec attention cet ouvrage, que je lègue, avec le devoir de le publier, à mes fils et à leurs enfants. Ce sera, je crois, un utile témoignage historique. Ce sera certainement, avec sa correspondance, le plus intéressant monument de l'esprit, je ne dis pas assez, de l'âme d'une femme supérieure et bonne. Il me semble qu'il perpétuera le souvenir de ma mère.

» A quelque époque que ces Mémoires paraissent, j'augure qu'ils ne trouveront pas le public entièrement prêt à les accueillir sans réclamation, et avec une satisfaction complète de tout point. Lors même que la restauration impériale, à laquelle nous assistons, n'aurait pas un long avenir, et ne serait pas, ce que j'espère, le gouvernement définitif de la France de la Révolution, je soupçonne que, soit équité, soit orgueil, soit faiblesse, soit illusion, la France, prise en masse, entretiendra assez constamment de Napoléon une opinion un peu exaltée, qui se prêtera mal au libre examen de la politique et de la philosophie. Il est de cette nature de grands hommes qui se placent du premier coup dans la sphère de l'imagination plutôt que dans celle de la raison, et pour lui la poésie a devancé l'histoire. Puis, par une sympathie un peu puérile, par une générosité un peu humble, la nation a presque toujours refusé de lui imputer les maux affreux qu'il a attirés sur elle. C'est lui qu'elle plaint le plus des malheurs qu'elle a soufferts, et il lui a paru comme la plus touchante et la plus noble victime des calamités dont il a été l'auteur. Je sais quels sentiments, excusables et même louables en un sens, ont pu conduire la France populaire à cette méprise étrange ; mais je sais aussi que la vanité nationale, un certain défaut de sérieux dans l'esprit, une légèreté peu soucieuse de la raison et de la justice, sont pour beaucoup dans cette erreur d'un patriotisme peu éclairé.

» En effet, laissons de côté la question de la liberté, puisque, enfin, la nation aime, selon les temps, à résoudre diversement cette question, et se fait gloire par intervalles de tenir la liberté pour néant; ne parlons que le langage de l'indépendance nationale. Comment peut-il être, aux yeux du peuple, le héros de cette indépendance, celui qui a deux fois amené l'étranger vainqueur dans la capitale de la France, dont le gouvernement est le seul depuis cinq cents ans, le seul depuis l'insensé Charles VI, qui ait laissé la France plus petite qu'il ne l'avait reçue? Louis XV même et Charles X ont mieux fait.

» Quoi qu'il en soit, je conjecture que la multitude tiendra à son erreur et *non auferetur ab ea.* Il est donc peu probable que l'esprit dans lequel ma mère a écrit soit jamais populaire, et tous ses lecteurs ne seront pas convaincus. Je m'y attends; mais je crois aussi que, dans le monde où l'on pense, la vérité se fera jour. L'infatuation ne durera pas sans fin, et, nonobstant certains préjugés opiniâtres, il se formera, surtout si la liberté revient enfin et nous reste, une opinion éclairée qui ne jettera aux pieds d'aucune gloire les droits de la raison et de la conscience publique.

» Mais, devant ces juges plus impartiaux, ma mère le paraîtra-t-elle assez? Je le crois, s'ils tiennent compte du temps, et se replacent au sein des sentiments et des idées qui ont inspiré l'écrivain.

» Je n'ai point d'hésitation à livrer ces Mémoires au jugement du monde. « Plus je vais, » m'écrivait ma mère, « plus je me convaincs que, jus-
» qu'à ma mort, vous serez mon seul lecteur,
» et cela me suffit[1] ». Et ailleurs : « Votre père
» dit qu'il ne connaît personne à qui je puisse
» montrer ce que j'écris. Il prétend que personne
» ne pousse plus loin que moi le talent d'être
» *vraie :* c'est son expression. Or donc, je n'écris
» pour personne. Un jour, vous trouverez cela
» dans mon inventaire, et vous en ferez ce que
» vous voudrez. » Ce n'était pas qu'elle n'eût quelques craintes : « Mais savez-vous une ré-
» flexion qui me travaille quelquefois? Je me dis:
» S'il arrivait qu'un jour mon fils publiât tout
» cela, que penserait-on de moi? Il me prend

---

1. Lettre du 24 avril 1819. J'ai déjà cité cette lettre et les suivantes dans l'introduction du premier volume. (P. R.)

PRÉFACE.

» une inquiétude qu'on ne me crût mauvaise, ou
» du moins malveillante. Je sue à chercher des
» occasions de louer. Mais cet homme a été si
» *assommateur* de la vertu, et nous nous étions si
» abaissés, que bien souvent le découragement
» prend à mon âme, et le cri de la vérité me
» pousse ; je ne connais personne que vous à qui
» je voulusse livrer de pareilles confidences[1]. »

» Je me tiens par ces passages formellement autorisé à léguer au public l'ouvrage que ma mère m'a laissé en dépôt ; et, quant aux opinions dont il est rempli, les prenant à mon compte, je m'expliquerai librement sur l'empereur et sur l'Empire. Et je n'en parlerai pas au point de vue purement politique. Je hais le despotisme, et tout ce que j'en dirais serait ici sans valeur, puisqu'il s'agit de savoir comment on devait encore juger l'un et l'autre, quand on avait applaudi au 18 brumaire et partagé l'empressement confiant de la nation à se départir dans les mains d'un seul homme du soin de ses

---

1. Lettres du 10 septembre et du 8 octobre 1818. (P. R.)

propres destinées. Je parle donc morale, et non politique.

» Traitons d'abord de l'empereur, et n'en parlons qu'avec ceux qui, tout en trouvant en lui de grands sujets d'admiration, consentent à juger ce qu'ils admirent.

» Il était vulgaire, sous son règne, de dire qu'il méprisait les hommes. Les motifs qu'il donnait à l'appui de sa politique, dans ses conversations, n'étaient pas, en effet, pris d'ordinaire dans les plus nobles qualités du cœur humain; mais ce qu'il connaissait à merveille, c'est l'imagination des peuples. Or l'imagination est naturellement séduite par les belles et grandes choses, et celle de l'empereur, vive et forte, n'était pas plus qu'une autre inaccessible à ce genre de séduction. Et comme ses facultés extraordinaires le rendaient capable de belles et grandes choses, il les employait, avec d'autres, pour captiver l'imagination de la France, du monde, de la postérité. De là la part vraiment admirable de sa puissance et de sa vie, et qui n'en considère que cela ne saurait le placer

trop haut. Cependant, un observateur sévère
démêlera que c'est l'intelligence de l'imagination et l'imagination même, plus que le sentiment purement moral du juste et du bien, qui
ont tout fait. Prenez pour exemple la religion :
ce n'est point sa vérité, c'est son influence
et son prestige qui ont dicté ce qu'il a fait
pour elle, et ainsi du reste. Ce n'est pas tout.
Dans sa science méprisante de l'humanité,
il lui connaissait deux autres ressorts : la
vanité et l'intérêt; et il s'est appliqué avec une
incontestable habileté à les manier en maître.
Tandis que, par l'éclat de ses actions, par la
gloire de ses armes, par une certaine décoration des principes conservateurs des sociétés, il
donnait à son gouvernement ce qu'il fallait
pour que l'amour-propre ne rougît pas de s'y
attacher, il ménageait, il caressait, il exaltait
même d'autres sentiments plus humbles, qui
peuvent être souvent irréprochables, mais qui
ne sont pas des principes d'héroïsme et de vertu. L'amour du repos, la crainte de la responsabilité, la préoccupation des douceurs de la vie

privée, le désir du bien-être et le goût de la richesse, tant chez l'individu que dans la famille, enfin toutes les faiblesses qui suivent souvent ces sentiments, quand ils sont exclusifs, trouvaient en lui un protecteur. C'est à ce point de vue qu'il était surtout pris par l'opinion comme le mainteneur nécessaire de l'ordre. Mais, quand on gouverne les hommes par les mobiles que je viens de rappeler, et qu'on n'est pas soutenu ou contenu par le sentiment de la pure et vraie gloire, par l'instinct d'une âme naturellement franche et généreuse, il est trop facile d'arriver à penser que l'imagination, la vanité, l'intérêt se payent de fausse monnaie comme de bonne ; que les abus de la force, que les semblants de la grandeur, que le succès à tout prix obtenu, que la tranquillité maintenue par l'oppression, la richesse distribuée par la faveur, la prospérité réalisée par l'arbitraire ou simulée par le mensonge, qu'enfin tous les triomphes de l'artifice ou de la violence, tout ce que le despotisme peut arracher à la crédulité et à la crainte, sont des choses qui réussissent aussi parmi les hommes, et que le monde est souvent, sans trop de résistance, le jouet du plus fort et du plus fin. Or rien dans la nature de l'empereur ne l'a préservé de la tentation que fait toujours éprouver au pouvoir l'emploi de pareils moyens. Non content de mériter la puissance, il a, quand il ne pouvait la mériter, consenti à l'extorquer ou à la dérober. Il n'a pas distingué la prudence de la ruse, ni l'habileté du machiavélisme. Enfin, la politique est toujours sur la voie de la fourberie, et Napoléon a été un fourbe.

» La fourberie est, selon moi, ce qui dégrade le plus l'empereur, et malheureusement avec lui son empire. C'est par ce côté qu'il est fâcheux pour la France de lui avoir obéi, pour les individus de l'avoir servi, quelque gloire que la nation ait gagnée, quelque probité et quelque talent que les individus aient montrés. On ne peut complètement effacer le malheur d'avoir été la dupe ou le complice, dans tous les cas l'instrument, d'un système dans lequel la ruse tenait autant de place que la sagesse et la violence que le génie, d'un système que la ruse et la violence devaient conduire aux extrémités d'une politique insensée. Voilà ce dont la France ne veut pas convenir, et c'est un peu dans l'intérêt de son amour-propre qu'elle exalte la gloire de Napoléon.

» Quant aux individus, eux aussi, ils ont dû naturellement ne pas s'humilier de ce qu'ils avaient fait ou subi. Ils ont eu raison de ne pas se reprocher publiquement ce que la nation ne leur reprochait pas, et d'opposer des services loyalement rendus, l'honnêteté, le zèle, le dévouement, la capacité, le patriotisme qu'ils avaient manifestés dans les fonctions publiques, aux reproches outrageants de leurs adversaires, aux incriminations de partis frivoles ou corrompus, qui avaient moins fait ou qui avaient fait pis. Les souvenirs de la Convention ou ceux de l'émigration ne pouvaient en conscience leur être opposés avec avantage, et, après tout, ils ont bien fait de ne point rougir de leur cause. Leur justification est dans quelques mots de Tacite, qui, jusque sous le despotisme, pense que la louange est due, chez le fonctionnaire capable et ferme, même à ce qu'il appelle *obsequium et modestia*[1].

» Ces derniers mots conviennent aux honnêtes gens qui ont, comme mes parents, servi l'empereur sans bassesse et sans éclat. Mais cependant, lorsque, sous son règne même, les yeux s'étaient ouverts sur le caractère de son despotisme ; lorsque la plainte de la patrie expirante avait été entendue ; lorsque plus tard, en réfléchissant sur la chute d'un pouvoir dictatorial et sur l'avènement d'un pouvoir constitutionnel, on s'était élevé à l'intelligence de cette politique qui ne pose point en ennemis le gouvernement et la liberté, il était impossible de ne pas revenir avec quelque embarras, avec quelque amertume de cœur, sur ces temps où l'exemple, la confiance, l'admiration, l'irréflexion, une ambition permise, avaient poussé et maintenu de bons citoyens

---

[1]. *Agricola*, XLII. Je me rappelle que, lorsque je lus ces deux mots dans Tacite, je les ai tout de suite appliqués à mon père. Ils lui allaient parfaitement.

parmi les serviteurs du pouvoir absolu. Pour qui ne cherche pas à s'aveugler et veut être franc avec lui-même, il est impossible de se dissimuler ce que la dignité de l'esprit et du caractère perd sous la pression d'un despotisme même glorieux et nécessaire, surtout dur et insensé. On n'a rien à se reprocher sans doute, il le faut ainsi; mais on ne peut se louer ni s'enorgueillir de ce qu'on a fait, ni de ce qu'on a vu, et plus l'âme s'est consciencieusement ouverte enfin aux croyances de la liberté, plus on reporte avec douleur ses yeux sur le temps où elle y demeurait fermée, vers le temps de la servitude volontaire, comme l'appelait la Boëtie.

» Ce qu'il n'eût été ni nécessaire ni convenable de dire de soi à ses contemporains et de ceux-ci à eux-mêmes, c'est un devoir que de l'avouer franchement quand on écrit pour soi et pour l'avenir. Ce que la conscience a ressenti et révélé, ce qu'ont enseigné l'expérience et la réflexion, il faut le tracer, ou ne pas écrire. La vérité libre, la vérité désintéressée, telle est la muse des mémoires. C'est ainsi que ma mère a conçu les siens.

» Elle avait cruellement souffert pendant les années où ses sentiments étaient en opposition avec ses intérêts, et où il n'eût été possible de faire triompher les premiers des seconds que *per abrupta,* comme dit Tacite parlant de cela même, *sed in nullum reipublicæ usum*[1]. Ce genre d'entreprises n'est jamais, d'ailleurs, le lot d'une femme, et, dans une lettre remarquable que ma mère écrivait à une de ses amies[2], elle lui disait que les femmes du moins avaient toujours la ressource de dire dans le palais de César :

Mais le cœur d'Émilie est hors de ton pouvoir.

» Et elle lui avouait que ce vers avait été sa consolation secrète.

» Sa correspondance fera connaître dans leurs moindres nuances, dans leurs derniers replis, les sentiments de cette âme si pure et si

---

1. *Agric.* XLII.
2. Madame de Barante.

vive. On y verra combien elle unissait de généreuse bienveillance à l'observation clairvoyante de toutes ces faiblesses, de toutes ces misères de notre nature qui font spectacle au peintre des mœurs. On y verra aussi combien, après l'avoir fait beaucoup souffrir, Napoléon avait gardé de place dans sa pensée ; combien ce souvenir l'émouvait encore, et comme, à la peinture des maux de son exil à Sainte-Hélène, elle se sentait attendrie et troublée. Lorsque, dans l'été de 1821, on apprit à Paris la mort de Napoléon, je l'ai vue fondre en larmes, et s'attrister toujours en le nommant. Quant aux hommes de son temps, je ne dirai qu'une chose : c'est à la cour qu'elle avait appris à les connaître. Le souvenir qu'elle en avait conservé ne la laissait pas en paix. Je crois avoir raconté quelque part un petit fait qui frappa beaucoup les assistants. C'était dans le temps de la vogue de l'imitation française de la *Marie Stuart* de Schiller. Il y a une scène où Leicester repousse, en feignant de ne pas le connaître, un jeune homme dévoué qui, comptant sur ses secrets sentiments, vient lui proposer de sauver la reine d'Écosse. Talma jouait admirablement cette lâcheté hautaine du courtisan qui désavoue sa propre affection, de peur d'être compromis, et repousse par l'insolence l'homme qui lui fait peur.

Que voulez-vous de moi?... je ne vous connais pas.

» L'acte finissait, et, dans la loge où nous étions, tout le monde était frappé de cette scène, et ma mère émue laissait échapper des paroles dont le sens était : « Et c'était ainsi!... » et j'ai vu cela! » Lorsque tout à coup parut à la porte de la loge M. de B***, à qui nulle application particulière ne pouvait assurément être adressée, mais, enfin, qui avait été chambellan de l'empereur. Ma mère n'y tint plus. Elle disait à madame de Catellan : « Si vous » saviez, madame!... » et elle pleurait!

» On pourrait dire que cette disposition même a pu la porter à forcer la couleur de ses tableaux. Je ne le pense pas. Saint-Simon a peint une cour aussi, et le despotisme y était plus décent, plus régulier, et les caractères peut-être un peu plus forts que de nos jours. Que fait-il pourtant, sinon justifier, par la peinture de la réalité, ce que les prédicateurs de son temps et les moralistes de tous les temps ont dit de la cour en général? L'exagération de Saint-Simon est dans le langage. D'un défaut il fait un vice; d'une faiblesse, une lâcheté; d'une négligence, une trahison, et d'une platitude, un crime. L'expression n'est jamais assez forte pour sa pensée, et c'est son style qui est injuste, plutôt que son jugement.

» Citons encore une personne d'un esprit plus modéré, plus réservée dans son langage, et qui certes avait ses raisons pour voir avec plus d'indulgence que Saint-Simon le monde où vivait Louis XIV. Comment madame de Maintenon parlait-elle de la cour? « Quant à vos amies » de la cour, » écrivait-elle à mademoiselle de Glapion, « elles sont toujours par terre, et si » vous voyiez ce que nous voyons, vous vous » trouveriez heureuse de ne voir (à Saint-Cyr) » que des travers, des entêtements ou des

» manques de lumières, pendant que nous voyons
» des assassinats, des envies, des rages, des tra-
» hisons, des avarices insatiables, des bassesses,
» qu'on veut couvrir du nom de grandeur, de
» courage, etc.; car je m'emporterais en ne fai-
» sant même que d'y penser¹. » Les jugements
de ma mère sont fort au-dessous de la vivacité
de ce langage. Mais, comme Saint-Simon,
comme madame de Maintenon, elle avait raison
en général de penser qu'une personnalité
constante qui se trahit par la crainte, la jalousie, la complaisance, la flatterie, l'oubli des
autres, le mépris de la justice et le besoin de
nuire, règne à la cour des rois absolus, et
que l'amour-propre et l'intérêt sont les deux
clefs de tout le secret des courtisans. Ma mère
n'en dit pas davantage; et sa diction, sans être
froide et pâle, n'outre jamais les choses, et
laisse, à presque tout ce qu'elle est obligée de
raconter, cette excuse de la faiblesse humaine
mise aux prises avec le mauvais exemple, la
tentation de la fortune, et la séduction d'un

---

1. Lettre 578, p. 426, t. II, édit. de 1857.

tout-puissant qui ne tient pas à rendre l'obéissance honorable. Ce n'est pas sans raison que, lorsque nous parlons de l'Empire, nos éloges vont presque exclusivement s'adresser à ses armées, parce qu'au moins, dans le métier de la guerre, l'intrépide mépris de la mort et de la souffrance est une telle victoire remportée sur l'égoïsme de la vie usuelle, qu'elle couvre ce que cet égoïsme peut suggérer, aux militaires eux-mêmes, de fâcheux sacrifices à l'orgueil, à l'envie, à la cupidité, à l'ambition.

» Voilà des siècles que les historiens et les moralistes s'efforcent de peindre de ses vraies couleurs tout le mal qui croît incessamment, dans la sphère du gouvernement, surtout à l'ombre, ou, si Louis XIV l'exige, *au soleil* du pouvoir absolu. Il est étrange, en effet, combien ce qui devrait ne mettre en jeu que le dévouement et placer l'utilité de tous au-dessus de l'intérêt personnel, je veux dire le service de l'État, fournit à l'égoïsme humain d'occasions de faillir et de moyens de se satisfaire en se dissimulant. Mais apparemment qu'on ne l'a pas assez dit, car je n'ai pas vu que le mal fût près de finir ni de diminuer. La vérité seule, incessamment montrée à l'opinion publique, peut l'armer contre les mensonges dont l'esprit de parti et la raison d'État élèvent le nuage devant les misères du monde politique. Les peuples ne sauront jamais assez à quel prix l'insolence humaine leur vend le service nécessaire d'un gouvernement. Dans les temps de révolutions surtout, le malheur rend quelquefois indulgent pour les régimes qui ont succombé, et le régime vainqueur couvre d'un voile trompeur tout ce qui ferait haïr sa victoire. Il faut que des écrits sincères fassent du moins, un jour, tomber tous les masques, et laissent à toutes nos faiblesses la crainte salutaire d'être un jour dévoilées. »

MÉMOIRES

DE

MADAME DE RÉMUSAT

LIVRE SECOND

(Suite.)

CHAPITRE XX.

(1806.)

Sénatus-consulte du 30 mars. — Fondation de royaumes et de duchés. — La reine Hortense

Sur la proposition de M. Portalis, ministre des cultes, l'empereur rendit un décret qui plaçait sa fête au jour de l'Assomption, le 15 août, époque anniversaire de la conclusion du Concordat. On prescrivit aussi une fête pour tous les premiers dimanches de décembre, en mémoire d'Austerlitz.

Le 30 mars, il y eut une séance au Sénat fort

importante, et qui donna lieu à des réflexions de tout genre. L'empereur envoyait aux sénateurs la communication d'une longue suite de décrets dont le retentissement devait se faire sentir d'un bout de l'Europe à l'autre. Il n'est pas hors de propos d'en rendre compte avec quelque détail, et de donner un extrait du discours de l'archichancelier Cambacérès, qui prouvera encore avec quelle onséquieuse adresse on savait envelopper de paroles spécieuses les déterminations subites d'un maître qui tenait l'esprit, comme tout le reste, dans un éternel mouvement.

« Messieurs, dit Cambacérès, au moment où la France, unie d'intention avec nous, assurait son bonheur et sa gloire, en jurant d'obéir à notre auguste souverain, votre sagesse a pressenti la nécessité de coordonner dans toutes ses parties le système du gouvernement héréditaire, et de l'affermir par des institutions analogues à sa nature.

» Vos vœux sont en partie remplis; ils le seront encore par les différents actes que Sa Majesté l'empereur et roi me prescrit de vous apporter. Ainsi vous recevrez avec reconnaissance ces nouveaux témoignages de sa confiance pour le

Sénat et de son amour pour les peuples, et vous vous empresserez, conformément aux intentions de Sa Majesté, de les faire transcrire sur vos registres.

» Le premier de ces actes est un statut contenant les dispositions qui règlent tout ce qui concerne l'état civil de la maison impériale, et détermine les devoirs des princes et princesses qui la composent, envers l'empereur.

» Le second est un décret qui réunit les provinces vénitiennes au royaume d'Italie.

» Le troisième confère le trône de Naples au prince Joseph. »

En cet endroit se trouve un éloge assez étendu des vertus de ce nouveau roi, et de la mesure qui lui conserve le titre de grand dignitaire de l'Empire.

« Le quatrième contient la cession des duchés de Clèves et de Berg au prince Murat. (De même son éloge.)

» Le cinquième donne la principauté de Guastalla à la princesse Borghèse et à son époux. (Louanges en leur honneur.)

» Le sixième transfère au maréchal Berthier la principauté de Neuchatel[1]. (Il est loué ainsi

1. Voici de quelle façon, familière et désobligeante à la fois,

que les autres.) Cette preuve touchante de la bienveillance de l'empereur pour son compagnon d'armes, pour son coopérateur aussi intrépide qu'éclairé, ne peut manquer d'exciter la sensibilité de tous les bons cœurs, comme elle est un motif de joie pour tous les bons esprits.

» Le septième érige dans les États de Parme et de Plaisance trois grands titres dont l'éclat sera soutenu par des affectations considérables, qui ont été faites dans ces contrées, d'après l'ordre de Sa Majesté.

» Par l'effet de réserves semblables, contenues dans les décrets relatifs aux États de Venise, au royaume de Naples et à la principauté de Lucques, Sa Majesté a créé des récompenses dignes d'elle pour plusieurs de ses sujets qui ont

---

l'empereur annonçait au maréchal Berthier les nouvelles faveurs dont il le comblait : « La Malmaison, 1er avril 1806. Je vous envoie *le Moniteur*; vous verrez ce que j'ai fait pour vous. Je n'y mets qu'une condition, c'est que vous vous mariiez, et c'est une condition que je mets à mon amitié. Votre passion a duré trop longtemps; elle est devenue ridicule; et j'ai droit d'espérer que celui que j'ai nommé *mon compagnon d'armes*, que la postérité mettra partout à côté de moi, ne restera pas plus longtemps abandonné à une faiblesse sans exemple. Je veux donc que vous vous mariiez; sans cela, je ne vous verrai plus. Vous avez cinquante ans, mais vous êtes d'une race où l'on vit quatre-vingts, et ces trente années sont celles où les douceurs du mariage vous sont le plus nécessaires. » (P. R.)

rendu de grands services à la guerre, ou qui, dans des fonctions éminentes, ont concouru d'une manière distinguée au bien de l'État. Ces titres deviennent la propriété de ceux qui les auront reçus, et seront transmis de mâle en mâle à l'aîné de leurs descendants légitimes. Cette grande conception, qui donne à l'Europe la preuve du prix que Sa Majesté attache aux exploits des braves et à la fidélité de ceux qu'elle a employés dans les grandes affaires, offre aussi des avantages politiques. L'éclat habituel qui environne les hommes éminents en dignité leur donne sur le peuple une autorité de conseil et d'exemple, que le monarque quelquefois substitue avantageusement à l'autorité des fonctions publiques. Ces mêmes hommes sont, en même temps, les intercesseurs du peuple auprès du trône. »

Il faut convenir qu'on avait fait bien du chemin, depuis l'époque, encore toute récente, où l'on datait les actes du gouvernement de l'an XIV de la république.

« C'est donc sur ces bases que l'empereur veut asseoir le grand système politique dont la divine Providence lui a inspiré la pensée, et par là, elle ajoute sans cesse à ces sentiments d'amour et d'admiration qui vous sont communs avec tous les Français. »

Après ce discours, on donna lecture des différents décrets; en voici les articles les plus importants :

Par celui qui réglait l'état civil de la maison impériale, les princes et princesses ne pouvaient se marier sans le consentement de l'empereur. Les enfants nés d'un mariage fait malgré lui, n'auraient aucun droit aux avantages attachés par les usages de certains pays aux mariages dits de la main gauche.

Le divorce était interdit à la famille impériale; la séparation de corps, autorisée par l'empereur, était permise.

Les tuteurs des enfants étaient nommés par lui.

Les membres de la famille ne pouvaient adopter sans sa permission.

L'archichancelier de l'Empire remplissait vis-a-vis de la famille impériale toutes les fonctions attribuées par les lois aux officiers de l'état civil.

Il devait y avoir un secrétaire de l'état de la

maison impériale, choisi dans le ministère ou le conseil d'État[1].

Le cérémonial des mariages et des naissances était réglé.

L'archichancelier devait recevoir le testament de l'empereur qu'il dicterait au secrétaire de l'état de la famille impériale, en présence de deux témoins. Ce testament serait déposé au Sénat.

L'empereur réglait tout ce qui concernait l'éducation des princes et princesses de sa maison, nommant et révoquant ceux qui en seraient chargés. Tous les princes nés dans l'ordre de l'hérédité devaient être élevés ensemble dans un palais, éloigné au plus de vingt lieues de la résidence de l'empereur.

L'éducation commençant à sept ans et finissant à seize, les enfants de ceux qui se sont distingués par leurs services pouvaient être admis par l'empereur à partager les avantages de cette éducation.

Si un prince, dans l'ordre de l'hérédité, montait sur un trône étranger, il serait tenu, dès que

---

[1]. Ce fut le conseiller d'État Regnault de Saint-Jean d'Angely.

ses enfants mâles auraient atteint l'âge de sept ans de les envoyer à la susdite maison.

Les princes et princesses ne pouvaient sortir de France, ni s'éloigner d'un rayon de trente lieues, sans la permission de l'empereur.

Si un membre de la maison impériale venait à se livrer à des déportements et à oublier sa dignité et ses devoirs, l'empereur pouvait lui infliger, pour une année au plus, es arrêts, l'éloignement de sa personne, l'exil. Il pouvait éloigner de sa famille les personnes qui lui paraissaient suspectes. Il pourrait, dans des cas graves, prononcer la peine de deux ans de réclusion dans une prison d'État, en présence du conseil de famille, présidé par lui, et de l'archichancelier; le secrétaire de l'état de la maison impériale tenant la plume.

Les grands dignitaires et les ducs étaient assujettis aux dispositions de ces derniers articles.

Après ce premier décret, venaient ceux qui suivent :

« Nous avons érigé et érigeons en duchés, grands fiefs de notre empire, les provinces ci-après désignées :

La Dalmatie.   Trévise.

L'Istrie.	Feltre.
Le Frioul.	Bassano.
Cadore.	Vicence.
Bellune.	Padoue.
Conegliano.	Rovigo.

« Nous nous réservons de donner l'investiture des dits fiefs, pour être transmis héréditairement aux descendants mâles. En cas d'extinction, les dits fiefs seront reversibles à notre couronne impériale.

« Nous entendons que le quinzième du revenu que notre royaume d'Italie retire ou retirera desdites provinces, sera attaché aux dits fiefs, pour être possédé par ceux que nous en aurons investis ; nous réservant pour la même destination la disposition de trente millions de domaines nationaux situés dans les dites provinces.

« Des inscriptions sur le mont Napoléon[1] seront créées jusqu'à la concurrence de douze cent mille francs de rentes annuelles en faveur des généraux, officiers et soldats. qui ont rendu des services à la patrie et à notre couronne, à condi-

---

1. Le mont Napoléon était une création de rentes sur le royaume d'Italie.

tion expresse de ne pouvoir aliéner lesdites rentes, avant dix ans, sans notre autorisation.

« Jusqu'à ce que le royaume d'Italie ait une armée, nous lui en accordons une française qui sera entretenue par notre trésor impérial. A cet effet, notre trésor royal d'Italie versera chaque mois dans notre trésor impérial la somme de deux millions cinq cent mille francs, pendant le temps que notre armée séjournera en Italie, ce qui aura lieu pendant six ans. L'héritier présomptif d'Italie sera appelé le prince de Venise.

« La tranquillité de l'Europe voulant que nous assurions le sort des peuples de Naples et de Sicile, tombés en notre pouvoir par le droit de conquête, et faisant partie du grand empire, nous déclarons roi de Naples et de Sicile, notre frère Joseph Napoléon, grand électeur de France. Cette couronne sera héréditaire dans sa descendance masculine; à son défaut, nous y appelons nos enfants mâles et légitimes, et à défaut de nos enfants, ceux de notre frère Louis-Napoléon[1]; nous réservant, si notre frère Joseph ve-

---

[1]. Bonaparte avait fait prendre le nom de Napoléon à tous ses frères.

nait à mourir sans enfants mâles, le droit de désigner, pour succéder à ladite couronne, un prince de notre maison, ou même d'y appeler un enfant adoptif, selon que nous le jugerons convenable pour l'intérêt de nos peuples et du grand système que la divine Providence nous a destiné à fonder.

» Six grands fiefs sont institués dans ledit royaume avec le titre de duché et les mêmes prérogatives que les autres, pour être à perpétuité à notre nomination et à celle de nos successeurs.

» Nous nous réservons sur le royaume de Naples un million de rente pour être distribué aux généraux, officiers et soldats de notre armée, aux mêmes conditions que celles affectées au mont Napoléon.

» Le roi de Naples sera, à perpétuité, grand dignitaire de l'Empire, nous réservant le droit de créer la dignité de prince vice-grand électeur.

» Nous entendons que la couronne de Naples que nous plaçons sur la tête du prince Joseph et de ses descendants, ne porte atteinte en aucune manière à leurs droits de succession au trône de

France[1]. Mais il est également dans notre volonté que les couronnes de France, d'Italie, de Naples et de Sicile ne puissent jamais être réunies sur la même tête.

» Les duchés de Clèves et de Berg sont donnés à notre beau-frère le prince Joachim, et à sa descendance mâle. A son défaut, ils passeront à notre frère Joseph, et, s'il n'a point d'enfants mâles, à notre frère Louis, ne pouvant jamais être réunis à la couronne de France. Le duc de Clèves et de Berg ne cessera point d'être grand amiral, et nous pourrons créer un vice-grand amiral. »

Enfin la principauté de Guastalla fut donnée à la princesse Borghèse, le prince portant le titre de prince de Guastalla ; et, s'ils n'avaient point d'enfants, l'empereur en pouvait disposer comme il lui plairait.

Les mêmes conditions furent affectées à la principauté de Neuchatel[2].

La principauté de Lucques fut augmentée de quelques pays détachés du royaume d'Italie, et

---

1. Joseph Bonaparte avait tenu à l'insertion positive de ce dernier article.

2. Oudinot en prit possession à la tête de ses grenadiers, et commença par y confisquer toutes les marchandises anglaises.

payait pour cela une redevance de 200 000 francs de rente[1], destinés encore aux récompenses accordées aux militaires.

Une partie des biens nationaux situés dans les duchés de Parme et de Plaisance, fut réservée pour la même destination.

J'ai cru pouvoir rapporter presque entièrement le texte de ces différents décrets, qui me paraît digne de remarque. Cet acte contribua à donner encore une idée de la prépondérance que Bonaparte voulait que l'empire français conservât sur les parties de l'Europe que ses victoires lui soumettaient peu à peu, et aussi de celle qu'il se réservait personnellement. On peut conclure de ces nouvelles déterminations, que l'inquiétude qu'elles durent exciter en Europe ne permit pas de croire que la paix dût être de longue durée. Enfin, on peut encore, après cette lecture, s'expliquer pourquoi l'Italie, qui a montré tant d'empressement à saisir l'indépendance que semblait lui faire espérer l'unité de gouvernement qu'on lui offrait, se vit bientôt déçue de son espérance par cet état secon-

---

1. Toutes ces rentes ou redevances faisaient partie, avec les contributions levées pendant la guerre, de ce qu'on appelait le domaine extraordinaire.

daire dans lequel la tenait le lien qui la soumettait à l'empereur. Quelque soin que prît le prince Eugène, quelque douce et équitable que fût son administration, les Italiens ne tardèrent point à s'apercevoir que la conquête les avait rangés sous un maître qui usait pour lui seul des ressources qu'offraient leurs belles contrées. Ils entretenaient chez eux, et à leurs frais, une armée étrangère. On retirait le plus clair de leurs revenus pour enrichir des Français. Dans tout ce qu'on exigeait d'eux, on avait bien moins égard à leurs intérêts qu'à l'avantage du grand empire, avantage qui bientôt fut concentré dans le succès des projets ambitieux d'un seul homme qui, sans réserve, arracha à l'Italie tous les sacrifices qu'il n'eût pas tout à fait osé imposer à la France. Souvent le vice-roi réclama quelque adoucissement pour les Italiens, mais rarement il fut écouté. Cependant ils surent, pendant un temps, démêler le caractère particulier du prince Eugène, et le séparer des mesures rigoureuses qu'il était forcé d'exécuter; ils lui surent gré de ce qu'il tentait, et de ce qu'il souhaitait de faire, jusqu'à ce qu'à la fin, les ordres comme les besoins de Bonaparte devenant de plus en plus impérieux, ce peuple trop opprimé n'eut plus la force de demeurer équitable, et enveloppa tous les Français, le prince Eugène en tête, dans l'animadversion qu'il vouait à l'empereur.

J'ai entendu le vice-roi lui-même, qui a fidèlement servi Bonaparte, sans avoir d'illusion sur son compte, dire à sa mère devant moi que l'empereur, jaloux de l'affection qu'il avait su s'acquérir, lui avait, exprès, imposé des mesures inutiles et oppressives, pour aliéner cette bonne disposition des Italiens, qu'il redoutait.

La vice-reine contribua aussi à gagner d'abord les cœurs à son époux. Belle, très bonne, pieuse et bienfaisante, elle plaisait à tout ce qui l'approchait. Elle imposait à Bonaparte par un air fort digne et assez froid. Il n'aimait pas à l'entendre louer. Elle a passé bien peu de temps à Paris.

Un assez grand nombre d'articles de ces décrets sont plus tard demeurés sans exécution. D'autres circonstances ont amené d'autres volontés; des passions nouvelles ont enfanté des fantaisies; des défiances subites ont changé quelques déterminations. Le gouvernement de Bonaparte sur bien des points ressemblait à ce palais du Corps législatif où se tient aujourd'hui la Chambre des députés:

Sans rien déranger de l'ancien bâtiment, on s'est contenté, pour le rendre plus imposant, d'y adosser une façade qui, en effet, vue du côté de l'eau, a quelque grandeur; mais, en tournant alentour, on ne trouve plus derrière rien qui se rapporte au plan de ce seul côté. De même, en système politique, législatif, ou d'administration, bien souvent Bonaparte n'a élevé que des façades.

A la suite de toutes ces communications, le Sénat ne manqua point de voter des remerciements à l'empereur, et des députations furent envoyées à la nouvelle reine de Naples qui les reçut avec sa simplicité accoutumée, et aux deux princesses. Murat était déjà parti pour prendre possession de son duché. Les journaux ne manquèrent pas de nous dire qu'il y avait été reçu avec acclamations. De même, les journaux rendaient un compte pareil de la joie des Napolitains; mais les lettres particulières mandaient qu'on était obligé de continuer la guerre, et que la Calabre offrirait une longue résistance. Joseph a toujours eu de la douceur dans le caractère et nulle part il ne s'est fait haïr personnellement; mais il manque d'habileté, et partout on l'a toujours vu au-dessous de la situation dans laquelle on le plaçait. A la vérité,

CHAPITRE VINGTIÈME.

le métier des rois créés par Bonaparte a toujours été assez difficile.

Après avoir réglé ces grands intérêts, l'empereur passa à des occupations d'un genre plus gai. Le 7 avril, on fit aux Tuileries les fiançailles du jeune ménage dont j'ai parlé dans le chapitre précédent. Cette cérémonie eut lieu le soir dans la galerie de Diane; la cour était nombreuse et brillante; la nouvelle mariée, vêtue d'une robe brodée d'argent et garnie de roses. Ses témoins furent : MM. de Talleyrand, de Champagny et de Ségur; ceux du prince : le prince héréditaire de Bavière, le grand chambellan de l'électeur de Bade, et le baron de Dalberg, ministre plénipotentiaire de Bade[1].

Le lendemain soir, on fit le mariage en grande cérémonie; les Tuileries furent illuminées. On tira un feu d'artifice sur la place Louis XV, appelée alors place de la Concorde.

La cour semblait avoir, malgré son luxe ordinaire, réservé pour ce jour une pompe toute parculière. L'impératrice, vêtue d'une robe entièrement brodée de plusieurs ors, avait sur sa tête,

---

1. Il est neveu du prince primat archichancelier de l'empire germanique.

outre sa couronne impériale, pour un million de perles; la princesse Borghèse, tous les diamants de la maison Borghèse joints aux siens, qui étaient sans prix. Madame Murat était parée de mille rubis; madame Louis, toute couverte de turquoises enrichies de diamants; la nouvelle reine de Naples bien maigre, bien chétive, mais presque courbée sous le poids de pierres précieuses. Je me souviens que, pour ma part, et je n'avais pas coutume de me montrer une des plus brillantes de la cour, je portais un habit de cour que j'avais fait faire pour cette cérémonie[1]. Il était de crêpe rose, tout pailleté d'argent et garni entièrement d'une guirlande de jasmins. J'avais couronné ma tête de jasmins mêlés avec des épis de diamants. Mon écrin se montait à la valeur de quarante à cinquante mille francs, et se trouvait fort au-dessous de ceux d'une grande partie de nos dames[2].

La princesse Stéphanie avait reçu de son époux, et plus encore de l'empereur, des présents magnifiques. Elle portait sur sa tête un bandeau de diamants, surmonté de fleurs d'oranger. Son habit

---

1. Il m'avait coûté soixante louis.
2. Madame Duroc a eu pour plus de cent mille écus de diamants, mesdames Maret et Savary, pour cinquante et peut-être davantage, la maréchale Ney, cent mille francs, etc.

était de tulle blanc, étoilé d'argent, et garni aussi de fleurs d'oranger. Elle fut à l'autel de fort bonne grâce, y fit ses révérences de manière à charmer l'empereur et tout le monde. Son père, mêlé à la foule des sénateurs, laissait échapper des larmes. Il me parut, tout le temps que dura cette cérémonie, dans une bien étrange position; ses émotions devaient être assez compliquées. On lui conféra l'ordre de Bade.

Ce fut le cardinal légat, Caprara, qui fit le mariage. Après la cérémonie, on remonta de la chapelle dans les grands appartements, comme on en était descendu; c'est-à-dire les princes et princesses ouvrant la marche, l'impératrice suivie de toutes ses dames, le prince de Bade marchant à ses côtés, et l'empereur donnant la main à la mariée. Il portait son costume de grande cérémonie; j'ai déjà dit qu'il lui allait bien. Rien ne manquait à la pompe de cette marche qu'un peu plus de lenteur. Bonaparte voulait toujours marcher vite, ce qui nous pressait un peu plus qu'il n'eût fallu.

Des pages portaient les manteaux des princesses, des reines et de l'impératrice. Quant à nous, il nous fallait toujours renoncer à déployer les nôtres, ce qui aurait fort embelli notre costume. Nous étions obligées de les porter sur un bras, parce que leur extrême longueur eût beaucoup trop retardé la marche précipitée de l'empereur. C'était un usage trop habituel et qui manquait de dignité dans les cérémonies, que d'entendre les chambellans qui le précédaient, en marchant sur nos talons, répéter à demi-voix et sans interruption ces paroles : « Allons, allons, mesdames, avancez donc. » La comtesse d'Arberg, qui avait été à la cour de l'archiduchesse des Pays-Bas, et qui était accoutumée à l'étiquette allemande, prenait toujours ce brusque avertissement avec un chagrin qui nous faisait rire, nous qui nous y étions accoutumées. Elle disait assez plaisamment qu'on devrait nous appeler *les postillons* du palais, et qu'il eût mieux valu nous revêtir d'une jupe courte que de ce long manteau devenu inutile. Une autre personne que cette coutume impatientait beaucoup, c'était M. de Talleyrand, qui devait, en qualité de grand chambellan, précéder toujours l'empereur, et qui, vu la faiblesse de ses jambes, avait peine à marcher, même lentement; les aides de camp s'amusaient assez de son embarras.

Quant à l'impératrice, c'était un des articles sur lesquels elle ne cédait point à la volonté de son époux. Comme elle marchait de fort bonne grâce, et qu'elle ne voulait perdre aucun de ses avantages, rien ne pouvait la hâter, et c'était derrière elle que commençait la presse.

Je me rappelle qu'au moment de partir pour la chapelle, l'empereur, très peu habitué à donner la main à une femme, éprouva un petit embarras, ne sachant si c'était la droite ou la gauche qu'il devait offrir à la jeune princesse; ce fut elle qui fut obligée de se déterminer.

On tint ce jour-là grand cercle dans les appartements; il y eut un concert et un ballet suivis d'un souper, le tout tel que je l'ai déjà décrit. La reine de Naples ayant dû passer après l'impératrice, Bonaparte mit sa fille adoptive à sa droite, avant sa mère. Madame Murat eut encore ce soir-là le très grand chagrin de ne passer aux portes qu'après la jeune princesse de Bade.

Le lendemain, la cour partit pour la Malmaison, et, peu de jours après, se fixa à Saint-Cloud, où se passa tout ce que j'ai raconté plus haut. On revint à Paris le 20, pour assister à une fête magnifique, donnée en réjouissance du mariage.

L'empereur, voulant faire voir sa cour à la ville de
Paris, permit qu'on invitât un nombre considérable de femmes et d'hommes pris dans toutes
les classes. Les appartements étaient remplis
d'une foule énorme [1]. On fit deux quadrilles; l'un,
conduit par madame Louis Bonaparte, exécuta des
pas de danse dans la salle des Maréchaux; je faisais partie de celui-là. Seize dames vêtues de blanc,
couronnées de fleurs de couleurs différentes,
quatre par quatre, les robes garnies en fleurs,
et des épis en diamants sur la tête, dansèrent
avec seize hommes, portant l'habit, fermé par
devant, en satin blanc, et des écharpes assorties
aux couleurs des fleurs de leur dame. Quand nous
eûmes fini notre ballet, l'empereur et sa famille
passèrent dans la galerie de Diane, où madame
Murat conduisait un autre quadrille de femmes et
d'hommes vêtus à l'espagnole, avec des toques et
des plumes. Ensuite, on permit à tout le monde
de danser; la cour et la ville se mêlèrent. On distribua un nombre infini de glaces et de rafraîchissements. L'empereur repartit pour Saint-Cloud,
après être demeuré une heure, et avoir parlé à

---

1. Il y avait à ce bal deux mille cinq cents personnes. Le souper
fut servi dans la salle du conseil d'État.

beaucoup de monde; c'est-à-dire demandé à chacun, ou chacune, son nom. On dansa, après son départ, jusqu'au lendemain matin.

Peut-être me suis-je trop arrêtée sur ces détails, mais il me semble qu'ils me reposent des graves récits que j'ai à faire, dont ma plume féminine est quelquefois un peu fatiguée.

Tout en faisant et défaisant des rois, selon l'expression de M. de Fontanes[1], en mariant sa fille adoptive et se livrant aux distractions dont j'ai parlé, l'empereur, très assidu au conseil d'État, y pressait le travail et envoyait journellement au Corps législatif un nombre infini de lois. Le conseiller d'État Treilhard y porta le code de procédure terminé cette année; on détermina nombre de règlements relatifs au commerce, et la session se termina par un budget qui laissa une grande idée de la situation florissante de nos finances. On ne demandait pas un sol de plus à la nation, on montrait une quantité de travaux faits et à faire, une armée formidable bien entendue, et seulement une dette fixe de quarante-huit millions; des pensions pour trente-cinq, et cela opposé à huit cents millions de revenu.

1. Discours du président du Corps législatif de cette année.

Cependant, tout augmentait le ressentiment de l'empereur contre le gouvernement anglais. Le ministère qui, en changeant d'individus, n'avait point changé d'intentions à notre égard, déclara la guerre au roi de Prusse, pour le punir de la neutralité qu'il avait gardée pendant la dernière guerre, et de la possession du Hanovre qu'il venait de prendre.

Un long article de politique européenne fut, tout à coup, inséré dans *le Moniteur*. L'auteur de cet article cherchait à démontrer que l'Angleterre, par cette rupture, hâterait le système qui devait tendre à lui fermer les ports du Nord, tandis que ceux du Midi lui étaient déjà interdits, et qu'elle allait resserrer les liens de la France avec le continent. De là, on s'étendait sur la situation de la Hollande. Le grand pensionnaire Schimmelpenninck, disait-on, est devenu aveugle. Que vont faire les Hollandais? On sait que l'empereur n'avait donné aucune attache directe aux derniers changements faits à l'organisation de ce pays, et qu'il dit, à cette occasion, « que la prospérité et la liberté des nations ne pouvaient être garanties que par deux systèmes de gouvernement, celui d'une monarchie constitutionnelle, ou la république constituée selon la théorie de la liberté. En Hollande, le grand pensionnaire a une forte influence sur le choix des représentants du Corps législatif, c'est un vice fondamental dans la constitution. Cependant il n'appartient pas à toutes les nations de pouvoir, sans danger, laisser au public le choix de ses représentants, et, lorsqu'on peut craindre les effets de l'assemblée du peuple en comices, alors on a recours aux principes d'une bonne et sage monarchie. C'est peut-être ce qui arrivera aux Hollandais. C'est à eux à connaître leur situation, et à choisir entre les deux systèmes celui qui est le plus propre à asseoir sur de solides bases la prospérité et la liberté publiques. » Ces paroles annonçaient assez ce qu'on préparait pour la Hollande. Ensuite, on nous exposait les avantages que l'occupation des duchés de Clèves et de Berg par un Français procurerait à la France, nos relations avec la Hollande, devenant par là plus commodes, et tous les pays qui se trouvent sur la rive droite du Rhin, étant occupés par quelque allié de la famille impériale.

Le prince de Neuchatel allait fermer le commerce de la Suisse aux Anglais[1].

1. La ville de Bâle, effrayée des menaces du gouvernement fran-

L'empereur d'Autriche était représenté comme occupé à panser ses plaies, et déterminé à une longue paix. Les Russes, agités encore par la politique anglaise, avaient eu un nouveau démêlé dans la Dalmatie, ne voulant point abandonner le pays situé près des bouches du Cattaro qu'ils occupaient; mais la présence de la grande armée, dont on avait suspendu le retour, les contraignait de remplir enfin les conditions du dernier traité.

Le pape éloignait de Rome tous les intrigants suspects, Anglais, Russes et Sardes, dont la présence inquiétait le gouvernement français.

Le royaume de Naples était presque entièrement soumis; la Sicile, défendue par un petit nombre d'Anglais seulement; la France, intimement liée avec la Porte; le gouvernement turc, moins vendu et moins ignorant qu'on ne le croyait, reconnaissait que la présence des Français en Dalmatie pouvait lui être très utile, en préservant la Turquie des entreprises des Russes; enfin notre armée se trouvait plus considérable que jamais, et devait pouvoir résister aux tentatives d'une quatrième coalition, dont, après tout, l'Europe n'était point tentée.

çais, rompit tout commerce avec les Anglais. La reine d'Étrurie, mal assurée dans ses États, en fit autant.

Ce tableau de notre situation, à l'égard de l'Europe, ne pouvait guère rassurer que ceux qui prenaient au pied de la lettre les paroles si bien arrangées qui sortaient ainsi du cabinet d'en haut. Il était assez facile de démêler, pour qui conservait quelque défiance, que les peuples n'étaient pas aussi soumis que nous voulions le faire croire; que nous commencions à exiger d'eux le sacrifice de leurs intérêts à notre politique; que l'Angleterre, aigrie par son mauvais succès, n'en était que plus acharnée à nous susciter de nouveaux ennemis; que le roi de Prusse nous vendait son alliance, et que la Russie nous menaçait encore. On ne se fiait plus aux intentions pacifiques que l'empereur étalait partout dans ses discours. Mais il y avait dans ses plans quelque chose de si imposant, son habileté militaire était si bien constatée, il donnait une telle grandeur à la France, que, dupe de sa propre gloire, celle-ci n'osait tenter de ne pas s'en montrer complice, et, forcée de se soumettre, elle consentait encore à se laisser séduire. D'ailleurs, la prospérité intérieure semblait encore accrue, aucun impôt n'était augmenté; tout paraissait concourir à nous étourdir, et chacun, agité par le mouvement que Bonaparte avait si bien su donner à tous, ne pouvait trouver le temps ni la volonté d'avoir une pensée suivie. « Le luxe et la gloire, disait l'empereur, n'ont jamais manqué d'enivrer les Français. »

Peu après, on nous annonça qu'un grand conseil avait été tenu à la Haye par les représentants du peuple batave, et qu'il y avait été traité des affaires de la plus haute importance ; et on commença à laisser courir le bruit de la fondation d'une nouvelle monarchie hollandaise.

Pendant ce temps, les journaux anglais étaient pleins de réflexions sur les progrès que faisait en Europe le pouvoir impérial. « Si Bonaparte, y disait-on, accomplit son système d'empire fédératif, la France deviendra l'arbitre de presque tout le continent. » Il adoptait avec joie cette prédiction, et tendait incessamment à la réaliser.

M. de Talleyrand, alors dans un grand crédit, se servait de son importance en Europe pour gagner avec soin les ministres étrangers. Il demandait et obtenait des souverains précisément les ambassadeurs qu'il savait pouvoir soumettre à son influence. Il obtint, par exemple, de la Prusse, le marquis de Lucchesini[1] qui s'attacha depuis, aux

1. On pourrait croire d'après ce passage, que Lucchesini ne fut

dépens de son maître, aux intérêts de la France. C'était un homme d'esprit et passablement intrigant. Né à Lucques, le goût des voyages l'ayant conduit dans sa jeunesse à Berlin, il y fut accueilli par le grand Frédéric, qui, goûtant sa conversation et ses principes philosophiques, le garda près de lui, l'attacha à sa cour, et commença sa fortune. Chargé, depuis, des affaires de Prusse, il devint un personnage important, il eut le bonheur et l'adresse de conserver un long crédit. Il épousa une Prussienne. L'un et l'autre étant venus en France, se dévouèrent à M. de Talleyrand, qui les employa à ses fins. Le roi de Prusse ne s'aperçut que bien tard que son ambassadeur entrait dans les complots qui se faisaient contre lui, et ne le disgracia que quelques années après. Alors le marquis se retira en Italie, et, placé près de la souveraine de Lucques devenue grande-duchesse de Toscane, il trouva là encore un champ ouvert à son ambition, par le crédit qu'il prit sur

---

ministre à Paris que depuis cette époque. Il l'était déjà du temps de la paix d'Amiens. Mais il n'avait pas toujours soutenu les intérêts de la France, et, quoique en relation personnelle avec M. de Talleyrand, il appartenait plutôt au parti anglais, comme cela est dit un peu plus loin, chap. XXI, et il excitait par ses rapports l'inquiétude hostile de la Prusse contre nous. (P. R.)

elle. Les événements de 1814 ont entraîné sa chute, à la suite de celle de sa maîtresse. La marquise de Lucchesini, avec assez de penchant à la coquetterie, s'est montrée à Paris l'une des plus obséquieuses compagnes de madame de Talleyrand.

Le 5 juin, l'empereur reçut un ambassadeur extraordinaire de la Porte qui venait lui apporter des paroles de félicitations et d'amitié du sultan. Ce message fut accompagné de présents magnifiques, de diamants, d'un collier de perles de la valeur de quatre-vingt mille francs, de parfums, d'un nombre infini de châles, et de chevaux arabes, caparaçonnés de harnais enrichis de pierres précieuses. L'empereur donna à sa femme le collier ; les diamants furent distribués entre les dames du palais, ainsi que les châles. On en donna aux femmes des ministres, à celles des maréchaux, à quelques autres encore. L'impératrice se réserva les plus beaux, et il en resta encore assez pour être employés plus tard à l'ameublement d'un boudoir de Compiègne, que l'impératrice Joséphine fit arranger avec un soin particulier, et qui n'a servi qu'à l'impératrice Marie-Louise.

Le même jour, les envoyés de la Hollande vinrent déclarer qu'après une mûre délibération, on avait reconnu à la Haye qu'une monarchie constitutionnelle était le seul gouvernement qui pût convenir désormais, parce qu'une telle monarchie se trouvait en harmonie avec les principes répandus en Europe, et que, pour la consolider, ils demandaient que Louis-Napoléon, frère de l'empereur, fût appelé à la fonder.

Bonaparte répondit qu'en effet cette monarchie serait utile au système général de l'Europe, qu'en détruisant ses propres inquiétudes, elle lui permettrait de livrer aux Hollandais des places importantes que, jusque-là, il avait cru devoir garder; et, se tournant vers son frère, il lui recommanda les peuples qu'il lui confiait. Cette scène fut fort bien jouée. Louis répondit convenablement. L'audience finie, comme au temps de Louis XIV, lors de l'acceptation de la succession d'Espagne, on ouvrit les battants des portes, et on annonça à la cour assemblée le nouveau roi de Hollande.

Aussitôt, l'archichancelier porta au Sénat, selon la coutume, le nouveau message impérial avec le discours d'usage.

L'empereur garantissait à son frère l'intégrité de ses États; sa descendance devait lui succéder, mais la couronne de France et celle de Hollande ne pouvaient jamais être réunies sur la même tête. En cas de minorité, la régence appartenait à la reine, et, à son défaut, l'empereur des Français, en sa qualité de chef perpétuel de la famille impériale, devait nommer le régent, qu'il choisirait parmi les princes de la famille royale ou parmi les nationaux.

Le roi de Hollande demeurait connétable de l'Empire. Un vice-connétable serait créé, s'il plaisait à l'empereur.

Ce message annonçait encore au Sénat que Son Altesse Sérénissime l'archichancelier de l'empire germanique avait demandé au pape que le cardinal Fesch fût désigné comme son coadjuteur et successeur; que Sa Sainteté avait donné avis de cette demande à l'empereur, qui l'approuvait.

« Enfin, les duchés de Bénévent et de Ponte-Corvo, étant un sujet de litige entre les cours de Naples et de Rome, pour terminer ces difficultés, nous réservant d'indemniser ces cours, nous les érigeons, disait le décret, en duchés et fiefs immédiats de l'Empire, et nous les donnons à notre grand chambellan Talleyrand, et à notre cousin le maréchal Bernadotte, pour les récompenser des services qu'ils ont rendus à la patrie. Ils en porteront le titre, prêteront serment en nos mains de nous servir comme fidèles et loyaux sujets, et, si leur descendance vient à manquer, nous nous réservons le droit de disposer de ces principautés. » Bonaparte n'avait pas grand penchant pour le maréchal Bernadotte; il est à croire qu'il se crut obligé de l'élever, parce qu'il avait épousé la sœur de la femme de son frère Joseph, et qu'il lui parut convenable que la sœur d'une reine fût, au moins, princesse.

Il est, je crois, superflu de dire que le Sénat approuva ces nouvelles déterminations.

Le lendemain de cette cérémonie, qui mettait dans la famille de Bonaparte un nouveau roi, nous étions à déjeuner avec l'impératrice, lorsque son époux, entrant tout à coup d'un air fort joyeux, et tenant le petit Napoléon par la main, s'adressa à nous toutes de cette manière : « Mesdames, voici un petit garçon qui vient vous répéter une fable de la Fontaine que je lui ai fait apprendre ce matin, et vous allez voir comme il la dit bien. » En effet, l'enfant commença à débiter la fable des *Grenouilles qui demandent un roi*, et l'empereur riait aux éclats à chacune des applications qu'il y découvrait. Il s'était placé derrière le fauteuil de madame Louis, assise à table en face de sa mère, et il lui tirait les oreilles en répétant souvent : « Qu'est-ce que vous dites de cela, Hortense? » On ne répondait pas grand'chose. Je souriais, tout en achevant mon déjeuner, et l'empereur, tout à fait de bonne humeur, me dit, en riant toujours : « Je vois que madame de Rémusat trouve que je donne à Napoléon une bonne éducation. »

Cet avènement de Louis fit découvrir à son frère le déplorable état de son intérieur conjugal. Madame Louis ne se vit pas monter au trône sans verser beaucoup de larmes. Les inconvénients du climat qu'elle allait chercher, et qui devaient encore altérer sa misérable santé, la peur que lui inspirait le tête-à-tête de son sévère époux, l'éloignement qu'il lui témoignait de plus en plus et qui n'ôtait rien à sa jalousie, en la privant de toute excuse, tout cela la détermina à s'ouvrir tout à fait à l'empereur. Elle lui confia ses chagrins, pour le préparer aux peines qui, sans doute, l'attendaient. Elle lui demanda protection pour l'avenir, et lui fit promettre de ne jamais la juger sans l'entendre. Elle alla jusqu'à lui dire que, pénétrée d'avance des persécutions qu'elle allait encore éprouver dans l'isolement où elle serait, son parti était pris, lorsqu'elle croirait avoir assez souffert, de se retirer du monde et de vivre dans un couvent, en abdiquant une couronne dont elle prévoyait toutes les épines.

L'empereur lui demanda du courage et de la patience; il lui promit de la soutenir; il l'engagea à le prévenir, avant de tenter le moindre éclat. Je puis attester que j'ai vu cette malheureuse femme se préparer à monter sur le trône comme une victime qui se dévoue à un sacrifice de plus.

CHAPITRE XXI.

(1806.)

Mon voyage à Cauterets. — Le roi de Hollande. — Tranquillité factice de la France. — M. de Metternich. — Nouveau catéchisme. — Confédération germanique. — La Pologne. — Mort de M. Fox. — La guerre est déclarée. — Départ de l'empereur. — M. Pasquier et M. Molé. — Séance du Sénat. — Premières hostilités. — La cour. — Réception du cardinal Maury.

Au mois de juin de cette année, je partis pour les eaux de Cauterets, et je demeurai absente trois mois. Ma santé était alors dans un état déplorable. J'avais besoin de la soigner et de me reposer du monde de la cour, et d'une foule d'émotions journalières qui me fatiguaient et l'âme et le corps. Ma famille, c'est-à-dire mon mari, ma mère et mes enfants, s'établirent à Auteuil, d'où M. de Rémusat pouvait facilement et fréquemment paraître à Saint-Cloud, et leur été y fut doux et paisible. Notre cour était alors solitaire; les deux souverains hollandais étaient partis, la famille

Bonaparte s'établissait au dehors; la belle saison donnait de la liberté à beaucoup de monde. L'empereur, préoccupé des orages qui grossissaient en Europe, se livrait à un travail suivi; sa femme employait son loisir à embellir sa terre de la Malmaison.

Le Moniteur n'offrait guère que le récit des entrées triomphales dans leurs États des princes créés par Bonaparte. A Naples, à Berg, à Bade, en Hollande, l'enthousiasme, disait-on, était extrême, et partout on voyait les peuples charmés des présents qu'on leur avait faits. Souvent on nous donnait le discours des nouveaux princes ou rois, et tous adressaient à leurs sujets des éloges pompeux du grand homme dont ils étaient les mandataires. Il est certain que Louis Bonaparte réussit, d'abord, auprès des Hollandais. Sa femme partagea son succès, et elle se montra tellement douce et affable, que bientôt, je l'ai su par des Français qui les accompagnèrent, son bizarre époux fut jaloux des sentiments qu'on lui témoignait. L'une des prétentions habituelles du caractère de Louis était que toutes choses autour de lui ressortissent de lui seul. De même que son frère, il craignait jusqu'à la moindre indépendance. Après avoir exigé que la nouvelle reine tînt une cour brillante, tout à coup il changea ce qu'il avait d'abord prescrit, et il la réduisit, peu à peu, à une vie très solitaire qui la sépara des peuples sur lesquels elle aussi était appelée à régner. Si j'en crois les récits qui m'ont été faits par des personnes qui n'avaient aucune raison pour les inventer, il reprit, par suite du faux calcul de sa jalouse défiance, l'usage d'un espionnage inquiet dont la reine fut sans cesse le triste objet. Cette jeune femme, toujours malade et profondément mélancolique, s'aperçut que son époux ne voulait point qu'elle partageât avec lui les sentiments qu'il désirait inspirer aux Hollandais. Devenue, par ses chagrins continuels, indifférente à tout succès, elle s'isolait au fond de son palais, où elle vivait à peu près prisonnière, se livrant aux arts qu'elle aimait, et jouissant avec passion de la tendresse extrême qu'elle avait pour son fils aîné. Cet enfant, fort avancé pour son âge, aimait beaucoup sa mère, et son père s'en montrait fort jaloux. Tantôt celui-ci s'efforçait d'obtenir la préférence par des complaisances poussées à l'excès, tantôt il l'effrayait par des scènes violentes, et l'enfant préférait de beaucoup celle près de qui il trouvait du repos et une sorte d'égalité d'habitudes qui ne l'effarouchaient point. Des complaisants gagés, sorte d'hommes qu'on voit naître partout dans les cours, furent chargés de surveiller la reine, et de rendre compte de ce qui se passait autour d'elle. Les lettres qu'elle écrivait furent ouvertes, dans la crainte qu'elle n'écrivît quelque chose sur ce qui se passait dans les États de son mari. Elle m'a assuré qu'elle avait, plus d'une fois, trouvé son secrétaire ouvert, ses papiers dérangés, et qu'elle aurait pu surprendre, si elle l'avait voulu, les agents de la défiance du roi exécutant les recherches qu'il avait ordonnées. Bientôt on s'aperçut que, dans cette cour, on se compromettrait en paraissant compter la reine pour quelque chose, et elle fut aussitôt délaissée. Un malheureux qui se serait adressé à elle pour obtenir une grâce, fût devenu suspect; un ministre qui l'eût entretenue de la moindre affaire, eût déplu. Le climat brumeux de la Hollande augmentait ses maux; elle tomba dans un dépérissement visible pour tous, et dont le roi ne voulut pas d'abord s'apercevoir. Elle me disait, une fois, que la vie qu'elle menait alors lui était si pénible, lui apparaissait si dénuée d'espérances, que souvent, lorsqu'elle habitait l'une de ses maisons de campagne qui n'était point éloignée de la mer, et qu'elle considérait devant elle cet Océan sur lequel les bâtiments anglais régnaient en maîtres, et venaient bloquer les ports, elle souhaitait ardemment que quelque hasard en amenât un sur la rive, et qu'on tentât une descente partielle dans aquelle elle aurait été enlevée prisonnière. Enfin les médecins déclarèrent qu'elle avait besoin des eaux d'Aix-la-Chapelle, et le roi, assez malade aussi, se détermina à aller les prendre avec elle.

Dès cette époque, la Hollande commençait à souffrir beaucoup du système prohibitif auquel l'empereur soumettait tout ce qui dépendait de son empire. Louis Bonaparte, on lui doit cette justice, prit assez promptement les intérêts des peuples qui lui avaient été confiés, et résista, tant qu'il put, aux mesures tyranniques que la politique impériale lui imposait. L'empereur lui en fit des reproches qu'il reçut avec fermeté, et il lutta de manière à s'attacher les Hollandais. C'est une justice qu'ils lui ont rendue.

La Suisse fut soumise aussi à l'obligation de rompre tout commerce avec l'Angleterre, et la saisie des marchandises anglaises commença à s'exécuter partout avec rigueur. Ces mesures fortifiaient à Londres le parti qui voulait que, à quelque prix que ce fût, on tentât de susciter à la France de nouvelles guerres en Europe. Mais M. Fox, qui était alors premier ministre, semblait pencher vers la paix, et ne point rejeter toute tentative de négociations. Pendant cet été, il tomba malade de la maladie dont il est mort, et sa prépondérance s'affaiblit. Les Russes se disputaient encore le terrain avec nos troupes dans quelques parties de la Dalmatie. La grande armée ne rentrait point en France, les fêtes qu'on annonçait se retardaient toujours. Le roi de Prusse semblait enclin à demeurer en repos, mais sa belle et jeune épouse, le prince Louis de Prusse, une partie de la cour, s'efforçaient de lui inspirer le désir de la guerre; on lui montrait pour l'avenir la délivrance de la Pologne, l'agrandissement de la Saxe, le danger de la confédération du Rhin qui se formait; et, il faut en convenir, la conduite de l'empereur justifiait toutes les inquiétudes européennes. La politique anglaise reprenait peu à peu son influence sur l'empereur de Russie. M. de Woronzoff avait été envoyé à Londres, et il entra tellement dans les séductions qu'on employa à son égard, que, tout à coup, le continent fut ébranlé de nouveau.

L'empereur de Russie avait envoyé M. d'Oubril à Paris pour y traiter de la paix avec nous. Un traité de paix fut en effet signé entre lui et M. de Talleyrand, le 20 juillet; mais on va voir tout à l'heure que ce traité ne fut point ratifié à Pétersbourg.

A peu près dans ce temps, le général Junot fut nommé gouverneur de Paris.

Le calme le plus profond régnait en France. De moment en moment, les volontés de l'empereur trouvaient moins d'opposition. Une administration pareille, ferme, sévère, et assez équitable, du moins en ce point qu'elle était égale pour tous, régularisait l'exercice du pouvoir et aussi la manière de le supporter. La conscription s'exécutait avec rigueur, mais le peuple n'en murmurait encore que faiblement; les Français n'avaient pas épuisé la gloire comme ils l'ont fait depuis, et, d'ailleurs, les avancements brillants de l'état militaire séduisaient la jeunesse qui, partout, se déclarait pour Bonaparte. Dans les familles nobles même, qui se faisaient un devoir, ou un état, de l'opposition, les enfants commençaient à faiblir devant les opinions de leurs pères, qui peut-être n'étaient point fâchés, en secret, de revenir un peu sur leurs pas, sous prétexte de condescendance paternelle. D'ailleurs, on ne négligeait aucune occasion de signaler la conduite qui devait indiquer que la nation était ramenée à l'ordre naturel. La fête du 15 août étant devenue celle de saint Napoléon, le ministre de l'intérieur écrivit une circulaire à tous les préfets, pour les engager à ne rien épargner dans la célébration de la fête, de ce qui consacrerait, en même temps, et le souvenir impérial et l'époque du rétablissement de la religion. « Nulle fête, disait cette lettre, ne peut inspirer un sentiment plus profond que celle dans laquelle un grand peuple, dans l'orgueil de sa victoire, dans la conscience de son bonheur, célèbre le jour où naquit le souverain à qui il doit sa félicité et sa gloire. »

Il faut le dire sans cesse, et ne point l'oublier pour l'expérience des nations à venir, et des hommes appelés par leur rang, ou leur supériorité, à régner, les uns et les autres, c'est-à-dire les peuples et les rois, ont un grand tort, quand ils se laissent tromper sous les apparences d'un repos donné et accepté, après les grands orages des révolutions. Si ce repos n'a pas fondé un ordre de choses tel que les besoins nationaux l'indiquaient, alors, nul doute que ce repos ne soit qu'un répit imposé par des circonstances plus ou moins impérieuses, répit dont un homme habile s'emparera facilement, mais dont il ne tirera un utile parti que s'il cherche à régulariser avec prudence la marche, jusqu'alors inconsidérée, de ceux qui se confient à lui. Loin de là, Bonaparte, fort et volontaire, ouvrit une grande parenthèse à la révolution française. Il a toujours eu le sentiment que cette parenthèse se fermerait à sa mort, qu'il regardait comme le seul terme possible de sa fortune. Il se saisit des Français, quand ils s'étaient égarés sur toutes les routes, et lorsqu'ils se décourageaient de l'espoir d'arriver au but auquel ils ne laissaient pas d'apirer encore; leur énergie, devenue un peu vague, parce qu'elle n'osait plus aborder franchement aucune entreprise, se transforma seulement, alors, en ardeur militaire, et c'est la plus dangereuse sans doute, puisque c'est la plus opposée à l'esprit du citoyen. Bonaparte en profita longtemps pour lui, mais il ne prévit pas que, pour soutenir le poids difficile d'une nation devenue craintive, pour un temps, de ses propres mouvements, mais portant au dedans d'elle le besoin d'une grande restauration, il fallait toujours que la victoire marchât à la suite de la guerre, et que les revers produiraient dans les esprits une nature de réflexions toutes dangereuses pour lui.

Il fut bien aussi, je le crois, entraîné par les circonstances qui naquirent des événements journaliers. Mais son parti était pris d'enchaîner, à quelque prix que ce fût, la liberté naissante, et il y employa toute son habileté. On a beaucoup dit, sous l'Empire et depuis sa chute, qu'il avait possédé mieux que qui que ce fût la science du pouvoir. Sans doute, si on la concentre seulement dans la connaissance des moyens de se faire obéir ; mais, si le mot *science* renferme dans sa définition la connaissance claire et certaine d'une chose fondée sur des principes évidents par eux-mêmes ou par des démonstrations[1], alors il est certain que Bonaparte ne faisait point entrer dans son système de gouvernement cette portion de principes qui tend à manifester l'estime du souverain à l'égard de ses sujets. Il ne reconnaissait nullement cette concession nécessaire : que tout homme qui veut maîtriser longtemps les autres hommes doit leur donner d'avance de certains droits, de peur que,

---

1. Définition prise dans l'*Encyclopédie.*

fatigués un jour de leur inactivité morale, ils ne tentent de les revendiquer. Il ne savait point exciter les passions généreuses, comprendre ou réveiller la vertu, enfin s'exhausser d'autant plus qu'il eût grandi l'espèce humaine.

Homme étrange en tout, il s'estimait très supérieur au reste du monde, et pourtant il craignait toutes les supériorités. Qui, parmi ceux qui l'ont approché, ne lui a pas entendu dire qu'il préférait les gens médiocres? qui n'a pas vu que, lorsqu'il employait un homme doué d'une distinction quelconque, il fallait, pour qu'il lui accordât sa confiance, qu'il eût d'abord cherché son côté faible dont il se hâtait, assez ordinairement, de divulguer le secret? Ne l'a-t-on pas vu attentif à flétrir, et souvent par un tort tout de son invention, ceux qu'il appelait près de lui? Disons-le franchement, Bonaparte, au monde, aux peuples, aux individus, a vendu tous ses dons. Son marché, plutôt imposé qu'offert, parvint à éblouir les parties vaniteuses de la nature humaine, et, par là, égara longtemps des esprits qui ont aujourd'hui peine encore à se réduire aux bornes du possible et de la raison. Une pareille politique peut servir à l'achat de toutes les servitudes; mais, de toute nécessité, il faut qu'elle soit appuyée sur un succès constant.

D'après cela, faudrait-il conclure que les Français sont coupables sans rémission de s'être laissé séduire par un tel maître? la postérité les condamnera-t-elle pour leur imprudente confiance? Je ne le crains pas. Bonaparte, qui se servait indifféremment du bien comme du mal, quand l'un ou l'autre pouvaient lui être utiles, avait trop de supériorité dans l'esprit pour ne pas concevoir qu'on ne fonde rien au milieu du trouble. Aussi commença-t-il par rétablir l'ordre, et ce fut là ce qui nous attacha tous à lui, nous autres pauvres passagers, froissés par tant d'orages! Ce qu'il ne créa que pour l'exploiter à son profit, nous l'acceptâmes avec reconnaissance; nous regardâmes comme le premier de ses bienfaits, comme une garantie de ses autres dons, ce repos social qu'il rétablit, et qui devint le terrain sur lequel il allait élever son despotisme; nous crûmes que l'homme qui restaurait la morale, la religion, les civilisations de toute espèce, qui favorisait les arts, la littérature, qui voulait ordonner la société, avait dans l'âme quelque chose de cette noble inspiration qui conçoit la vraie grandeur, et peut-être, après tout, que notre erreur, déplorable sans doute parce qu'elle l'a si longtemps aidé, dénonce encore plus la générosité de nos sentiments que notre imprudence. Au travers des faiblesses qui égarent l'humanité, c'est pourtant une idée consolante de voir que ceux qui veulent la séduire commencent par feindre d'abord les intentions régulières et ordonnées de la vertu.

Jusqu'au moment de la déclaration de guerre de la Prusse, il ne se passa nul événement bien remarquable. Dans le courant de cet été, on vit arriver à Paris M. de Metternich, ambassadeur d'Autriche, qui a joué un assez grand rôle en Europe, qui a pris part à des événements si importants, qui a fait enfin une si immense fortune, sans pourtant que ses talents s'élèvent, dit-on, au-dessus de l'intrigue d'une politique secondaire. A cette époque, il était jeune, d'une figure agréable. Il obtint des succès auprès des femmes. Un peu plus tard, il parut s'attacher à madame Murat, et il lui a conservé un sentiment qui a soutenu longtemps son époux sur le trône de Naples, et qui peut-être la protège encore dans la retraite qu'elle s'est choisie[1].

1. En ce moment, en 1819, elle vit dans les États de l'empereur d'Autriche. (Elle est morte à Florence, le 18 mai 1839.) (P. R.)

CHAPITRE VINGT ET UNIÈME.

Dans le mois d'août, on promulgua le décret qui déterminait le nouveau catéchisme de l'Église gallicane. On l'appela *le Catéchisme de Bossuet*, et on y inséra, avec la doctrine prise en effet dans les ouvrages de l'évêque de Meaux, quelques phrases remarquables sur les devoirs des Français relativement à l'empereur :

Page 55. « Demande : — Quels sont les devoirs des chrétiens à l'égard des princes qui les gouvernent, et quels sont, en particulier, nos devoirs envers Napoléon Ier, notre empereur ?

» Réponse : — Les chrétiens doivent aux princes qui les gouvernent, et nous devons en particulier à Napoléon Ier, notre empereur, l'amour, le respect, l'obéissance, la fidélité, le service militaire, les tributs ordonnés pour la conservation et la défense de l'empire et de son trône. Honorer et servir son empereur est donc honorer et servir Dieu même.

» D. — N'y a-t-il pas des motifs particuliers qui doivent plus fortement nous attacher à Napoléon Ier, notre empereur ?

» R. — Oui ; car il est celui que Dieu a suscité, dans les circonstances difficiles, pour rétablir le culte public de la religion sainte de nos pères, et pour en être le protecteur. Il a ramené et conservé l'ordre public par sa sagesse profonde et active ; il défend l'État par son bras puissant, il est devenu l'oint du Seigneur par la consécration qu'il a reçue du souverain pontife, chef de l'Église universelle.

» D. — Que doit-on penser de ceux qui manqueraient à leurs devoirs envers notre empereur?

» R. — Selon l'apôtre saint Paul, ils résisteraient à l'ordre de Dieu même, et se rendraient dignes de la damnation éternelle[1]. »

Tant que dura le ministère de M. Fox, Bonaparte, soit qu'il eût quelques données particulières, soit qu'il vît que la politique de ce chef de l'opposition marchait dans un sens opposé à celle de son prédécesseur, se flatta de parvenir à conclure un traité de paix avec l'Angleterre. Outre les avantages qu'il y trouvait apparemment, sa vanité était toujours singulièrement blessée de ce que le gou-

---

1. « Fallait-il donc croire, dit madame de Staël, que Bonaparte disposerait de l'enfer dans l'autre monde, parce qu'il en donnait l'idée dans celui-ci? » Il y a bien quelque exagération dans cette réflexion, mais celle qui suit me paraît d'une extrême justesse : « Les nations n'ont de piété sincère que dans les pays où l'on peut aimer Dieu et la religion chrétienne de toute son âme, sans perdre, et surtout sans obtenir aucun avantage terrestre, par la manifestation de ce sentiment. »

vernement anglais ne reconnaissait pas sa royauté. Le titre de général que lui donnaient les journaux anglais le choquait toujours. Malgré sa supériorité, il avait bien quelques-unes des faiblesses des parvenus.

Quand Fox tomba malade, *le Moniteur* annonça qu'il était à craindre que la gravité de sa maladie ne rejetât la politique anglaise dans la complication ordinaire.

Cependant, on vit, tout à coup, éclore le système de la confédération du Rhin. Dans le grand plan féodal de l'empereur, ce système était bien entendu; il augmentait le nombre des feudataires de l'empire français; il propageait la révolution européenne. Mais, s'il est vrai que les vieilles institutions du continent soient arrivées au point où leur décrépitude donne des signes irrécusables de la nécessité de leur chute, il est aussi vrai de dire que le temps est arrivé où elles ne peuvent plus choir au profit du despotisme. Bonaparte n'a pas cessé de vouloir faire la contre-révolution les idées écloses depuis trente ans, seulement dans son intérêt. Une pareille entreprise n'est heureusement pas dans les forces humaines et, du moins, nous lui devons que son impuissance à cet égard a jugé cette importante question.

Les grands duchés d'Allemagne furent donc séparés de l'empire germanique, et l'empereur de France en fut déclaré le protecteur. Les parties contractantes, c'est-à-dire l'Empire et les États confédérés, devaient s'armer tous en cas de déclaration de guerre faite à l'une ou à l'autre. Le contingent de la confédération fut porté à 63 000 hommes; la France en devait fournir 200 000. L'électeur archichancelier de l'empire germanique devenait prince-primat de la confédération, et, à sa mort, l'empereur devait nommer son successeur. L'empereur renouvelait, en outre, la déclaration par laquelle il s'engageait à ne point porter les limites de la France au delà du Rhin; mais, en même temps, il déclarait qu'il n'épargnerait rien pour parvenir à l'affranchissement des mers. Cette déclaration parut dans *le Moniteur* de cette année, le 25 juillet.

M. de Talleyrand eut en grande partie l'honneur de la formation de cette confédération. Il jouissait alors d'un crédit éclatant, il semblait appelé à rédiger en système ordonné les projets étendus de l'ambition de l'empereur. En même temps, il ne négligeait pas l'accroissement de fortune qu'il devait en retirer. Les princes d'Allemagne payèrent, comme il le fallait, les avantages partiels qu'ils obtinrent dans cet arrangement; et le nom de M. de Talleyrand, toujours uni à des négociations si considérables, acquit de plus en plus en Europe de grandeur et de renommée.

Une des idées favorites de M. de Talleyrand, et qui a paru toujours saine et raisonnable, c'est que la politique française devait tendre à tirer la Pologne du joug étranger, et à en faire une barrière à la Russie, comme un contrepoids à l'Autriche. Il y poussait toujours, de tout le pouvoir de ses conseils. Je l'ai souvent entendu dire que toute la question du repos de l'Europe était en Pologne; il paraît bien que l'empereur le pensait comme lui, mais qu'il n'a pas mis assez de suite dans ce qui pouvait amener la réussite de ce projet, et que des circonstances accidentelles aussi l'ont gêné. Il se plaignait souvent du caractère passionné, mais léger des Polonais : « On ne pouvait, disait-il, les diriger par aucun système. » Ils eussent demandé une préoccupation particulière, et Bonaparte ne pouvait penser à eux qu'en passant. D'ailleurs, l'empereur Alexandre avait trop d'intérêt à gêner cette partie de la politique française, pour demeurer spectateur paisible de ce qu'elle essayerait, et il arriva qu'on n'agit qu'à demi en Pologne, et qu'on perdit tout le parti qu'on aurait pu tirer de là. Toutefois, après quelques affaires partielles entre les Russes et nous, relativement à l'abandon des bouches du Cattaro, les deux empereurs paraissaient s'être entendus, et M. d'Oubril avait été envoyé de Pétersbourg à Paris pour y signer un traité de paix. Notre armée, toujours annoncée, ne rentrait point cependant, soit que Bonaparte s'aperçût déjà de la difficulté de garder en France un si grand nombre de soldats qui eussent fatigué les citoyens, soit qu'il prévît que l'Europe grondait encore, et que la paix ne serait pas de longue durée. On préparait sur la place des Invalides une sorte de *bazar* où devaient être exposés les produits de l'industrie française; mais on ne parlait plus des fêtes promises à la grande armée. Cette exposition eut lieu en effet, et occupa utilement l'intérêt national.

Au commencement de septembre, Jérôme Bonaparte arriva à Paris. Toutes les tentatives qui avaient été faites sur les colonies n'avaient point réussi, et l'empereur se détournait pour jamais de toute entreprise maritime. Il songea alors à marier son jeune frère à quelque princesse d'Europe, ayant exigé de lui que son premier mariage fût regardé comme non avenu.

En créant la confédération du Rhin, Bonaparte avait déclaré qu'il laissait la liberté aux villes anséatiques. Quand il s'agissait de liberté, il était assez naturel qu'on crût que l'empereur n'en faisait jamais qu'un don provisoire, et les déterminations prises à cet égard achevèrent d'agiter la politique prussienne. La reine et la noblesse excitaient le roi de Prusse à la guerre; aussi avons-nous vu, dans les bulletins de la campagne qui s'ouvrit peu après, cette princesse devenue l'objet des injures, souvent les plus grossières, comparée d'abord à Armide, qui, la torche à la main, cherchait à nous susciter des ennemis. En contraste avec cette comparaison un peu poétique, on trouvait, quelques lignes plus bas, cette phrase d'un style tout différent, et entièrement bourgeoise : « Quel dommage! car on dit que le roi de Prusse est un parfait honnête homme[1]. » Bonaparte a

[1]. Cette idée, même cette expression, se trouvent souvent dans les lettres de l'empereur durant cette campagne. Ainsi il écrivait à sa femme, le 13 octobre : « Je suis aujourd'hui à Gera, ma bonne amie ; mes affaires vont fort bien, et tout comme je pouvais l'espérer. Avec l'aide de Dieu, en peu de jours cela aura pris

dit souvent qu'il n'y avait qu'un pas du sublime au ridicule : cela est vrai dans les actions comme dans les paroles, quand on néglige l'art véritable ; il faut convenir qu'il le dédaignait un peu trop.

M. Fox mourait en septembre ; la partie du ministère anglais qui poussait à la guerre reprenait de la puissance ; le ministère russe était changé ; un mouvement national agitait la noblesse prussienne ; le peuple commençait à y répondre, l'orage se formait, et il creva par le refus que le czar fit, tout à coup, de ratifier le traité signé à Paris par son plénipotentiaire Oubril. Dès ce moment, la guerre fut décidée. Aucun message officiel ne l'annonça, mais on en parla tout haut.

Au commencement de ce mois, j'étais revenue des eaux de Cauterets, et je jouissais délicieusement de me retrouver au milieu de ma famille, quand M. de Rémusat reçut, tout à coup, l'ordre

un caractère bien terrible, je crois, pour le pauvre roi de Prusse, que je plains personnellement, parce qu'il est bon. La reine est à Erfurth avec le roi. Si elle veut voir une bataille, elle aura ce cruel plaisir. Je me porte à merveille ; j'ai déjà engraissé depuis mon départ ; cependant je fais, de ma personne, vingt et vingt-cinq lieues par jour, à cheval, en voiture, de toutes les manières. Je me couche à huit heures, et je suis levé à minuit ; je songe quelquefois que tu n'es pas encore couchée. Tout à toi. » (P. R.

de partir pour Mayence, où l'empereur devait se rendre quelques jours après. Je fus profondément affligée de cette nouvelle séparation. N'ayant aucun des honneurs qui compensent, pour quelques femmes, les souffrances attachées à une union avec un militaire, j'avais peine à me soumettre à des absences ainsi renouvelées sans cesse. Je me souviens qu'après le départ de M. de Rémusat, l'empereur me demanda pourquoi j'avais l'air si triste, et, quand je lui répondis que c'était parce que mon mari m'avait quittée, il se moqua de moi : « Sire, lui dis-je encore, j'ignore tout à fait les jouissances héroïques, et j'avais mis, pour mon compte, ma part de gloire en bonheur. » Il se prit à rire, en disant : « Du bonheur ? Ah ! oui, il est bien question de bonheur dans ce siècle-ci ! »

Avant le départ pour Mayence, je revis M. de Talleyrand. Il me témoigna beaucoup d'amitié. Il m'assura que rien n'était si utile à notre avenir que de voir M. de Rémusat nommé de tous les voyages ; mais, comme il vit que j'avais des larmes dans les yeux en l'écoutant, il me parla toujours sérieusement, et je lui sus gré de ne point plaisanter sur une peine, grave pour moi seule, et qui devait paraître légère, au fait, à tout le monde, en comparaison de celle de tant de femmes qui voyaient leurs maris et leurs fils courir à de nouveaux dangers. Il y a dans le caractère de M. de Talleyrand, je dirais plutôt dans son goût, un tact très fin qui le dirige toujours de manière à ne parler à chacun que le langage qui convient; c'est un des grands charmes de sa personne.

Enfin, l'empereur partit tout à coup, le 25 septembre, et sans qu'aucun message au Sénat annonçât les motifs de son absence[1]. L'impératrice, qui le quittait toujours malgré elle, n'avait d'abord pas pu obtenir de l'accompagner, et seulement elle comptait le rejoindre un peu plus tard; mais elle le pressa tellement, le dernier jour

---

1. Ces départs, ces longues absences de l'empereur étaient fréquents, à un degré qu'on ne se représente pas aujourd'hui. Jamais souverain n'a moins habité sa capitale. Il existe un livre curieux intitulé : *Itinéraire général de Napoléon, chronologie du Consulat et de l'Empire, indiquant jour par jour, pendant toute sa vie, le lieu où était Napoléon, ce qu'il y a fait et les événements les plus remarquables qui se rattachent à son histoire, etc.*, par A.-M. Perrot. Paris, Bistor, 1845. De ce livre, d'une exactitude très suffisante, surtout dans la période de grandeur impériale, on peut conclure que, depuis son avènement au trône jusqu'à l'abdication de 1814, Napoléon n'a passé que 955 jours à Paris, c'est-à-dire moins de trois ans, sur dix années de règne. Il a voyagé, sinon hors de France, du moins loin de Paris et des palais de Saint-Cloud, de la Malmaison, de Compiègne, de Rambouillet ou de Fontainebleau, plus de 1600 jours, c'est-à-dire plus de quatre années, et plusieurs fois son absence a duré six mois de suite. (P. R).

qu'il demeura à Saint-Cloud, que, vers minuit, il céda à ses instances, et la fit monter dans sa voiture près de lui, une seule femme de chambre l'accompagnant. La maison impériale ne la rejoignit que quelques jours après. Il n'était plus question, pour moi, de songer à être de toutes ces courses, ma santé ne me le permettait plus, et je crois pouvoir dire que l'impératrice, accoutumée à la petite jouissance de vanité que lui avait procurée l'entrée à sa cour des dames qui valaient mieux que moi, ramenée à ses anciennes amitiés, me regrettait un peu. Quant à l'empereur, il ne me comptait plus pour grand'chose, et en cela il avait raison. Une femme n'était rien dans sa cour; une femme malade, moins que rien.

Madame Bonaparte m'a souvent conté que son mari avait commencé cette campagne de Prusse avec une sorte de répugnance. Le luxe et l'aisance qui l'environnaient faisaient effet sur lui. Les âpretés de la vie des camps effarouchaient son imagination. D'ailleurs, il n'était pas sans inquiétude : la réputation des troupes prussiennes était grande; on parlait beaucoup de l'excellence de cette cavalerie; la nôtre n'inspirait pas encore de confiance, et les militaires s'attendaient à une forte résistance. Le succès inouï, et si prompt, de la bataille d'Iéna est un de ces miracles qui dérangent toutes les probabilités humaines. Ce succès a confondu l'Europe entière, et constaté la fortune de Bonaparte autant que son habileté, ainsi que la valeur française.

Son séjour à Mayence ne fut pas de longue durée. Les Prussiens étaient entrés en Saxe, il était urgent de les joindre. Ce fut à l'ouverture de cette campagne que l'empereur créa deux compagnies de gendarmes d'ordonnance, dont le vicomte de Montmorency commanda l'une. C'était un appel à la noblesse, afin qu'elle prît part à la gloire, et qu'elle cédât à l'appât d'une apparence de privilège. En effet, quelques gentilshommes s'engagèrent dans ce corps.

Tandis que les grands événements se préparaient, il fut décidé que l'impératrice demeurerait à Mayence, avec la partie de sa cour qui l'avait accompagnée. M. de Rémusat restait auprès d'elle, ayant la surintendance de toute sa maison, et M. de Talleyrand devait aussi demeurer à Mayence, jusqu'à nouvel ordre.

Au moment de quitter cette ville, l'empereur donna à mon mari le spectacle d'une scène dont

CHAPITRE VINGT ET UNIEME.

celui-ci fut dans l'instant très frappé. M. de Talleyrand se trouvait dans le cabinet de l'empereur, M. de Rémusat y recevait les derniers ordres ; c'était le soir, et les voitures étaient attelées ; l'empereur dit à mon mari d'aller chercher sa femme ; celui-ci la ramena un moment après. Elle pleurait beaucoup. L'empereur, touché de ses larmes, la pressa longtemps dans ses bras, paraissant avoir peine à s'en séparer. Il éprouvait une émotion assez vive, M. de Talleyrand semblait aussi fort préoccupé. L'empereur, tenant sa femme serrée contre lui, s'approcha de M. de Talleyrand, lui tendant la main, il les entoura tous deux dans ses bras, et, s'adressant à M. de Rémusat : « Il est pourtant bien pénible, lui dit-il, de quitter les deux personnes qu'on aime le mieux. » Et, en répétant ces paroles, l'espèce d'attendrissement nerveux qu'il éprouvait augmenta tellement, que les larmes le gagnèrent, et, presque aussitôt, il eut quelques convulsions qui devinrent assez fortes pour lui causer un vomissement. Il fallut l'asseoir, lui faire prendre de l'eau de fleur d'oranger ; il répandait des larmes. Cet état dura un quart d'heure. Après, il parvint à se rendre maître de lui, et, se relevant tout à coup, il serra la main de M. de Talleyrand ;

il embrassa sa femme une dernière fois, et dit à M. de Rémusat : « Les voitures sont là, n'est-ce pas? avertissez ces messieurs, et marchons. »

Quand, au retour, mon mari me conta cette scène, il me causa une sorte de joie. La découverte de la puissance que les sentiments naturels pouvaient exercer quelquefois sur Bonaparte me paraissait toujours comme une victoire à laquelle chacun de nous devait prendre sa part d'intérêt. Il quitta Mayence le 2 octobre, à neuf heures du soir.

Rien n'avait encore été annoncé au Sénat, mais tout le monde s'attendait à une guerre violente. Cette guerre était nationale de la part des Prussiens, et en effet, en la déclarant, le roi avait cédé au vœu ardent de toute sa noblesse et d'une partie de son peuple. D'ailleurs, les bruits qui s'étaient répandus sur la fondation d'un royaume de Pologne inquiétaient les souverains. Il s'agissait de faire une ligue du Nord formée de tous les États que la confédération du Rhin n'embrasserait pas. La jeune reine exerçait de l'empire sur son époux; elle avait une grande confiance au prince Louis de Prusse, qui désirait vivement cette occasion de se distinguer. Ce prince était brave, aimable, plein

CHAPITRE VINGT ET UNIÈME

de goût pour les arts ; il communiquait son ardeur à toute la jeune noblesse. L'armée prussienne, forte et belle, inspirait une extrême confiance à cette nouvelle coalition ; sa cavalerie passait pour la meilleure de l'Europe. Quand on voit avec quelle facilité tout cela fut dispersé, il faut croire que les chefs de l'armée furent très inhabiles, et que le vieux prince de Brunswick, une seconde fois, dirigea mal les généreux courages qui furent confiés à ses ordres.

A l'ouverture de cette campagne, il fut facile de s'apercevoir que déjà, en France, on éprouvait quelque fatigue de voir la guerre remettre si souvent en question les destinées générales et particulières. Le mécontentement se devinait à l'expression triste des physionomies, et on pouvait conclure que l'empereur aurait besoin de faire des miracles pour échauffer un intérêt qui se refroidissait un peu. En vain, les journaux étaient pleins d'articles qui peignaient la joie des conscrits en s'enrôlant dans tous les départements ; personne n'était dupe de cette joie, et même ne croyait devoir feindre d'y croire. Paris retomba dans cette morne tristesse où la guerre met toujours les capitales, tant qu'elle dure. On admira, par cette exposition dont j'ai parlé, les progrès de notre industrie, mais ce n'est pas avec de la curiosité seule qu'on excite les sentiments nationaux, et, quand les citoyens sont étrangers absolument à la marche de leur gouvernement, ils ne regardent que comme un spectacle les progrès que ses actes font faire à leur civilisation. En France, nous commencions à sentir quelque chose de mystérieux dans la conduite de Bonaparte à notre égard; nous apercevions que ce n'était pas pour nous qu'il agissait, et que les apparences d'une prospérité, plus brillante que solide, étaient, en effet, ce qu'il voulait de nous, afin qu'elles l'entourassent d'un nouvel éclat. Je me souviens d'avoir écrit à mon mari pendant cette campagne : « La situation des choses, la disposition des esprits sont bien changées; les miracles militaires de cette année ne font pas la moitié tant d'effet que ceux de l'autre. Je ne retrouve plus ici l'enthousiasme qu'a excité la bataille d'Austerlitz[1]. » L'empereur lui-même s'en aper-

---

1. Les lettres de ma grand'mère témoignent, en effet, du grand changement qui s'était fait dans l'opinion, au sujet des succès militaires de l'empereur. La publication de ces lettres aura, je pense, un intérêt véritable, même en dehors des révélations politiques. Je réserve pour un avenir prochain cette publication; mais je pourrais

CHAPITRE VINGT ET UNIÈME.

çut; car, lorsque, après le traité de Tilsit, il fut de retour à Paris, il disait : « La gloire militaire s'use vite pour les peuples modernes. Cinquante batailles ne produisent guère plus d'effet que cinq ou six. Je suis et serai toujours pour les Français bien plutôt l'homme de Marengo, que celui d'Iéna et de Friedland. »

Les projets de l'empereur sur l'Europe s'agrandissant toujours, il lui importait de plus en plus de centraliser son administration, afin que les rayons de sa volonté, partis d'un même point, pus-

appuyer, par des citations nombreuses, ce qui est dit ici, et dans les chapitres précédents, malgré la réserve qu'imposaient les indiscrétions de la poste. Voici, par exemple, ce qu'elle écrivait à son mari pendant cette campagne de Prusse, deux mois après la bataille d'Iéna, et avant celle d'Eylau, le 12 décembre 1806 : « Nous devons être bien prudents en correspondance, et, si j'ose dire, je trouve que vous vous laissez aller un peu dans la vôtre, et qu'il y a quelquefois certaines phrases philosophiques qui peuvent se prendre en mauvaise part. C'est un chagrin de plus de ne pouvoir même s'épancher en liberté à cette distance; mais il faut se résigner à tous les sacrifices, et espérer que celui-ci nous donnera une longue paix. La paix ! On ne l'espère guère ici. Il y a un découragement, et un mécontentement général. On souffre et on se plaint hautement. Cette campagne ne produit pas le quart de l'effet qu'a produit l'autre. Nulle admiration, pas même d'étonnement, parce qu'on est blasé sur les miracles. Les bulletins sont tous reçus sans applaudissements aux théâtres; enfin l'impression générale est bien pénible. Je dirais même qu'elle est tout à fait injuste, car, enfin, il y a des cas où les

sent être portés rapidement là où il voulait qu'ils se dirigeassent. A peu près certain de la soumission du Sénat, amoindrissant chaque jour l'importance du Corps législatif, décidé sans doute intérieurement à saisir la première occasion de se débarrasser du Tribunat, il confiait un pouvoir plus étendu à son conseil d'État composé d'hommes forts par l'esprit, et sur le caractère desquels il exerçait une influence directe. Par un nouveau décret de cette époque, il créa une commission des pétitions au conseil d'État, composée de conseil-

événements entraînent, même les hommes les plus forts, plus loin qu'ils ne voudraient, et mon esprit se refuse à croire qu'une tête supérieure ne veuille trouver de gloire que dans la guerre. Ajoutez à cela la conscription, et ce nouvel arrêté sur le commerce. La malveillance fait argent de tout, et juge sans raison ; on ne veut voir que de la colère dans ces mesures. Je suis loin d'oser les juger, mais je sens qu'en dépit de tout ce que j'entends, j'ai besoin d'admirer, et de me fier à la puissance qui traîne après elle la destinée de tout ce qui m'est cher. » Cette lettre, on le voit, n'avait pas été confiée à la poste, mais était apportée par un ami. Mais, même en correspondant par la voie régulière, on se laissait aller à montrer ses émotions, ses défiances, presque l'horreur qu'inspirait un tel régime. La crainte, parfois, reprenait cependant, et, dans une des lettres qui précédaient celle-ci, ma grand'mère s'excusait de ne pouvoir envoyer à son mari, comme trop imprudente, une lettre de son fils Charles, âgé de neuf ans. Le jeune écolier, en effet, citait ce vers de Phèdre : *Humiles laborant ubi potentes dissident*, et se permettait cette phrase : « Je n'aime pas Philippe, parce qu'il a trop d'ambition. » (P. R.)

CHAPITRE VINGT ET UNIÈME. 67

lers, de maîtres des requêtes et d'auditeurs, qui se réunissaient trois fois la semaine, et dont le travail devait lui être porté. MM. Molé et Pasquier, tous deux maîtres des requêtes, furent nommés membres de cette commission. Tous deux étaient entrés dans les affaires en même temps, tous deux, quoique d'un âge fort différent[1], avec de beaux noms de magistrature, des relations de société pareilles, un zèle égal et une ambition semblable, se faisaient peu à peu connaître dans ce nouveau gouvernement. Cependant, l'empereur montrait déjà plus de goût pour M. Molé. Il exerçait de l'empire sur sa jeunesse, qui, toute grave qu'elle était, ne pouvait cependant échapper à l'enthousiasme. Il se flattait de façonner ses idées à son gré, et il y parvint assez bien, tandis qu'il profitait des dispositions parlementaires qu'il retrouvait dans l'esprit de M. Pasquier. « J'exploite l'un, disait-il quelquefois, et je crée l'autre. » Je cite ce mot pour prouver encore combien son goût le portait à appliquer l'analyse à sa conduite envers tout le monde.

On vit à Paris, dans l'automne de cette année,

---

1. M. Molé avait alors vingt-six ans, M. Pasquier à peu près quarante ans.

des courses de chevaux, décrétées par l'empereur lui-même, lorsqu'il n'était encore que consul. En vérité, la France était devenue un grand parterre assemblé, devant lequel on donnait des représentations de tout genre, à cette condition seulement que les mains ne se lèveraient que pour applaudir.

Enfin, le 4 octobre, le Sénat fut convoqué. L'archichancelier, comme par le passé, comme il était réglé pour l'avenir, vint annoncer la guerre par un discours insignifiant et pompeux. Il lut ensuite une lettre de l'empereur, datée de son quartier général, qui déclarait le roi de Prusse l'agresseur, qui déplorait l'influence du génie du mal venant sans cesse troubler le repos de la France, et qui annonçait que l'envahissement de la Saxe l'avait forcé de marcher rapidement en avant. Cette lettre était accompagnée du rapport officiel du ministre des affaires étrangères, qui ne pouvait trouver aucune cause raisonnable à la guerre, qui s'étonnait si la liberté accordée aux villes anséatiques avait inquiété le gouvernement prussien, et qui citait une note de M. de Knobelsdorff, nouveau chargé d'affaires de Prusse. Il se répandit que, quelque temps auparavant, M. de Lucchesini, dévoué, disait-on, à l'Angleterre, avait effrayé la cour par des rapports *peu fondés* sur les projets de monarchie universelle du gouvernement français. L'empereur, instruit de ces démarches, avait demandé le rappel de M. de Lucchesini. M. de Knobelsdorff le remplaçait, mais ce changement ne produisit rien; les deux cabinets se brouillèrent de plus en plus; l'empereur partit; le ministre prussien reçut une dernière note de son souverain, qui demandait l'évacuation prompte de toute l'Allemagne par les troupes françaises, et qui exigeait que la ratification de cette demande fût envoyée au quartier général du roi de Prusse, le 8 octobre. M. de Knobelsdorff dépêcha cette note à M. de Talleyrand, encore à Mayence, qui l'envoya à l'empereur déjà à Bamberg.

Dans le premier bulletin qui rend compte de l'ouverture de cette campagne, voici ce qui est raconté à cette occasion : « Le 7, l'empereur a reçu un courrier de Mayence porteur de la note de M. de Knobelsdorff, et d'une lettre du roi de Prusse de vingt pages qui n'était qu'un mauvais pamphlet, dans le genre de ceux que le cabinet anglais fait faire par ses écrivains à 500 livres sterling par an. L'empereur n'en acheva point la lecture, et dit aux personnes qui l'entouraient : « Je plains mon frère le roi de Prusse : il n'entend pas le français, il n'a sûrement pas lu cette rhapsodie. » Puis il dit au maréchal Berthier : « Maréchal, on nous donne un rendez-vous d'honneur pour le 8, jamais un Français n'y a manqué. Mais, comme on dit qu'il y a une belle reine qui veut être témoin des combats, soyons courtois, et marchons, sans nous coucher, vers la Saxe. »

Les hostilités commencèrent, en effet, le 8 octobre 1806.

La proclamation de l'empereur à ses soldats portait, comme toutes les autres, l'empreinte de cette manière qui n'appartient réellement à aucun siècle, et qui lui est particulière :

« Marchons donc, disait-il, puisque la modération n'a pu les faire sortir de cette étonnante ivresse. Que l'armée prussienne éprouve le même sort qu'elle subit il y a quatorze ans. Qu'ils apprennent que, s'il est facile d'acquérir un accroissement de domaines et de puissance, avec l'amitié du grand peuple, son inimitié, qu'on ne peut provoquer que par l'abandon de tout esprit de sagesse et de raison, est plus terrible que les tempêtes de l'Océan. »

CHAPITRE VINGT ET UNIÈME.

Au même moment, le roi de Hollande, Louis Bonaparte, revint à la Haye pour assembler les états, et leur demander une loi qui ordonnât le payement par anticipation d'une année de l'impôt territorial. Après avoir obtenu cette loi, il alla porter son quartier général sur les frontières de son royaume. Ainsi les Hollandais, à qui on avait annoncé une belle suite de prospérités, pour récompense du sacrifice de leur liberté, se voyaient frappés, dès la première année, de la crainte de la guerre, d'un doublement d'impôts, et du blocus continental, qui neutralisait leur commerce.

Madame Louis Bonaparte vint joindre sa mère à Mayence, et parut respirer en se retrouvant au milieu des siens. La jeune princesse de Bade y vint aussi ; elle était encore à cette époque dans une assez grande froideur avec son époux. L'impératrice eut la visite du prince primat, et de quelques souverains de la Confédération. La vie qu'elle menait à Mayence était donc assez brillante par les personnages marquants que sa présence y attirait. Elle eût préféré à tout de suivre partout l'empereur, qu'elle aimait à surveiller ; mais, quand elle lui écrivait pour le joindre, il lui répondait : « Je ne puis t'appeler près de moi ; je suis l'esclave de la nature des choses et de la force des circonstances ; attendons ce qu'elles décideront. »

L'impératrice, agitée par les dangers qu'allait de nouveau courir son époux, ne trouvait pas autour d'elle des personnes qui répondissent affectueusement à ses inquiétudes. Elle avait emmené des dames qui appartenaient par leurs noms à des souvenirs qu'elles croyaient avoir le droit de conserver dans la nouvelle cour ; et elles se permettaient des discours un peu opposés à la guerre qu'on entreprenait, et surtout elles gardaient

---

1. Cette lettre ne se trouve point dans la Correspondance générale de Napoléon Ier publiée sous le second empire. Mais les lettres qui y sont insérées, pour cette époque, ressemblent fort à celle-ci, pour la forme et le fond. C'était, d'ailleurs, le sujet ordinaire des lettres de l'empereur à Joséphine, pendant toutes ses campagnes. Voici, par exemple, ce qu'il lui écrivait de Varsovie quelques mois plus tard, le 23 janvier 1807. « Je reçois ta lettre du 15 janvier. Il est impossible que je permette à des femmes un voyage comme celui-ci : mauvais chemins, chemins peu sûrs et fangeux. Retourne à Paris, sois-y gaie, contente ; peut-être y serai-je aussi, bientôt. J'ai ri de ce que tu me dis que tu as pris un mari pour être avec lui ; je pensais, dans mon ignorance, que la femme était faite pour le mari, le mari pour la patrie, la famille et la gloire. Pardon de mon ignorance ; l'on apprend toujours avec nos belles dames. Adieu, mon amie ; crois qu'il m'en coûte de ne pas te faire venir. Dis-toi : « C'est une preuve combien je lui suis précieuse. »

(P. R.)

un intérêt assez naturel pour cette belle reine, qui devint bientôt l'objet d'injures publiées dans chaque bulletin. La mort du prince Louis de Prusse, que quelques-unes des dames du palais, émigrées autrefois, avaient connu, les affligea, et il se forma autour de notre souveraine une petite opposition dédaigneuse, à la tête de laquelle madame de la Rochefoucauld se mit volontiers. M. de Rémusat, chargé de la surveillance de cette petite cour, recevait les plaintes de l'impératrice, qui, vivant toujours assez oisivement, était accessible au bruit désagréable de tant de paroles inutiles qu'elle aurait dû dédaigner. Il l'engageait à s'en peu soucier, et aussi à n'en faire aucune confidence à l'empereur, qui eût attaché à tout cela une importance peu nécessaire. Mais madame Bonaparte, blessée, écrivait tout à son mari, et, plus tard, M. de Talleyrand, présent à ces orages, qui pouvaient si facilement se dissiper, en voulut amuser l'empereur, qui ne pensa nullement à prendre la chose gaiement. Je me suis arrêtée sur ce sujet pour pouvoir dire plus tard ce qui nous en advint, à nous personnellement.

Toutefois cette vie tracassière et vide, quoique active, d'une cour ennuyait profondément mon mari. Il s'amusait à apprendre l'allemand « pour, m'écrivait-il, mettre au moins dans sa journée une occupation qui pesât quelque chose. » Il trouvait aussi, de plus en plus, du charme dans la société de M. de Talleyrand, qui le recherchait, lui témoignait confiance et réellement amitié. Toutes les fois qu'on prête à M. de Talleyrand la moindre apparence d'un sentiment, on est obligé d'accompagner son assertion de quelque mot affirmatif qui annonce qu'on a prévu le doute qu'elle inspirerait, et les jugements du monde sont sévères à son égard, ou tout au moins trop absolus. Je l'ai vu capable d'affection, et j'ose dire que, s'il avait sur ce point tout à fait trompé mon âme, je ne me serais point attachée de si bonne foi à lui.

Pendant ce temps, moi, je vivais très paisiblement à Paris, auprès de ma mère, de ma sœur et de mes enfants, recevant une société distinguée, accueillant un bon nombre de gens de lettres, que l'autorité de mon mari sur les spectacles attirait chez moi. Il n'y avait que la princesse Caroline, duchesse de Berg, qui demandait qu'on lui rendît quelques devoirs. Elle habitait l'Élysée, et y tenait un assez grand état; on lui faisait des visites, ainsi qu'à l'archichancelier Cambacérès;

on passait de temps à autre chez les ministres, et, le reste du temps, on vivait en paix. Les nouvelles étaient reçues sans enthousiasme, mais non sans intérêt, parce que les familles tenaient toutes, plus ou moins, à quelques militaires.

La certitude que la haute police planait sans cesse sur tous les salons s'opposait à toute réflexion ; on se concentrait donc dans une préoccupation secrète, qui tenait chacun assez isolé, et qui convenait à l'empereur.

Il arriva pourtant, pendant cette campagne, un petit incident qui amusa Paris durant quelques semaines. Le 23 octobre, le cardinal Maury fut choisi par la classe de l'Institut à laquelle on a rendu le nom d'Académie française, pour succéder à M. Target. Quand il fut question de le recevoir, on s'avisa tout à coup de demander si on lui donnerait, en lui parlant, le titre de *monseigneur ;* il se trouva une grande opposition. Avant la Révolution, la même discussion s'était élevée déjà une fois. D'Alembert et l'Académie du temps avaient réclamé sur les droits de l'égalité dans le sanctuaire des lettres ; et cette Académie, en 1806, devenue le côté droit, opinait pour accorder le *monseigneur,* contre l'opinion de l'autre côté, à la tête duquel on voyait Regnault de Saint-Jean-d'Angely, son beau-frère Arnault, Chénier, etc. Le débat devint si vif, le cardinal déclara avec tant d'aigreur qu'il ne se présenterait point, si on ne lui rendait pas ce qui lui était dû ; la difficulté de prendre librement une décision quelconque était si grande, qu'on se détermina à en référer à l'empereur lui-même, et cette vaniteuse discussion lui fut portée sur les champs de bataille. Cependant, quand le cardinal rencontrait quelques membres de l'Institut qui lui étaient opposés, il les attaquait par des paroles violentes. Une fois, se trouvant à dîner chez madame Murat, il s'établit une querelle assez amusante entre lui et M. Regnault ; j'en fus témoin ; et, dès que les premières paroles furent dites, le cardinal engagea M. Regnault à passer dans un autre salon ; M. Regnault y consentit, à condition que quelques personnes le suivissent. Le cardinal, piqué, commença à s'échauffer beaucoup : « Vous ne vous rappelez donc pas, disait-il, qu'à l'Assemblée constituante, monsieur, je vous ai appelé *petit garçon*. — Ce n'est pas une raison, répondait l'autre, pour que nous vous donnions aujourd'hui une marque de respect. — Si je me nommais Montmorency, reprenait le cardinal, je me moquerais de vous; mais mon talent seul me porte à l'Académie, et, si je vous cédais sur le *monseigneur*, le lendemain vous me traiteriez de camarade. » M. Regnault rappelait qu'une seule fois l'Académie française avait cédé à l'usage du *monseigneur*, et que ce fut à l'égard du cardinal Dubois, qui fut reçu par Fontenelle : « Mais, ajoutait-il, les temps sont bien changés. » J'avoue qu'en regardant le cardinal Maury, j'osais penser, un peu, que les hommes ne l'étaient pas beaucoup. Enfin ce débat devint assez vif; on le manda à l'empereur, qui fit donner l'ordre aux académiciens d'accorder le *monseigneur* au cardinal. Aussitôt, tout le monde se soumit, et l'on n'en parla plus.

CHAPITRE XXII.

(1806-1807.)

Mort du prince Louis de Prusse. — Bataille d'Iéna. — La reine de Prusse et l'empereur Alexandre. — L'empereur et la Révolution. — Vie de la cour à Mayence. — Vie de Paris. — Le maréchal Brune. — Prise de Lubeck. — La princesse de Hatzfeld. — Les auditeurs au conseil d'État. — Souffrances de l'armée. — Le roi de Saxe. — Bataille d'Eylau.

L'empereur avait quitté Bamberg, et se hâtait de voler au secours du roi de Saxe. Nos armées, réunies toujours avec cette étonnante promptitude qui déjouait toutes les combinaisons étrangères, marchaient au-devant de l'ennemi. Les premières affaires eurent lieu à Saalfeld, entre le maréchal Lannes et l'avant-garde du prince de Hohenlohe commandée par le prince Louis de Prusse. Ce dernier, brave jusqu'à l'imprudence, se battit en soldat; s'étant pris corps à corps avec un simple maréchal des logis, et refusant de se rendre, il tomba sur le champ de bataille, percé de coups. Sa mort ébranla la confiance des Prussiens, et anima celle de nos guerriers. « Si les derniers instants de sa vie, dit le bulletin impérial, ont été ceux d'un mauvais citoyen, sa mort est glorieuse et digne de regrets. Il est mort comme doit désirer de mourir tout bon soldat[1]. »

Je ne sais si ce prince a passé en Prusse pour avoir préféré sa propre gloire à l'intérêt de son pays, en excitant cette guerre. Peut-être était-il imprudent de la commencer alors, et sans doute il eût fallu le faire lors du soulèvement de la coalition de l'année précédente ; pourtant le sentiment du prince Louis était encore, alors, partagé par une grande portion de sa nation.

Durant quelquse jours, les bulletins rendirent compte de plusieurs affaires partielles qui n'étaient que le prélude de la grande bataille du 14 octobre. On y représentait la cour de Prusse dans un grand trouble, et on y donnait, en passant, un

---

1. Il paraît certain qu'il ne fut tué que pour avoir voulu sauver la vie à un de ses amis. Ceux qui l'ont approché disent qu'il n'avait qu'un défaut : c'était d'être jaloux de toute espèce de succès. Cette faiblesse est assez commune dans les princes ; le mérite qui leur est utile a besoin souvent de se faire pardonner. Le prince Louis était neveu du roi de Prusse.

conseil tout despotique aux princes qui se jettent dans l'hésitation, en consultant la multitude sur les grands intérêts politiques, trop au-dessus de sa portée. Comme si les nations, au point où elles sont arrivées aujourd'hui, pouvaient consentir longtemps à confier à leurs chefs l'argent levé sur elles et les hommes pris dans leurs rangs, sans s'informer des causes de l'emploi qu'on fait et de l'un et des autres ! Oui, sans doute, Bonaparte a arrêté d'une main de fer les progrès, révolutionnaires par leurs formes, libéraux et utiles dans les principes, que cette époque devait nécessairement faire faire aux hommes de toutes classes. Mais c'est peut-être parce qu'il a un moment élevé cette digue inattendue, qu'aujourd'hui les peuples paraissent montrer une disposition un peu trop précipitée à reconquérir tous leurs droits.

Le 14 octobre, les deux armées se joignirent et cette grande bataille, en peu d'heures, détermina le sort du roi de Prusse. Cette cavalerie si redoutable ne tint pas contre notre infanterie. La confusion des ordres en mit dans les manœuvres; un grand nombre de Prussiens furent tués ou pris[1]; des

1. Voici de quelle façon l'empereur rendait compte à l'impératrice de la bataille d'Iéna, sur le champ de bataille même, le

CHAPITRE VINGT-DEUXIÈME.

généraux demeurèrent sur le champ de bataille; le prince de Brunswick fut blessé gravement, le roi obligé de fuir, enfin la déroute complète. Nos bulletins furent remplis des éloges du maréchal Davout, qui, en effet, contribua fort au succès de la journée, ce que l'empereur ne craignit pas d'avouer. Il n'était pas dans sa coutume de rendre toujours également justice à tous ses généraux. Lorsqu'à son retour l'impératrice l'interrogea sur les louanges qu'il avait fait imprimer relativement au maréchal Davout, dans cette occasion : « Eh! lui répondit-il en riant, je puis tant que je voudrai lui donner sans danger de la gloire, il ne sera jamais assez fort pour la porter. »

Il arriva, le soir de cette bataille, une aventure assez piquante à M. Eugène de Montesquiou[1]. Il était officier d'ordonnance; l'empereur l'envoya

---

15 octobre 1806 : « Mon amie, j'ai fait de belles manœuvres contre les Prussiens. J'ai remporté hier une grande victoire. Ils étaient cent cinquante mille hommes; j'ai fait vingt mille prisonniers, pris cent pièces de canon, et des drapeaux. J'étais en présence et près du roi de Prusse; j'ai manqué de le prendre, ainsi que la reine. Je bivouaque depuis deux jours. Je me porte à merveille. Adieu, mon amie; porte-toi bien et aime-moi. Si Hortense est à Mayence, donne-lui un baiser, ainsi qu'à Napoléon et au petit. » (P. R.)

1. Fils aîné de celui qui a été chambellan. Il fut tué, depuis, en Espagne.

au roi de Prusse avec une lettre dont je parlerai plus bas. On le garda au quartier général prussien toute la journée; on n'y doutait point de la défaite des Français, on voulait l'en rendre témoin. Il fut, en effet, spectateur inactif mais agité de l'événement. Les généraux, et particulièrement Blucher[1], affectaient de donner des ordres inquiétants devant lui. Vers le soir, ce jeune homme, entraîné par les fuyards, chercha à rejoindre notre armée. Dans sa course, il rencontra deux Français qui se joignirent à lui; à eux trois, ils vinrent à bout de s'emparer de dix-huit Prussiens débandés qu'ils ramenèrent en triomphe à l'empereur; cette petite prise l'amusa beaucoup.

La bataille d'Iéna fut suivie d'une de ces marches rapides que Bonaparte savait si bien imposer à son armée, dès qu'elle avait vaincu. Personne n'a jamais su mieux que lui profiter de la victoire; il étourdissait l'ennemi, en ne lui laissant pas le temps de respirer.

La ville d'Erfurth capitula le 16; le roi de Saxe fut un peu admonesté d'avoir cédé au roi de

---

1. Que nous avons vu, depuis, entrer deux fois dans Paris, à la tête de son armée

CHAPITRE VINGT-DEUXIÈME.

Prusse, en lui ouvrant ses États, et en prenant part au commencement de cette guerre, mais on lui renvoya ses prisonniers. Le général Clarke fut gouverneur d'Erfurth.

Tous les bulletins de cette époque ont un caractère plus remarquable que les autres. Bonaparte était irrité d'avoir été trompé par l'empereur Alexandre; il avait cru pouvoir compter sur l'éternelle neutralité de la Prusse; il se blessait de l'influence anglaise sur le continent; sa mauvaise humeur perçait à chacune des phrases qu'il dictait. Il attaquait tour à tour le gouvernement anglais, la noblesse prussienne qu'il voulait dénoncer au peuple, la jeune reine[1], les femmes, etc. De grandes et belles expressions, souvent poétiques, venaient, sans transition, se perdre dans une suite d'injures grossières et communes. Il satisfaisait ses petites passions, mais il se dégradait dans ses opinions particulières, et surtout il choquait le

---

1. Bulletin du 17 octobre :

« La reine est une femme d'une jolie figure, mais de peu d'esprit, etc. »

Et plus tard :

« On dit dans Berlin: « La reine était si bonne, si douce! Mais, » depuis cette fatale entrevue avec le bel empereur, comme elle » est changée ! »

bon goût parisien. Nous commencions à nous accoutumer aux miracles militaires, et la critique *s'accrochait*, pour ainsi dire, à la forme dans laquelle ils nous étaient transmis. Après tout, cette attention que donnent les peuples aux paroles des rois n'est pas si puérile qu'on le pense. Les paroles des souverains dévoilent souvent leur caractère encore plus que leurs actions, et, pour des sujets, le caractère du prince a la première de toutes les importances.

Le roi de Prusse, poussé l'épée dans les reins, demanda un armistice qui lui fut refusé, et cependant la ville de Leipzig fut prise. Les Français traversèrent le champ de bataille de Rosbach, et la colonne qui rappelait notre défaite fut enlevée et envoyée à Paris.

Le 22 octobre, M. de Lucchesini vint à notre quartier général. Il apporta une lettre du roi de Prusse, que le secret ordonné dans les affaires diplomatiques, disait *le Moniteur*[1], ne permet point de publier. « Mais, ajoutait le journal, la ré-

---

1. *Moniteur* du 30. En mettant de côté les circonstances, plus ou moins impérieuses, qui motivèrent la détermination du roi de Prusse à rompre la paix, la lettre de Bonaparte est remarquable.

ponse de l'empereur a été trouvée si belle, qu'il en a couru quelques copies, et nous allons donner celle qui est tombée dans nos mains. »

Toutes les déterminations de l'empereur, depuis les plus grandes jusqu'aux plus petites, semblaient toujours appuyées sur cette raison de la fable de la Fontaine : *Parce que je m'appelle Lion.*

« Les Prussiens s'étonnent de l'activité de la poursuite; ces messieurs étaient sans doute accoutumés aux manœuvres de la guerre de Sept ans. » Et, lorsqu'ils voulaient demander trois jours, pour enterrer leurs morts : « Songez aux vivants, a répondu l'empereur, et laissez-nous le soin d'enterrer les morts, il n'y a pas besoin de trêve pour cela[1]. »

Le 24 octobre, l'empereur arriva à Potsdam. On pense bien qu'il visita Sans-Souci, et que les souvenirs du grand Frédéric durent se retrouver

---

1. A cette époque M. Daru, intendant de la maison de l'empereur, fut nommé intendant de l'armée. La Prusse conserve aujourd'hui encore le souvenir de la manière sévère dont il leva partout les contributions. Il a laissé dans ce pays une réputation terrible, et, pourtant, qui l'aura connu, dira que c'est un homme dont les opinions ne sont point violentes, aimant les lettres, et qui s'est fait des amis. Mais, alors, la soumission paraissait le premier des devoirs. L'empereur la voulait dans le fond et dans la

dans les bulletins. *Le bel empereur* et *la jolie reine* y reçurent encore de nouveaux affronts, ce qui nous annonça que la guerre avec la Russie suivrait celle avec la Prusse, et nous consterna à Paris. Les nouvelles étaient lues publiquement sur le théâtre, mais n'excitaient plus guère que quelques applaudissements gagnés. « La guerre, toujours la guerre, voilà donc où nous sommes réduits! » et cette parole, prononcée avec plus ou moins d'amertume, attristait les personnes attachées à l'empereur, et qui pourtant n'y pouvaient répondre.

Ce même jour, 25 octobre, la citadelle de Spandau se rendit.

On joignit à tous ces récits la lettre d'un prétendu soldat, écrite d'une ville du duché de Brunswick. On y louait avec enthousiasme la valeur française, on la représentait comme une suite du système militaire qui dirigeait nos armées : « Il n'est pas moins vrai, disait-on, qu'un soldat qui peut se dire : « Il n'est pas impossible que je de- » vienne maréchal d'Empire, prince ou duc, ainsi

---

forme. Les qualités ou les vices des maîtres développent les unes ou les autres chez leurs sujets.

» que tout autre, » doit être encouragé par cette pensée. A Rosbach, c'était tout différent. Alors étaient à la tête de l'armée française des gens de qualité qui ne devaient leur rang qu'à la naissance et à la protection d'une Pompadour, et qui commandaient à des soi-disant soldats, sur la trace desquels, après leur défaite, on ne trouva que des bourses à cheveux et des sacs à poudre. »

Enfin, quand l'empereur fut entré dans Berlin, e 27 octobre, *au milieu des plus nombreuses acclamations*, il soulagea son mécontentement contre ceux des grands seigneurs prussiens qui se présentèrent à lui. « Mon frère, le roi de Prusse, dit-il, a cessé d'être roi, le jour où il n'a pas fait pendre le prince Louis, lorsqu'il a été assez osé pour aller casser les fenêtres de ses ministres[1]. » Il adressa ces dures paroles au comte de Nesch : « Je rendrai cette noblesse de cour si petite, qu'elle sera obligée de mendier son pain. »

En proférant et publiant ces paroles violentes, l'empereur, non seulement satisfaisait sa colère contre les instigateurs de cette guerre, mais encore il croyait remplir ainsi les engagements qu'il

---

1. Le jeune prince s'était permis cette action de garnison contre M. d'Haugwitz, qui revenait de France et opinait pour la paix.

avait été forcé de prendre avec notre révolution.
Quoiqu'il fût un contre-révolutionnaire déterminé,
il lui fallait bien, de temps en temps, rendre quelque hommage aux idées qui, par une fatale déviation, avaient produit son avènement. Un désir égaré
de l'égalité, un noble besoin de la liberté, furent
les causes de nos discordes civiles, il le savait;
mais, dévoré de la soif de commander, et évitant
de nous encourager à cette liberté qui, si on vient
à bout de la fonder, sera la plus honorable conquête de l'époque où nous vivons, dans le marché
qu'il lui fallait conclure avec son temps, il se bornait à préconiser l'égalité. Premièrement, il sentait
qu'il ne l'atteindrait plus. D'ailleurs, le désir
immodéré du nivellement, excité par l'exaltation
des parties les moins généreuses de notre nature,
s'irrite à la vue d'une supériorité quelconque.
Par cela même qu'il trouble notre raison, ce
désir nous met dans un état dont un homme
fort peut facilement profiter pour nous subjuguer. Tandis que l'amour de la liberté, au contraire, est un sentiment exempt de toute personnalité, qui tend vers la civilisation la plus parfaite. Il est donc prouvé qu'un souverain généreux
devrait aujourd'hui cultiver ce beau penchant des

peuples; mais il est reconnu que Bonaparte ne voulait grandir que son pouvoir. Pour y réussir, tantôt, oubliant son origine, il parlait et agissait comme un roi par la grâce de Dieu, et, pour ainsi dire, toutes ses paroles devenaient féodales; tantôt il se livrait à un certain jacobinisme, sachant bien qu'il y a despotisme partout où il y a exagération de système, et, alors, il insultait les rois légitimes, il flétrissait les souvenirs, il dénonçait la noblesse aux plébéiens de tout pays. Jamais il ne s'est avisé de constater nulle part les vrais droits des nations; et cette aristocratie modeste des lumières et d'une noble civilisation lui déplaisait bien plus, au fond, que celle des titres et des privilèges qu'il exploitait à son gré.

Le 29 octobre, M. de Talleyrand quitta Mayence, pour se rendre auprès de l'empereur, qui le mandait. M. de Rémusat le vit partir avec un extrême regret. Il trouvait de grands plaisirs dans sa conversation. L'oisiveté un peu solennelle de cette vie de cour les rendait alors nécessaires l'un à l'autre. M. de Talleyrand, ayant aperçu la sûreté du commerce de mon mari et l'étendue de ses lumières, quittait avec lui ses habitudes silencieuses, et lui livrait quelques-unes de ses opinions sur les événements, et sur leur maître commun. Aristocrate par goût, par système, par état, M. de Talleyrand ne trouvait point mauvais que Bonaparte contraignît la Révolution dans ce qu'il regardait comme ses exagérations ; mais il eût souhaité que son caractère moins farouche, sa volonté moins passionnée, ne l'écartassent point de la route où il le dirigeait souvent, par des conseils mesurés et habiles. Particulièrement éclairé sur les situations politiques européennes, plus versé dans ce qu'on appelle le *droit des gens* que dans le *vrai droit des nations*, il s'expliquait avec une grande justesse sur la marche diplomatique qu'il eût désiré qu'on suivît. Dès lors, il s'effrayait de l'importance que la Russie pouvait prendre en Europe, il opinait sans cesse pour qu'on fondât une puissance indépendante, entre nous et les Russes, et il favorisait pour cela les désirs animés, quoique vagues, des Polonais. « C'est le royaume de Pologne, disait-il toujours, qu'il faut créer. Voilà le boulevard de notre indépendance ; mais il ne faut pas le faire à demi. » Plein de ce système, il partit pour rejoindre l'empereur, bien déterminé à lui conseiller de mettre à profit sa brillante fortune.

Après son départ, M. de Rémusat me manda

qu'il retombait dans un profond ennui. La cour de Mayence vivait ordonnée et monotone. L'impératrice y était, comme ailleurs, comme partout, douce, rangée, oisive, et craignant d'agir, parce qu'elle redoutait, de loin comme de près, de déplaire à son époux. Sa fille, heureuse d'échapper à son triste intérieur, remplissait ses journées de je ne sais quelles distractions un peu trop enfantines pour sa position et son rang[1]. Elle jouissait beaucoup, ainsi que sa mère, des heureuses dispositions de son jeune fils, alors plein de vie, de beauté, et fort développé pour son âge. Les princes d'Allemagne venaient faire leur cour à Mayence. On donnait de grands repas, on se promenait, on se parait avec soin, on souhaitait des nouvelles. La cour désirait revenir à Paris; l'impératrice demandait à aller à Berlin, et tout de-

---

1. Il est difficile de ne pas remarquer que la reine Hortense et sa cour s'amusaient un peu comme des pensionnaires. C'était une suite de la camaraderie de la maison de madame Campan. Louis Bonaparte, ou Napoléon III, semblait avoir hérité quelque chose de cela. Il avait, même fort loin de la jeunesse, un goût pour les jeux innocents, les colin-maillard, les farces de société, qui semble un peu étrange. C'est, dit-on, la seule chose qui le déridât, l'amusât, et lui donnât une sorte d'amabilité qu'il n'avait point dans les relations du monde et de la politique, où il portait une froideur extrême (P. R.)

meurait, là comme ailleurs, suspendu à la volonté d'un seul homme.

A Paris, la vie était morne mais paisible. L'absence de l'empereur semblait toujours apporter un peu de soulagement. On n'y parlait pas davantage, mais on paraissait mieux respirer, et cette *allégeance* se remarquait surtout dans ceux qui tenaient de plus près à son gouvernement. Mais, comme je l'ai déjà dit, l'impression des victoires s'usait de plus en plus, et des yeux exercés auraient dès lors deviné que ce n'étaient plus les succès de ce genre qui devaient exciter chez les peuples un enthousiasme durable.

L'armée du prince Eugène avançait aussi en Albanie, et le maréchal Marmont tenait tête aux Russes, qui s'ébranlaient de ce côté. Une nouvelle proclamation de l'empereur à ses soldats fut publiée. Cette proclamation annonçait la rupture avec la Russie et l'intention de marcher en avant, promettait de nouveaux triomphes, et déclarait tout *l'amour* que Bonaparte portait à son armée. Le maréchal Brune[1], commandant l'armée de réserve demeurée à Boulogne, fit à cette occasion ce

---

1. Le même qui fut égorgé à Avignon, en 1815.

singulier ordre du jour qu'on imprima dans *le Moniteur* où tout s'imprimait, par ordre :

« Soldats, vous lirez quinze jours de suite dans vos chambrées la proclamation sublime de Sa Majesté l'empereur et roi à la grande armée. Vous l'apprendrez par cœur. Chacun de vous, attendri, répandra les larmes du courage, et sera pénétré de cet enthousiasme irrésistible qu'inspire l'héroïsme. » A Paris, personne ne fut attendri, et cette prolongation de la guerre nous consterna.

Cependant, l'empereur demeurait à Berlin, dont il avait fait son quartier général. Il annonçait dans ses bulletins que la grande et belle armée prussienne avait disparu, comme un brouillard d'automne, et il faisait achever par ses lieutenants la conquête de tous les États prussiens. On frappait en même temps une contribution de 150 millions; toutes les villes se rendaient peu à peu : Küstrin, Stettin, un peu plus tard Magdebourg. Lubeck, qui voulut résister, avait été prise d'assaut et horriblement pillée; on s'y battit dans toutes les rues, et je me souviens que le prince Borghèse, qui prit part à cet assaut, nous raconta le détail des cruautés que les soldats exercèrent dans cette malheureuse ville. « Le spectacle dont j'ai été témoin, nous disait-il, m'a donné une idée de l'état d'enivrement sanglant dans lequel la résistance d'abord, et la victoire après, peuvent mettre le soldat. » Et il ajoutait : « Dans un tel moment, tous les officiers sont soldats. Moi-même, j'étais hors de moi, j'éprouvais, comme tout le monde, une sorte d'ardeur égarée d'exercer ma force sur les individus et sur les choses. J'aurais honte aujourd'hui de me rappeler des horreurs absurdes. Au travers d'un pareil danger, quand il faut se faire jour avec le sabre, au milieu des flammes qui dévorent tout sous vos yeux, lorsque le bruit du canon, ou d'une continuelle mousqueterie, se mêle aux cris d'une multitude qui se presse, se cherche, ou se fuit, dans l'espace rétréci d'une rue, alors la tête se perd tout à fait. Il n'existe peut-être pas d'atrocité, il n'existe pas de folie dont on ne soit capable. On détruit sans profit pour personne, mais on cède à je ne sais quelle fièvre qui excite toutes les facultés les plus désordonnées. »

Après la prise de Lubeck, le maréchal Bernadotte y demeura quelque temps, en qualité de gouverneur, et ce fut à cette époque qu'il jeta les fondements de son élévation future. Il montra une extrême équité et un grand soin, pour adoucir les plaies que la guerre avait faites autour de lui; il maintint son armée dans une exacte discipline; il séduisit, il consola par la douceur de ses manières, et il laissa dans cette contrée une profonde admiration, et un véritable attachement pour lui.

Tandis que l'empereur séjournait à Berlin, le prince de Hatzfeld, qui y était demeuré, et qui, disent les bulletins, s'en reconnaissait gouverneur, avait une correspondance secrète avec le roi de Prusse, dans laquelle il rendait compte des mouvements de notre armée. Une de ses lettres fut saisie, et l'empereur ordonna qu'on l'arrêtât, et qu'on le fît passer devant une commission militaire. Sa femme, grosse et au désespoir, essaya de parvenir jusqu'à l'empereur, et, ayant obtenu une audience, se jeta à ses pieds. Il lui montra la lettre du prince; et, cette infortunée se livrant à l'excès de sa douleur, l'empereur, ému, la fit relever, et lui dit : « Vous avez dans les mains la pièce authentique sur laquelle votre mari peut être condamné. Suivez mon conseil, profitez de ce moment pour la brûler, et alors je serai sans moyen de le faire juger. » La princesse ne se le fit pas dire deux fois, et jeta le papier au milieu du feu, en arrosant de larmes les mains de l'empereur. Cette anecdote fit plus d'impression à Paris que les victoires[1].

Notre Sénat envoya une députation à Berlin, pour porter ses félicitations sur une si belle campagne. L'empereur chargea les envoyés de rapporter à Paris l'épée du grand Frédéric, le cordon de l'Aigle noir qu'il avait porté, et plusieurs drapeaux,

---

1. Voici comment l'empereur raconte cette scène à l'impératrice : « J'ai reçu ta lettre où tu me parais fâchée du mal que je dis des femmes. Il est vrai que je hais les femmes intrigantes, au delà de tout. Je suis accoutumé à des femmes bonnes, douces, conciliantes ; ce sont celles que j'aime. Si elles m'ont gâté, ce n'est pas ma faute, mais la tienne. Au reste, tu verras que j'ai été fort bon pour une, qui a été sensible et bonne, madame de Hatzfeld. Lorsque je lui ai montré la lettre de son mari, elle me dit en sanglotant, avec une profonde sensibilité, et naïvement : « Ah! c'est bien là son écriture! » Lorsqu'elle lisait, son accent allait à l'âme. Elle me fit peine, je lui dis : « Eh bien, madame, je- » tez cette lettre au feu, je ne serai plus assez puissant pour faire » punir votre mari. » Elle brûla la lettre, et me parut bien heureuse. Son mari est, depuis, fort tranquille. Deux heures plus tard, il était perdu. Tu vois donc que j'aime les femmes bonnes, naïves et douces ; mais c'est que celles-là seules te ressemblent. — Berlin, 6 novembre 1806, neuf heures du soir. » Tous ces récits s'accordent. On disait toutefois, dans le temps même, que l'empereur, après avoir eu des projets de rigueur, s'était aperçu que la lettre incriminée avait une date antérieure au moment où, selon le droit de la guerre, elle aurait pu être considérée comme un acte d'espionnage, et qu'alors toute la scène aurait été arrangée pour l'effet dramatique. D'autres ont dit que c'est madame de Hatzfeld elle-même qui, en jetant les yeux sur la lettre, aurait montré à l'empereur cette date, et qu'aussitôt il se serait écrié : « Oh! alors brûlez tout cela. » (P. R.)

CHAPITRE VINGT-DEUXIÈME.

« parmi lesquels, disait *le Moniteur*, il y en a plusieurs brodés des mains de la belle reine, beauté aussi funeste aux peuples de Prusse que le fut Hélène aux Troyens ».

Nos généraux, chaque jour, envahissaient quelques pays de plus. Le roi de Hollande avait avancé jusque dans le Hanovre, qu'on reprenait de nouveau, lorsqu'on apprit qu'il était tout à coup retourné dans ses États, soit qu'il n'aimât point à ne faire la guerre que comme un des lieutenants de son frère, soit que Bonaparte aimât mieux que ses conquêtes fussent faites par ses propres généraux. Le maréchal Mortier soumit la ville de Hambourg, le 19 novembre, et le séquestre fut mis sévèrement sur l'énorme quantité de marchandises anglaises qui s'y trouvèrent. On fit partir de Paris un assez bon nombre de jeunes auditeurs au conseil d'État, tels que MM. d'Houdetot, de Tournon[1], et autres, qui furent créés intendants de Berlin, de Bayreuth, et d'autres villes. A l'aide de ces jeunes et actifs proconsuls, les États conquis se trouvaient, sur-le-champ, administrés au profit du vainqueur, et la victoire était suivie immédia-

---

1. M. d'Houdetot a été plus tard pair de France sous la Restauration, et M. de Tournon préfet de la Gironde. (P. R.)

tement d'une organisation qui la mettait sur-le-champ à profit. L'empereur s'attachait la jeunesse, prise dans toutes les classes, en lui offrant des occasions d'agir, de se produire et d'exercer une autorité absolue. Aussi disait-il souvent: « Il n'y a point de conquête que je ne puisse entreprendre; car, à l'aide de mes soldats et de mes auditeurs, je prendrai et je régirai le monde. » On peut jeter un regard sur les habitudes et les idées despotiques que ces jeunes gens devaient rapporter dans leur propre pays, et comprendre de quel danger ces habitudes ont été ensuite, quand on leur a confié l'administration de quelque province française, que la plupart d'entre eux ont eu peine à ne pas régir à la façon des pays conquis. Enfin, cette jeunesse, appelée de bonne heure à de si importantes missions, inoccupée aujourd'hui, déchue de ses espérances par le resserrement de notre territoire, ronge avec impatience le frein de son oisiveté, et n'est pas un des moindres embarras que l'état de la France cause à son gouvernement présent.

La conquête de la Prusse s'acheva, et nos troupes entrèrent en Pologne. La saison était avancée; on n'avait point encore joint les Russes, mais on savait qu'ils approchaient. Tout annonçait une campagne difficile. Le froid n'était point rigoureux, mais la marche de nos soldats se trouvait embarrassée par les boues d'un pays marécageux, dans lesquelles hommes, canons, équipages, s'engloutissaient. Les détails de ce que l'armée eut à souffrir sont terribles à entendre. Souvent, on voyait des bataillons s'enfoncer dans les marais, y demeurer plongés jusqu'au milieu du corps, sans qu'il fût possible de les arracher à la mort lente qui les y attendait. L'empereur, déterminé à profiter de ses victoires, sentit cependant le besoin de faire prendre quelque repos à ses troupes, et il accepta avec empressement l'offre que lui fit le roi de Prusse d'une suspension d'armes qui nous tiendrait sur l'une des rives de la Vistule, tandis que les Prussiens demeuraient sur l'autre. Mais il est à croire que les conditions qu'il mit à cet armistice furent trop sévères, ou peut-être que la politique prussienne ne le proposa que pour gagner du temps et opérer une jonction avec les Russes; car on traîna la négociation en longueur, et l'empereur, instruit des mouvements du général russe Benningsen, partit tout à coup de Berlin, le 25 novembre, après avoir annoncé à son armée de nouveaux dangers et de nouveaux succès, par cette belle phrase qui terminait sa proclamation : « Qui donnerait aux Russes le droit de renverser de si justes desseins? Eux et nous, ne sommes-nous pas les soldats d'Austerlitz[1]? »

En même temps parut le fameux décret, daté de Berlin, précédé d'un long considérant, composé d'une vingtaine de griefs, qui proclamait les Iles-Britanniques en état de blocus. Ce décret n'était qu'une représaille des formes habituelles à l'Angleterre, qui, lorsqu'elle entre en état de guerre, déclare aussi ce même blocus universel, et, en vertu du droit qu'il lui donne, permet à ses vaisseaux la prise de tous les bâtiments qu'ils rencontrent, sur quelque mer que ce soit. Le décret de Berlin partageait l'empire du monde en deux, opposant la puissance continentale à la puissance maritime. Tout Anglais, trouvé, soit en France, soit dans les États occupés par nous ou sous notre influence, devenait prisonnier de guerre, et cette dure loi devait être notifiée à tous nos souverains alliés. Dès lors, il fut notoire que la lutte qui s'ouvrait entre le pouvoir despotique dans toutes ses extensions et, il faut le dire, dans toutes ses ha-

---

1. *Moniteur* du 12 décembre 1806. (P. R.)

CHAPITRE VINGT-DEUXIÈME.

bíletés, et la force d'une constitution telle que celle qui régit et anime la nation anglaise, ne finirait que par la destruction complète de l'un des deux assaillants. Le despotisme a succombé, et, malgré ce qu'il nous en a coûté, il faut en rendre grâce à la Providence, pour le salut des peuples et l'instruction de la postérité.

Le 28 novembre, Murat fit son entrée à Varsovie; les Français y furent reçus avec enthousiasme par ceux des Polonais qui espéraient que leur liberté serait le fruit de nos conquêtes. On lisait dans le bulletin qui annonçait cette entrée : « Le trône de Pologne se rétablira-t-il? Dieu seul, qui tient dans ses mains les combinaisons des événements, est l'arbitre de ce grand problème politique. » Dès cette époque, la famille de Bonaparte commença à convoiter le trône de Pologne. Son frère Jérôme avait quelque espérance de l'obtenir. Murat, qui avait montré en toute occasion, dans cette campagne, sa brillante valeur, envoyé le premier à Varsovie, s'y présentant dans le costume toujours un peu théâtral qu'il préférait, et dont la toque couverte de plumes, les bottines de couleur, et les étoffes élégantes qui le drapaient, avaient quelque ressemblance avec l'habit des nobles Polonais, Murat, dis-je, entrevoyait des chances pour que ce grand pays fût un jour confié à sa domination. Sa femme, à Paris, en reçut quelques compliments qui peut-être ébranlèrent les déterminations de l'empereur, lequel n'aimait point qu'on le devançât en rien. J'ai vu l'impératrice espérer aussi la royauté polonaise pour son fils. Plus tard, quand l'empereur eut un fils naturel dont j'ignore aujourd'hui la destinée, ce fut vers cet enfant que les Polonais tournèrent les yeux. De plus habiles que moi dans les secrets de la diplomatie européenne diront pourquoi Bonaparte n'a fait qu'ébaucher ses plans en Pologne, malgré son penchant personnel, et malgré l'influence de M. de Talleyrand. Peut-être, seulement, que les événements se pressèrent et se choquèrent avec trop de précipitation, pour qu'on pût mettre à cette entreprise tous les soins et les efforts qu'elle méritait.

Depuis la campagne de Prusse, et après le traité de Tilsit, l'empereur s'est souvent repenti de n'avoir point poussé ses innovations européennes jusqu'au changement de toutes les dynasties. « On ne gagne rien, disait-il, à faire des mécontents auxquels on laisse encore quelque puissance. Les demi-mesures n'ont jamais de suites utiles, et les vieux rouages servent mal les machines nouvelles. Il fallait que je rendisse tous les rois complices de ma grandeur, mais, pour qu'ils ressortissent tous de moi, il eût été nécessaire qu'ils n'eussent point à m'opposer celle de leurs antécédents, avantage dont je me serais peu embarrassé, et qui ne valait point à mes yeux l'honneur de fonder une race nouvelle, mais qui pourtant a quelque empire sur les hommes. Ma bonté pour quelques souverains, ma faiblesse à l'égard des peuples qui auraient souffert, je ne sais quelle crainte de soulever un entier bouleversement m'ont retenu, et c'est un grand tort que je payerai cher, peut-être. »

Quand l'empereur parlait ainsi, il avait soin de s'appuyer sur la nécessité de renouveler toutes choses, nécessité imposée par la force de la Révolution. Mais, comme je l'ai déjà dit, au fond de sa pensée, il se croyait quitte envers elle, en changeant les frontières des États et les maîtres qui les régissaient. Un roi bourgeois, pris dans sa famille ou dans les rangs de son armée, lui paraissait devoir satisfaire, par son élévation subite, toutes les classes bourgeoises des sociétés modernes, et, pourvu que le despotisme que ce nouveau souverain exerçait tournât au profit de ses propres projets, il ne lui en demandait nullement raison. Il faut convenir, cependant, que, si ce que Bonaparte nommait *l'esprit du siècle* avait conduit les nations seulement à être gouvernées par des hommes que des hasards heureux auraient tirés de leur obscurité, ce n'était pas la peine de faire tant de fracas. Despote pour despote, celui qui peut s'appuyer sur les souvenirs de la grandeur de ses ancêtres blesse moins assurément l'orgueil humain, lorsqu'il exerce sa volonté en vertu de vieux droits consacrés par une gloire ancienne, ou même seulement dont la source se perd dans la nuit des temps.

Quoi qu'il en soit, à la fin de cette guerre, la Pologne ne retrouva sa liberté que dans la partie dont la Prusse s'était emparée. Les traités avec l'empereur de Russie, le besoin momentané du repos, la crainte d'exciter le mécontentement de l'Autriche en touchant à ses possessions, contraignirent les plans de Bonaparte. Peut-être l'exécution n'en était guère possible, mais, n'étant tentés qu'à demi, ils portaient sûrement avec eux la cause de leur destruction.

On a beaucoup discuté les avantages et les inconvénients du système continental à l'égard des Anglais. Je ne serais pas assez forte pour bien rapporter les objections que ce système souleva, comme les approbations que lui donnèrent des esprits qui paraissaient assez désintéressés. Encore moins oserais-je conclure au premier aperçu. Outre qu'un tel système imposait aux alliés de la France des conditions trop opposées à leur intérêt pour qu'ils s'y soumissent longtemps, comme, tout en favorisant et excitant l'industrie continentale, dont les avantages ne se font sentir que lentement, ce système gênait les jouissances et quelques-unes des nécessités journalières, il ne se fit sentir que comme un acte de despotisme. De plus, il fit passer dans l'esprit de tout Anglais l'aversion que Bonaparte inspirait au gouvernement britannique, parce que s'attaquer au commerce, c'est se prendre aux sources vitales de toutes les existences anglaises. Il fit donc la guerre contre nous absolument nationale chez nos ennemis, et en effet, de cette époque, les tentatives personnelles des Anglais devinrent très actives.

Cependant, j'ai entendu dire à des personnes éclairées que les suites de cette rigueur arriveraient à porter un coup fatal à la constitution d'Angleterre, et que c'était en cela surtout qu'il y avait avantage à la pousser. Le gouvernement anglais, obligé d'agir avec une promptitude égale à celle de son adversaire, empiétait peu à peu sur les droits nationaux, sans que les communes s'y opposassent, parce qu'elles étaient convaincues de la nécessité de la résistance. Le Parlement, moins jaloux de ses libertés, n'osait soulever aucune opposition; peu à peu les Anglais devenaient militaires; la dette publique s'augmentait pour fournir aux coalitions et à l'armée nationale; le pouvoir exécutif s'accoutumait à ces empiétements tolérés d'abord, et qu'il eût ensuite voulu conserver comme une conquête permise. Ainsi la situation, forcée et tendue, dans laquelle l'empereur mettait tous les gouvernements, altérait la constitution britannique, dont peut-être, si le système continental eût pu tenir longtemps, les Anglais n'auraient pu reconquérir les avantages que par des prétentions violentes ou des mouvements séditieux. C'était ce dont l'empereur se flattait secrètement; il s'efforçait de fomenter la révolte en Irlande; appui sur le continent de tous les pouvoirs absolus, il aidait et protégeait tant qu'il pouvait l'opposition anglaise, et les journaux qu'il payait à Londres ne cessaient d'animer les communes à la liberté.

J'ai vu plus tard M. de Talleyrand, épouvanté de cette lutte, me dire avec plus de chaleur qu'il n'a coutume d'en montrer dans la rédaction de son opinion : « Tremblez ! insensés que vous êtes, des succès de l'empereur sur les Anglais ! Car, si la constitution anglaise est détruite, mettez-vous bien dans la tête que la civilisation du monde sera ébranlée jusque dans ses fondements. »

L'empereur, avant de quitter Berlin, eut soin d'en faire partir quelques décrets, datés de cette ville, qui prouvaient qu'il avait, au milieu des camps, la force et le temps de penser à autre chose qu'à des combats. Tels furent quelques nominations de préfets, un décret sur l'organisation des bureaux maritimes, et un autre qui destinait l'emplacement de la Magdeleine, sur le boulevard, à un monument élevé à la gloire des armées françaises. Les plans de ce monument furent mis au concours par une circulaire du ministre de l'intérieur, imprimée partout. Il y eut aussi des promotions nombreuses dans l'armée, et une grande distribution de croix.

Le 25 novembre, l'empereur partit pour Posen.

La difficulté des routes lui fit abandonner ses voitures pour arriver dans un chariot du pays; le grand maréchal du palais versa dans sa calèche, et se démit la clavicule. M. de Talleyrand éprouva le même accident, sans blessure, et, vu la difficulté de sa marche, il passa vingt-quatre heures sur une route, dans sa voiture renversée, jusqu'à ce qu'on eût trouvé d'autres moyens de le transporter. Il avait occasion, à cette époque, de répondre à une lettre que je lui avais écrite : « Je vous réponds, me mandait-il, du milieu des boues de la Pologne. Peut-être, l'année prochaine, vous écrirai-je des sables de je ne sais quel pays. Je me recommande à vos prières. » L'empereur n'était que trop porté par lui-même à dédaigner ces obstacles, auxquels il sacrifiait une partie de son armée. D'ailleurs, dans cette occasion, il fallait marcher. Les Russes avançaient toujours, et il ne voulait point les attendre en Prusse.

Le 2 décembre, le Sénat fut convoqué à Paris; l'archichancelier porta une lettre de l'empereur qui rendait compte de ses victoires, qui en promettait de nouvelles, et qui demandait un sénatus-consulte ordonnant, sur-le-champ, la levée des conscrits de 1807. Cette levée devait se faire, dans un temps ordinaire, au mois de septembre seulement. Une commission fut nommée pour la forme. Cette commission examina la demande dans une seule matinée, et, le surlendemain, c'est-à-dire le 4, le sénatus-consulte fut rendu.

Ce fut aussi à peu près dans ce temps, que nous eûmes la solution de la dispute élevée par l'Académie contre le cardinal Maury. La volonté de l'empereur trancha la question; un assez long article anonyme parut dans *le Moniteur*. Ces paroles le terminaient : « L'Académie n'aura sans doute aucun penchant à priver d'un droit acquis par l'usage un homme dont le talent éminent a le plus marqué dans nos dissensions civiles, et dont l'adoption était un pas de plus vers la concorde, et vers cet entier oubli des événements passés, seul moyen d'assurer la durée de la tranquillité qui nous a été rendue. Voilà un long article pour une chose en apparence fort peu importante; cependant l'éclat qu'on a voulu faire donne matière à de sérieuses réflexions. On voit à quelles fluctuations on serait exposé de nouveau, dans quelle incertitude on pourrait être replongé, si heureusement le sort de l'État n'était confié à un pilote dont le bras est ferme, dont la direction est fixe, et qui ne connaît qu'un seul but : le bonheur de la patrie[1]. »

Tandis que Bonaparte obligeait ses soldats à supporter, en continuant cette guerre, les terribles fatigues de tous les fléaux réunis contre eux, il ne laissait échapper aucune occasion de prouver que rien ne pouvait interrompre l'intérêt qu'il portait du milieu des camps à la marche non interrompue des habitudes civilisées. Un ordre du jour, daté de la grande armée, fut publié, conçu en ces termes : « De par l'empereur : L'université de Iéna, les professeurs, docteurs et étudiants, ses possessions, revenus et autres attributions quelconques, sont mis sous la sauvegarde spéciale des commandants des troupes françaises et alliées. Le cours des études sera continué. Les étudiants sont autorisés en conséquence à revenir à Iéna, que l'intention de l'empereur est de ménager autant qu'il sera possible. »

Le roi de Saxe, subjugué par la puissance du vainqueur, rompit son alliance avec la Prusse et

---

[1]. Il me paraît que la grave question élevée entre le cardinal Maury et l'Institut a été décidée définitivement contre la prétention du premier. Du moins, bien des années plus tard, M. de Salvandy a dit *monsieur* à l'évêque d'Orléans, en le recevant à l'Académie. Il a dû se décider par certains précédents, et la chose ne fit pas question. (P. R.)

fit un traité avec l'empereur. Ce prince, pendant un long règne, avait joui longtemps des douceurs de la paix et de l'ordre. Adoré de ses sujets, occupé de leur bonheur, il fallut la violence du terrible ouragan qui porta partout la fortune de Bonaparte, pour qu'il vît, tout à coup, les horreurs de la guerre désoler les paisibles campagnes de ses États. Trop faible pour résister au choc, il se soumit et chercha à les sauver, en acceptant les conditions du vainqueur. Mais sa fidélité dans les traités ne put pas le préserver, parce que, dans la suite, la Saxe fut forcément le théâtre sur lequel les souverains puissants qui l'entouraient se disputèrent plus d'une victoire.

Cependant, on s'attristait de plus en plus à Paris. Les bulletins ne contenaient que des récits vagues de combats sanglants et de peu de résultats. Il était facile de deviner, par quelques mots sur la rigueur de la saison et l'âpreté du pays où se faisait la guerre, quels obstacles nos soldats avaient à surmonter, et quelles étaient leurs souffrances. Les lettres particulières, quoique avec une réserve qui seule pouvait leur permettre de parvenir à leur destination, portaient toutes un caractère d'inquiétude et de tristesse. On s'efforçait de transformer en victoires les moindres marches de notre armée, mais l'empereur recueillait des difficultés même de ses premiers succès. Le décisif des affaires qui avaient ouvert cette campagne rendait les Parisiens difficiles sur ce qui se passait alors. On s'efforçait pourtant d'exciter un enthousiasme permanent. Les bulletins se lisaient avec solennité sur les théâtres ; on tirait le canon des Invalides, dès qu'il arrivait une nouvelle de l'armée ; des poètes gagés faisaient à la hâte des odes, des chants de victoire, des intermèdes représentés avec pompe à l'Opéra[1], et le

---

1. L'empereur reproche souvent cette hâte à ceux qui étaient chargés de célébrer sa gloire sur les théâtres de Paris. Ainsi, il écrit de Berlin à Cambacérès, le 21 novembre 1806 : « Si l'armée tâche d'honorer la nation autant qu'elle le peut, il faut avouer que les gens de lettres font tout pour la déshonorer. J'ai lu hier les mauvais vers qui ont été chantés à l'Opéra. En vérité, c'est tout à fait une dérision. Comment souffrez-vous qu'on chante des impromptus à l'Opéra? Cela n'est bon qu'au Vaudeville. Témoignez-en mon mécontentement à M. de Luçay. M. de Luçay et le ministre de l'intérieur pouvaient bien s'occuper de faire faire quelque chose de passable ; mais, pour cela, il faut ne vouloir le jouer que trois mois après qu'on l'a demandé. On se plaint que nous n'ayons pas de littérature ; c'est la faute du ministre de l'intérieur. Il est ridicule de commander une églogue à un poète, comme on commande une robe de mousseline. » Il voulait apparemment qu'on prévît la victoire d'Iéna ou celle d'Eylau trois mois à l'avance. M de Luçay, chambellan, était chargé des théâtres en l'absence du surintendant, premier chambellan, retenu à Mayence, comme on l'a vu plus haut. (P. R.)

lendemain, des articles commandés rendaient compte de la vivacité des applaudissements[1].

L'impératrice agitée, oisive, ennuyée du séjour de Mayence, écrivait sans cesse pour obtenir la permission d'aller à Berlin. L'empereur fut au moment de céder à ses instances, et j'éprouvai un vif chagrin quand M. de Rémusat me manda que, vraisemblablement, il allait s'éloigner encore. Mais l'arrivée des Russes, et l'obligation de se montrer en Pologne, obligèrent Bonaparte à changer de pensée. D'ailleurs, on lui écrivait que Paris était morne, et que les marchands s'y plaignaient du tort que leur faisait l'inquiétude générale. Alors il donna l'ordre à sa femme de retourner aux Tuileries, de déployer la pompe accoutumée de la cour, et nous reçûmes, tous et toutes, la consigne de nous amuser avec éclat[2].

Pendant ce temps, il se détermina, après quelques affaires partielles, à prendre des quartiers d'hiver; mais les Russes, plus accoutumés aux sévérités de la saison et du pays, ne le lui per-

1. Citation du *Moniteur* : « On a lu hier à l'Opéra ces paroles : « L'empereur jouit de la meilleure santé. » Il est impossible de se faire une idée de l'enthousiasme qu'elles ont excité. »
2. C'est dans ces occasions que M. de Talleyrand disait : « Mesdames, l'empereur ne badine pas, il veut qu'on s'amuse. » (P. R.)

mirent pas, et, après avoir mesuré leurs forces dans quelques combats sanglants, dont nous payâmes cher le succès, les deux armées se joignirent près du village de Preussich-Eylau qui a donné son nom à cette sanglante bataille. Les cheveux se dressent sur la tête, au récit de cette terrible journée. Le froid était vif, la neige tombait en abondance, l'opposition des éléments ne fit qu'augmenter de part et d'autre le féroce courage des soldats. On se battit douze heures, sans qu'aucun des deux côtés pût s'attribuer la victoire. Les pertes furent immenses. Vers le soir, les Russes firent leur retraite en bon ordre, laissant sur le champ de bataille un nombre considérable de leurs blessés. Les deux souverains, russe et français, ordonnèrent des *Te Deum*. Le fait est que cette horrible boucherie n'eut aucun résultat, et l'empereur a dit, depuis, que, si l'armée russe l'avait attaqué encore dès le lendemain, il est très vraisemblable qu'il eût été battu. Mais ce lui fut un motif d'autant plus fort de faire sonner très haut la bataille. Il écrivit aux évêques, fit part au Sénat de son prétendu succès, démentit dans tous ses journaux les journaux étrangers, et cacha, tant qu'il put, les récits des pertes que nous

CHAPITRE VINGT-DEUXIÈME.

avions faites. On a raconté qu'il visita lui-même le champ de bataille, et que cet épouvantable spectacle lui fit une grande impression. Ce qui porte à le croire, c'est que le bulletin qui rend compte de l'affaire est fait avec une extrême simplicité, et n'a aucune ressemblance avec les autres, où il avait coutume de se placer lui-même dans une attitude un peu théâtrale. A son retour, il fit faire par le peintre Gros un très beau tableau qui le représente au milieu des morts et des mourants, levant les yeux au ciel, comme pour y chercher de la résignation au spectacle douloureux dont il est témoin. L'expression que l'artiste a donnée à son visage est parfaitement belle ; je l'ai souvent considérée avec émotion, souhaitant intérieurement avec toute la force d'une âme qui voulait encore s'attacher à lui, qu'elle eût été, en effet, celle qu'on avait remarquée dans ses traits à cette occasion [1].

M. Denon, directeur du Musée, et l'un des plus obséquieux serviteurs de l'empereur, le suivait toujours dans ses campagnes pour choisir

---

1. On lit cette phrase dans un des bulletins de cette époque : « Ce spectacle est fait pour inspirer aux princes l'amour de la paix et l'horreur de la guerre. »

dans chaque ville conquise les choses rares qui pouvaient contribuer à augmenter les trésors de cette grande et belle collection. Il exécutait sa commission avec une exactitude qui tenait, disait-on, de la rapacité, et on l'accusa de ne point s'oublier dans l'enlèvement des dépouilles. Les soldats de notre armée ne le connaissaient que sous le nom de l'*huissier priseur*. Après la bataille d'Eylau, se trouvant à Varsovie, il reçut l'ordre de faire faire un monument de cette journée. Plus elle avait été douteuse, plus l'empereur tenait à la constater comme une victoire. Denon écrivit à Paris un récit poétique de la visite que l'empereur avait rendue aux blessés. Bien des gens ont prétendu que ce tableau ne représentait qu'un mensonge à peu près pareil à la visite des pestiférés de Jaffa. Mais pourquoi croire que Bonaparte fût toujours incapable d'éprouver un sentiment humain? Le sujet était livré au concours des premiers peintres; un grand nombre composèrent des dessins; celui de Gros réunit tous les suffrages, et le choix tomba sur lui.

La bataille d'Eylau se donna le 10 février 1807.

CHAPITRE XXIII.

(1807.)

Retour de l'impératrice à Paris. — La famille impériale. — Junot. — Fouché. — La reine de Hollande. — Levée des conscrits de 1808. — Spectacles de la cour. — Lettre de l'empereur — Siège de Danzig. — Mort de l'impératrice d'Autriche. — Mort du fils de la reine Hortense. — M. Decazes. — Insensibilité de l'empereur.

Après la bataille d'Eylau, les deux armées, contraintes de suspendre leur marche, par le désordre que produisit un épouvantable dégel, entrèrent dans leurs quartiers d'hiver. L'armée fut cantonnée près de Marienwerder, et l'empereur s'établit dans un château, près d'Osterode[1].

L'impératrice était revenue à Paris, à la fin de janvier. Elle y apportait assez de tristesse, une inquiétude vague, un peu de mécontentement de la portion de la cour qui l'avait accompagnée à Mayence, et toujours cette crainte habituelle qui ne

1. L'empereur s'établit à Osterode, ou dans les environs, le 22 février 1807. (P. R.

la quittait pas dans l'absence de l'empereur, car elle redoutait toujours le jugement qu'il porterait de ses moindres démarches. Elle me témoigna beaucoup d'amitié, avec sa grâce accoutumée. Quelques-uns de ceux qui l'entouraient prétendaient que, dans sa tristesse, il y avait un peu de la préoccupation d'un sentiment tendre qu'elle éprouvait, depuis un an, pour un jeune écuyer de l'empereur, alors absent comme lui. Je n'ai jamais rien approfondi sur ce point, et n'ai reçu d'elle aucune confidence; mais, au contraire, je la voyais inquiète de ce qu'elle avait appris, par quelques Polonaises alors à Paris, de la liaison de l'empereur avec une jeune femme de leur pays. L'attachement qu'elle portait à son mari se compliquait toujours beaucoup de la crainte du divorce, et de tous ses sentiments, celui-là était, je crois, chez elle, ce qui lui parlait le plus haut. Quelquefois, elle essayait dans ses lettres de glisser deux ou trois mots à ce sujet, auxquels elle n'obtenait aucune réponse [1].

1. La correspondance de l'empereur, publiée sous le règne de Napoléon III, a fait connaître quelques-unes de ces réponses que l'impératrice Joséphine ne montrait point à sa confidente. Voici, par exemple, un passage de la lettre du 31 décembre 1806 : « J'ai bien ri en recevant tes dernières lettres. Tu te fais des belles de

Toutefois, elle s'efforçait de satisfaire aux volontés de l'empereur. Elle donnait et acceptait des fêtes, trouvant toujours une distraction à tous ses soucis, dans le plaisir d'étaler une brillante parure. Elle traitait ses belles-sœurs avec froideur, mais avec prudence; elle recevait beaucoup de monde, avec bonne grâce, et se faisait remarquer par l'insignifiance prescrite et bienveillante de ses paroles.

Une fois, je lui proposai d'aller au spectacle pour se procurer quelque distraction. Mais elle me répondit que ce divertissement ne l'amusait point assez pour qu'elle le prît *incognito*, et qu'elle n'oserait point se montrer publiquement au théâtre. « Pourquoi, lui dis-je, madame? Il me semble que les applaudissements que vous recevriez satisferaient l'empereur. — Vous le connaissez bien peu, me dit-elle. Si on me recevait trop bien, je suis certaine qu'il serait jaloux de cette espèce de triomphe qu'il n'aurait pas partagé. Quand on

la grande Pologne une idée qu'elles ne méritent pas... J'ai reçu ta lettre dans une mauvaise grange, ayant de la boue, du vent, et de la paille pour tout lit. » Il écrivait aussi, quelques jours plus tard, de Varsovie, le 19 janvier 1807 : « Mon amie, je suis désespéré du ton de tes lettres et de ce qui me revient: je te défends de pleurer, d'être chagrine et inquiète ; je veux que tu sois gaie, aimable et heureuse. » (P. R.)

m'applaudit, il aime à prendre sa part de mon succès, et je le blesserais en en cherchant un qu'il ne pourrait pas partager avec moi. »

L'inquiétude de l'impératrice Joséphine s'excitait aussi lorsqu'elle remarquait autour d'elle quelque entente entre plusieurs personnes, qu'alors elle croyait toujours unies pour lui nuire. Bonaparte lui avait inspiré quelque chose de sa défiance habituelle. Elle ne craignait nullement madame Joseph Bonaparte, qui, quoique alors reine de Naples, vivait obscurément au palais du Luxembourg, et répugnait à quitter son repos pour prendre place sur le trône. Les deux princes, archichancelier et architrésorier de l'Empire, tous deux craintifs et réservés, lui faisaient une cour respectueuse, et ne lui inspiraient aucun soupçon. La princesse Borghèse, alliant toujours l'état d'une femme malade avec les amusements de la galanterie, n'entrait guère qu'à la suite de sa famille dans toute entreprise d'intrigue. Mais la grande-duchesse de Berg excitait la jalousie et les inquiétudes de sa belle-sœur. Logée magnifiquement au palais de l'Élysée-Bourbon, dans tout l'éclat d'une beauté qu'elle soutenait par la plus brillante élégance, impérieuse dans ses prétentions, mais affable dans ses manières, quand elle le croyait nécessaire, caressante même avec les hommes qu'elle voulait séduire, peu délicate sur les inventions, quand il s'agissait de nuire, détestant l'impératrice, mais sachant à merveille se rendre maîtresse d'elle-même, elle pouvait, en effet, justifier ses inquiétudes. A cette époque, elle désirait, comme je l'ai dit, le trône de Pologne, et elle cherchait à former dans les hauts personnages du gouvernement des liaisons qui lui fussent utiles. Le général Junot, gouverneur de Paris, devint fort amoureux d'elle; soit penchant, soit calcul, cette affection lui servit à faire que le gouverneur de Paris, dans la part de police qu'il avait, et qui faisait matière à sa correspondance avec l'empereur, ne rendait que de bons comptes de la grande-duchesse de Berg.

Une autre liaison, où l'amour n'entra pour rien, mais qui lui fut souvent utile, fut celle qui lui attacha assez bien Fouché. Celui-ci était à peu près brouillé avec M. de Talleyrand, que madame Murat n'aimait guère non plus. Elle cherchait à se soutenir, et surtout à élever son mari malgré lui; elle insinuait souvent au ministre de la police que M. de Talleyrand arriverait à l'éloigner, et elle le

liait à elle par une foule de petites confidences.
Cette intimité donnait des tracas journaliers à ma
pauvre impératrice, qui, toute craintive, observait avec soin ses moindres paroles et ses moindres actions. La société de Paris n'entrait guère
dans tous ces petits secrets de cour, et ne prenait, il faut l'avouer, aucun intérêt aux personnages qui la composaient. Nous apparaissions
tous, et nous étions en effet, comme une parade
vivante dressée pour environner l'empereur d'une
pompe qu'il croyait nécessaire. La conviction où
l'on était du peu d'influence qu'on avait sur lui,
portait la multitude à se soucier peu de ce qui se
passait autour de lui. Chacun savait d'avance que
sa volonté seule finirait toujours par déterminer
toutes choses.

Cependant, les souverains, parents ou alliés de
l'empereur, envoyaient incessamment des députations en Pologne pour le féliciter de ses succès. On
partait de Naples, d'Amsterdam, de Milan, pour
porter à Varsovie les nouveaux hommages des différents États. Le royaume de Naples n'était troublé que par les mouvements de la Calabre, mais
c'était assez pour le tenir sur le qui-vive. Le nouveau roi, un peu enclin au plaisir, était loin de

fonder d'une manière assez ferme le plan que l'empereur avait conçu à l'égard des royautés qu'il avait faites. L'empereur se plaignait aussi de son frère Louis, et ce mécontentement faisait honneur à celui-ci. Au reste, l'intérieur de ce dernier devenait de jour en jour plus pénible. Madame Louis, après avoir joui d'un peu de liberté à Mayence, eut peine sans doute à rentrer sous la triste surveillance à laquelle elle était soumise près de son époux. Peut-être sa tristesse, qu'elle dissimula mal, arriva-t-elle à l'aigrir encore; mais, s'envenimant tous deux, ils finirent par vivre séparés dans le palais : elle, renfermée avec deux ou trois de ses dames; lui, livré à ses affaires et ne dissimulant point qu'il eût à se plaindre de sa femme. Il pensait qu'il ne fallait point laisser les Hollandais conclure contre lui de sa mésintelligence conjugale. On ne sait où une pareille situation les eût conduits tous deux, sans le malheur qui vint tomber sur eux, et qui les rapprocha, par le regret commun de ce qu'ils avaient perdu[1].

A peu près dans ce temps parut un petit poème assez joli de M. Luce de Lancival, auteur de la tragédie d'*Hector*, homme d'esprit qui fut enlevé de bonne heure à une carrière littéraire qui peut-être n'eût pas été sans éclat.

Vers la fin de cet hiver, il arriva à Paris un ordre de l'empereur de faire rappeler, dans les journaux, à tous les hommes distingués dans les sciences et les arts, que la loi, datée d'Aix-la-Chapelle du 24 fructidor an XII[1], sur les prix décennaux, devait avoir son exécution, à la date de vingt mois après celle où l'on était alors. Cette loi promettait des récompenses considérables à tout auteur d'un grand ouvrage utile ou distingué, dans quelque genre que ce fût. Les prix devaient être accordés de dix ans en dix ans, à dater du 18 brumaire, et le jury, chargé de juger, devait être formé de plusieurs membres de l'Institut. Cette fondation avait de la grandeur; on verra plus tard comme elle s'écroula, par suite d'un mouvement de mauvaise humeur de Bonaparte.

Au mois de mars, la vice-reine accoucha d'une fille, et l'impératrice jouit beaucoup de se voir grand'mère d'une petite princesse, parente de tout ce qu'il y avait de plus puissant en Europe.

Tandis que la rigueur de la saison suspendait la guerre des deux côtés, l'empereur n'épargnait rien pour que son armée, au printemps, se mon-

1. 11 septembre 1804. (P. R.)

trât plus formidable que jamais. Les royaumes d'Italie et de Naples envoyaient de nouveaux contingents. Des hommes, nés dans les riants climats de ces belles contrées, se voyaient transportés, tout à coup, sur les bords sauvages de la Vistule, et pouvaient s'étonner de cette dure transplantation, jusqu'au moment où des soldats partirent de Cadix à pied, pour aller périr sous les murs de Moscou, prouvant, par l'effort d'une telle marche, à la fois de quel courage et de quelle force un homme est capable, et jusqu'à quel point peut être portée la puissance de la volonté humaine. On reformait l'armée; des pages de promotions remplissaient nos journaux, et il est assez curieux, au milieu de tous ces décrets militaires, d'en trouver un, toujours daté d'Osterode, qui nomme des évêques à des sièges vacants, soit de France, soit d'Italie.

Mais, malgré nos victoires, ou peut-être à cause de nos victoires, notre armée avait essuyé des pertes considérables. L'extrême humidité du climat, d'ailleurs, causait des maladies; la Russie paraissait déterminée à faire les plus grands efforts; l'empereur sentait que cette campagne, puisqu'elle durait, devait être décisive, et, ne trouvant pas que les nombreux bataillons qu'on lui avait envoyés lui offrissent encore une garantie suffisante du succès, il osa compter sur l'étendue de son pouvoir et sur notre soumission, et, après avoir, à la fin de décembre 1806, levé la conscription de 1807, dans le mois d'avril, il demanda au Sénat celle de 1808. Le rapport du prince de Neuchatel, qui fut inséré dans *le Moniteur*, annonçait que l'armée s'était grossie dans l'année des cent soixante mille hommes des deux conscriptions de 1806 et 1807; il comptait seize mille hommes mis à la retraite pour cause de maladies ou d'ancienneté, et sans s'embarrasser du raisonnement qu'on était trop certain que personne n'oserait faire, par suite du système qui cachait toujours les pertes que nous coûtaient nos victoires, on portait celles de toute la campagne seulement à quatorze mille hommes. Ainsi donc, l'augmentation de l'armée ne se trouvait que de cent trente mille hommes effectifs, et la prévoyance exigeait que les quatre-vingt mille hommes de la conscription de 1808 fussent levés, et exercés dans leurs propres départements. « Plus tard, disait le rapport, il faudrait qu'elle marchât sur-le-champ; levée six mois plus tôt, elle gagnera de la force et de l'instruction, et saura mieux se défendre. »

Le conseiller d'État, Regnault de Saint-Jean d'Angely, qui fut chargé de porter le message impérial au Sénat, s'arrêta dans son discours sur cette partie du rapport, et invita les sénateurs à reconnaître la bonté paternelle de l'empereur qui ne voulait point que les nouveaux conscrits affrontassent les grands travaux de la guerre, avant de s'être familiarisés avec eux. La lettre de l'empereur annonçait que l'Europe entière s'armait de nouveau; elle portait à deux cent mille hommes la levée extraordinaire ordonnée en Angleterre; elle proclamait le désir de la paix, à condition que la passion ne suggérerait point aux Anglais le désir de ne voir leur prospérité que dans notre abaissement.

Le Sénat rendit le décret demandé, et vota une adresse de félicitations et de remerciements à l'empereur. Sans doute il dut sourire, en la recevant.

Il faudrait que l'âme des hommes qui gouvernent par le pouvoir absolu eût été favorisée de facultés bien généreuses pour résister à la tentation de mépriser l'espèce humaine, tentation trop bien justifiée après tout, par la soumission qu'on leur témoigne. Quand Bonaparte voyait toute une nation lui livrer son sang et ses trésors, pour satisfaire une insatiable ambition, quand les hommes éclairés de cette nation consentaient à décorer, par la pompe de leurs phrases, ses actes d'envahissement sur les volontés humaines, pouvait-il regarder l'univers autrement que sous l'aspect d'un champ ouvert au premier qui entreprendrait de l'exploiter? Ne lui eût-il pas fallu une grandeur vraiment héroïque, pour s'apercevoir que la contrainte seule dictait alors les paroles de l'adulation, et le dévouement aveugle des citoyens isolés par le despotisme de ses institutions, et décimés ensuite par les actes de son pouvoir? Il faut pourtant dire qu'à défaut de cette générosité de sentiments, qui manquait à Bonaparte, un calcul observateur de sa raison aurait pu lui démontrer que l'obéissance animée avec laquelle les Français se rendaient, à son ordre, sur le champ de bataille, n'était qu'un égarement de cette énergie nationale excitée chez un grand peuple par une grande révolution. Le cri de la liberté avait éveillé de généreuses ardeurs. Le désordre qui s'en était suivi les rendait craintives de pousser à bout leur entreprise. L'empereur saisissait habilement ce moment d'hésitation pour les rallier au profit de sa gloire. Si j'osais me servir d'une expression commune qui me semble assez bien rendre ma pensée, je dirais que, depuis trente ans, l'énergie française a été portée à un tel excès de développement que la plus grande partie de nos citoyens, dans quelque classe que ce soit, a paru poursuivie du besoin d'avoir vécu, ou, à défaut de la vie, d'avoir pu mourir pour quelque chose. Au reste, il est vraisemblable, par une foule de circonstances, que Bonaparte n'a pas toujours méconnu le génie du peuple qu'il était appelé à gouverner, mais qu'il s'est senti la force de le maîtriser en le dirigeant, disons mieux, en l'égarant à son avantage.

Toutefois, combien il commençait dès lors à devenir pénible de le servir, lorsque l'on conservait au dedans quelques-unes des facultés qui, par l'effet d'une sorte d'instinct, avertissent l'âme des émotions qu'elle est destinée à supporter! Que de réflexions tristes je me souviens que, mon mari et moi, nous faisions, au milieu de la pompe et des jouissances que nous procurait la situation, peut-être enviée, dans laquelle nous nous trouvions! Je l'ai déjà dit, nous étions arrivés pauvres auprès du premier consul, ses largesses plutôt vendues que données nous avaient environnés du luxe qu'il savait si bien prescrire. Jeune encore, je me voyais à portée de satisfaire les goûts de mon âge, et de jouir des plaisirs d'un état brillant. J'habitais une belle maison, je me parais de diamants, je pouvais chaque jour varier mon élégante toilette, attirer à ma table une société choisie; tous les spectacles m'étaient ouverts; il ne se donnait pas une fête à Paris où je ne fusse conviée; et cependant, dès cette époque, je ne sais quel nuage sombre venait oppresser mon imagination. Souvent, au retour des Tuileries, au sortir d'un cercle somptueux, encore toute parée des livrées du luxe, peut-être ajouterai-je de la servitude, mon mari et moi, nous nous entretenions sérieusement de ce qui se passait autour de nous. Une secrète inquiétude de l'avenir, une défiance toujours croissante de notre maître, nous pressait tous deux. Sans bien savoir ce que nous redoutions, nous commencions à nous avouer que nous avions quelque chose à redouter. Le vague avertissement d'une plus noble direction de nos pensées flétrissait le cours de celles où notre destinée fausse semblait nous entraîner. « Je ne suis pas fait, me disait mon mari, pour cette vie oisive et resserrée d'une cour. » — « Je ne me sens pas appelée, lui disais je, à n'admirer que ce qui coûte tant de sang et de larmes. » La gloire militaire nous fatiguait ; nous frémissions de la féroce sévérité qu'elle inspire souvent à ceux qu'elle décore, et peut-être la répugnance qu'elle parvenait à nous causer était-elle une sorte de pressentiment du prix auquel Bonaparte mettrait la grandeur qu'il imposait à la France.

À ces sentiments pénibles se joignait encore la crainte, que ressent toute âme droite, de se voir forcée de ne plus aimer celui qu'on doit toujours servir. C'était là une de mes peines intérieures. Je m'attachais, avec la vivacité de mon âge et de mon imagination, à l'admiration que je voulais conserver pour l'empereur ; je cherchais de bonne foi à me tromper sur son compte ; j'épiais les occasions où il répondait à ce que j'eusse souhaité de lui. Ce combat était pénible et inégal ; et pourtant, quand il a cessé, j'ai bien plus souffert encore.

Lorsque, en 1814, nombre de gens se sont étonnés de l'ardeur avec laquelle je pressais de tous mes vœux la chute du fondateur de ma fortune, et le retour de ceux qui devaient la détruire ; lorsqu'ils ont taxé d'ingratitude notre prompt abandon de la cause de l'empereur, et qu'ils ont honoré de leur surprise la patience avec laquelle nous avons supporté les pertes complètes que nous avons faites, c'est qu'ils ne pouvaient lire dans nos âmes, c'est qu'ils ignoraient les impressions qu'elles avaient reçues de longue main. Le retour du roi nous ruinait, mais il mettait à l'aise nos pensées et nos sentiments. Il nous annonçait un avenir qui permettrait à notre enfant de se livrer aux nobles inspirations de sa jeunesse. « Mon fils, me disait son père, sera pauvre peut-être, mais il ne sera point contraint et froissé comme nous. » On ne sait pas assez dans le monde, c'est-à-dire dans la société réglée et factice d'une grande ville, la jouissance qui s'attache à une position qui vous permet le développement complet de vos impressions, la liberté de toutes vos pensées.

Le jour de Saint-Joseph[1], les deux princesses Borghèse et Caroline[2] voulurent donner une petite fête à l'impératrice. Une grande assemblée fut conviée ; on représenta une petite comédie, ou vaudeville, pleine de couplets à la gloire de

1. Le 19 mars 1807. (P. R.)
2. Madame Murat.

l'empereur et à la louange de la bonté et de la
grâce de la personne fêtée. Les deux princesses
étaient jolies comme des anges. Elles représen-
taient des bergères ; le général Junot jouait le
rôle d'un militaire revenant de l'armée, amoureux
d'une des deux jeunes filles. Cette situation paraissait leur convenir beaucoup, soit dans la représentation, soit ailleurs. Mais les deux sœurs
de Bonaparte, toutes ses sœurs qu'elles étaient,
toutes princesses qu'elles étaient devenues, chan-
taient très faux. Elles s'en apercevaient l'une à
l'égard de l'autre, et se moquaient mutuellement
de leurs prétentions pareilles. Ma sœur et moi,
nous jouions un rôle dans la pièce. Je m'amusai
fort, durant les répétitions, de l'aigreur réciproque
des deux sœurs, qui ne s'aimaient guère, et de
l'embarras dans lequel l'auteur et le musicien se
trouvaient. Tous deux mettaient une grande importance à leur ouvrage ; ils s'affligeaient d'entendre défigurer leurs vers et leurs chansons ; ils
n'osaient se plaindre, faisaient des remontrances
en tremblant ; mais, tout autour, on se hâtait de
leur imposer silence.

On comprend que la représentation fut froide.
L'impératrice, peu sensible aux louanges que

ses deux belles-sœurs lui adressaient sans empressement, se ressouvint que, sur ce même théâtre quelques années auparavant, elle avait vu ses enfants jeunes, gais, affectueux, émouvoir Bonaparte lui-même, en lui offrant leurs bouquets. Elle me confia que, durant toute la pièce, ce souvenir l'avait oppressée. Cette année, elle était séparée de l'empereur, inquiète pour lui, agitée pour elle-même, loin de son fils et de sa fille. Elle s'apercevait que dans sa fortune, à la prendre du jour seulement où elle était montée sur le trône, elle avait déjà un passé à regretter.

A l'occasion de sa fête, l'empereur lui écrivit très tendrement : « Je m'ennuie fort d'être loin de toi, disait-il. L'âpreté de ces climats retombe sur mon âme ; nous désirons tous Paris, ce Paris qu'on regrette partout, et pour lequel on ne cesse de courir après la gloire ; et tout cela, Joséphine, au bout du compte, afin d'être applaudi au retour par le parterre de l'Opéra. Dès que le printemps paraîtra, j'espère bien laver la tête aux Russes, et ensuite, mesdames, nous irons vers vous, et vous nous donnerez des couronnes. »

Pendant l'hiver, on commença le siège de Dantzig. Il passa par la tête de Bonaparte de donner de la gloire (suivant son expression) à Savary. En général, la réputation militaire de celui-ci n'était pas en grand honneur à l'armée; mais il servait l'empereur d'une autre manière. Il était ardent aux récompenses. L'empereur prévoyait l'obligation de le décorer quelque jour, pour l'employer dans quelque occasion qui pourrait naître; il lui attribua je ne sais quel avantage sur les Russes, et lui donna le grand cordon de la Légion d'honneur. Les militaires n'approuvèrent guère cette faveur; mais Bonaparte les déjouait, eux, comme les autres, et l'indépendance du mérite était une de celles qu'il poursuivait le plus.

Il ne quittait guère son quartier général d'Osterode[1] que pour inspecter les divers cantonnements; il y travaillait beaucoup. Il faisait des décrets sur tout. Il écrivit[2] à M. de Champagny, ministre de l'intérieur, une lettre dont il fut question dans *le Moniteur*, et qui lui prescrivait d'annoncer à l'Institut qu'on lui donnerait une statue de d'Alembert, comme étant celui des ma-

---

1. Il habitait le château de Finckestein, près d'Osterode.
2. C'est-à-dire qu'il fit écrire. Bonaparte écrit fort mal, et ne prend jamais la peine de tracer entièrement une seule lettre d'un mot.

thématiciens français qui a le plus contribué à l'avancement des sciences[1].

Les bulletins ne rendaient compte que de la position de l'armée et de la santé de l'empereur, qui, disait-on toujours, était excellente. Il faisait souvent quarante lieues à cheval par jour. Il accordait toujours de nombreux avancements dans son armée, qui se trouvaient rapportés dans *le Moniteur*, pêle-mêle et sous la même date, avec les nominations de quelques évêques.

A cette époque mourut l'impératrice d'Autriche, à l'âge de trente-quatre ans. Elle laissa quatre princes et cinq princesses. Les princes de Bavière, de Bade, et quelques autres de la Confédération du Rhin, séjournaient à l'armée et faisaient leur cour à l'empereur. Quand il avait terminé ses affaires, il assistait à des concerts que

---

1. Voici la lettre de l'empereur : « Monsieur Champagny, voulant faire placer dans la salle des séances de l'Institut la statue de d'Alembert, celui des mathématiciens français qui, dans le siècle dernier, a le plus contribué à l'avancement de cette première des sciences, nous désirons que vous fassiez connaître cette résolution à la première classe de l'Institut, qui y verra une preuve de notre estime, et de la volonté constante où nous sommes d'accorder des récompenses et de l'encouragement aux travaux de cette compagnie, qui importe tant à la prospérité et au bien de nos peuples. — Osterode, 18 mars 1807. » (P R.)

lui donnait le musicien Paër, qu'il avait trouvé à Berlin, qu'il attacha à sa musique et qu'il ramena à Paris. M. de Talleyrand, dont sans doute la société lui était d'une grande ressource, le quittait cependant souvent pour aller tenir un grand état à Varsovie, s'y entendre avec la noblesse, et l'entretenir dans les espérances qu'on voulait qu'elle conservât. Ce fut à Varsovie que M. de Talleyrand traita pour l'empereur, avec les ambassadeurs de la Porte et ceux de la Perse, auxquels Bonaparte donna le spectacle des manœuvres d'une partie de son armée. On y signa aussi une suspension d'armes entre la France et la Suède.

La question du *monseigneur* ayant été décidée, le cardinal Maury fut admis à l'Institut et y prononça pour son discours de réception l'éloge de l'abbé de Radonvilliers. Un monde énorme s'était porté à cette séance. Le cardinal ne répondit guère à la curiosité du public. Son discours fut long et ennuyeux, et on conclut assez justement que son talent s'était absolument usé. Ses mandements, et une passion qu'il prêcha depuis, n'ont point démenti cette opinion.

Le 5 mai, l'impératrice fut frappée d'un coup très sensible par la mort de son petit-fils Napoléon. Cet enfant avait été enlevé à ses parents en peu de jours par la maladie qu'on appelle *le croup*. On ne peut se figurer le désespoir dans lequel tomba la reine de Hollande. On fut obligé de l'arracher de force du cadavre de son fils, auquel elle s'était attachée. Louis Bonaparte, également affligé et épouvanté de l'état de sa femme, la soigna alors avec beaucoup d'attachement, et ce malheur amena entre eux un rapprochement sincère, mais qui ne fut que momentané. La reine, par moments, tombait dans un égarement complet, appelant son fils et la mort à grands cris, sans reconnaître aucune des personnes qui l'approchaient. Quand la raison lui revenait un peu, elle gardait un profond silence, indifférente à ce qu'on lui disait. Cependant, quelquefois, elle remerciait doucement son mari de ses soins, d'un ton qui indiquait le regret qu'il eût fallu un tel malheur pour changer leurs relations. Ce fut dans une de ces occasions que Louis, fidèle à son caractère bizarre et jaloux, se trouvant près du lit de sa femme et lui promettant qu'à l'avenir il s'appliquerait à consoler sa vie, lui demanda toutefois l'aveu des torts qu'il lui supposait : « Confiez-moi vos faiblesses, lui dit-il, je vous les pardonne toutes ; nous allons recommencer un nouvel avenir qui effacera pour jamais le passé. » La reine lui répondait avec toute la solennité de la douleur et de l'espoir qu'elle avait de mourir, que, prête à rendre son âme à Dieu, elle n'aurait pas à lui porter l'ombre même d'une pensée coupable. Le roi, toujours incrédule, lui demandait d'en proférer le serment, et, après l'avoir obtenu, ne pouvant se déterminer à y prêter confiance, recommençait ses singulières instances, et avec une telle importunité, que sa femme, quelquefois épuisée de sa déchirante douleur, des paroles qu'il lui fallait répondre et de cette persécution, se sentant évanouir lui disait : « Donnez-moi du repos, je ne vous échapperai point ; demain, nous reprendrons l'entretien. » En parlant ainsi, elle perdait connaissance de nouveau[1].

Dès que la nouvelle de cette mort fut arrivée à Paris, on dépêcha un courrier à l'empereur ; madame Murat partit sur-le-champ pour la Haye, et, peu de jours après, l'impératrice se rendit à Bruxelles, où Louis amena lui-même sa femme et son jeune fils, pour les remettre aux mains de

---

1. C'est la reine même qui m'a fait ce récit.

leur mère. Il montra encore une douleur amère, et une grande occupation de la reine Hortense, dont la tête était encore presque égarée. Il fut décidé qu'après un repos de quelques jours à la Malmaison on l'enverrait passer plusieurs mois dans les Pyrénées, où son royal époux irait plus tard la rejoindre. Après une journée de séjour au château de Laeken, près de Bruxelles, le roi retourna en Hollande, et l'impératrice, sa fille, son second fils qu'il fallut bien alors appeler Napoléon, et la grande duchesse de Berg, qui n'était guère propre à consoler deux personnes qu'elle haïssait tant revinrent à Paris. M. de Rémusat, qui avait accompagné l'impératrice dans ce triste voyage, me raconta, au retour, les soins de Louis pour sa femme, et me dit qu'il avait cru s'apercevoir que madame Murat les voyait avec déplaisance.

Madame Louis Bonaparte demeura très renfermée, et toujours abattue, à la Malmaison, pendant quinze jours. Vers la fin de mai, elle partit pour les eaux de Cauterets. Elle se montrait insensible à tout, ne versant pas une larme, ne dormant point, ne prononçant aucune parole, serrant la main quand on lui parlait, et, chaque jour, à l'heure où son fils était mort, tombant dans une crise violente. Je n'ai jamais vu une douleur qui fît plus de mal à regarder. Elle était pâle, sans mouvement, le regard fixe; on pleurait en l'approchant, alors elle vous adressait ce peu de mots : « Pourquoi pleurez-vous? Il est mort, je le sais bien; mais je vous assure que je ne souffre pas, je ne sens rien du tout [1]. »

Dans ce voyage, une violente tempête la tira de cette torpeur, par une commotion très forte. Il avait fait de l'orage précisément le jour de la mort de son fils. Lorsque, cette autre fois, le tonnerre éclata, elle l'écouta attentivement; ses éclats

---

1. Cette peinture de la douleur de la reine Hortense n'a rien d'exagéré, car voici ce que mon grand-père écrivait à sa femme, de Bruxelles, où il avait accompagné l'impératrice, le 16 mai 1807 : « Le roi et la reine sont arrivés hier au soir. L'entrevue avec l'impératrice n'a été douloureuse que pour elle, et comment ne l'aurait-elle pas été? Figurez-vous, mon amie, que la reine, dont la santé est d'ailleurs assez bonne, est absolument dans l'état où l'on nous représente *Nina* sur le théâtre. Elle n'a qu'une idée, celle de la perte qu'elle a faite; elle ne parle que d'une chose, c'est de *lui*. Pas une larme, mais un calme froid, des yeux presque fixes, un silence presque absolu sur tout, et ne parlant que pour déchirer ceux qui l'entendent. Voit-elle quelqu'un qu'elle a vu autrefois avec son fils, elle le regarde avec un air de bonté et d'intérêt, et, d'une voix très basse : « Vous le savez, dit-elle, il » est mort. » En arrivant auprès de sa mère, elle lui dit : « Il n'y » a pas longtemps qu'il était ici avec moi; je le tenais là sur mes » genoux. » M'apercevant quelques moments après, elle me fait signe de m'avancer : « Vous vous rappelez Mayence? Il jouait la co-

redoublant, elle eut une violente attaque de nerfs qui fut suivie d'un déluge de pleurs; et, de cet instant, elle reprit toutes ses facultés de souffrir et de sentir, et se livra à une douleur profonde qui, depuis, ne s'est jamais entièrement apaisée. Quoique je ne puisse continuer à rapporter ce qui la concerne qu'en empiétant sur le temps, je terminerai pourtant tout de suite ce récit. Arrivée dans les montagnes avec une petite cour très resserrée, elle s'efforça de se fuir elle-même, en épuisant ses forces par des marches continuelles. Presque toujours dans un état d'exaltation, elle parcourait les

---

» médie avec nous. » Elle entend dix heures sonner, elle se retourne vers une de ses dames : « Tu sais, dit-elle, c'est à dix » heures qu'il est mort. » Voilà comme elle rompt le silence, presque continuel, qu'elle garde. Avec cela, elle est bonne, sensée, pleine de raison; elle connaît parfaitement son état, elle en parle même. Elle est heureuse, dit-elle, « d'être tombée dans l'insensi- » bilité : elle aurait trop souffert autrement ». On lui demande si elle a été émue en revoyant sa mère. « Non, dit-elle; mais je suis » bien aise de l'avoir vue. » On lui dit combien elle est affectée de son peu d'émotion en la revoyant : « Oh! mon Dieu, dit-elle, qu'elle » ne s'en fâche pas: je suis comme cela. » Sur tout ce qu'on lui demande, autre que l'objet de sa peine : « Ça m'est égal, dit-elle, » comme vous voudrez. » Elle croit qu'elle a besoin d'être seule à sa douleur, elle ne veut cependant pas voir les lieux qui lui rappellent son fils. » Je laisse aux habiles le soin de rechercher s'il n'y avait pas quelque affectation dans la douleur ainsi exprimée par l'ancienne élève de madame Campan. Il est difficile pourtant de n'en être pas touché. (P. R.)

vallées des Pyrénées, gravissait les rochers, tentait les ascensions les plus difficiles, et ne semblait, m'a-t-on dit, occupée qu'à échapper à elle-même. Le hasard lui fit rencontrer à Cauterets M. Decazes, jeune alors, fort inconnu, et, comme la reine, sous le poids d'un regret douloureux. Il avait perdu sa jeune femme [1], il était malade et accablé. Ces deux personnes se rencontrèrent et s'entendirent dans leurs larmes. Il est très vraisemblable que madame Louis, trop malheureuse pour observer des convenances qu'elle eût dû respecter, dans le rang où elle était placée, refusant son approche aux indifférents, fut plus accessible à un homme affligé comme elle. M. Decazes était jeune, d'une assez belle figure ; l'oisiveté de la vie des eaux et les discours inconsidérés de la médisance attachèrent quelque importance à cette relation. La reine était trop hors d'un état ordinaire pour s'apercevoir de quoi que ce soit. Elle n'avait autour d'elle que des jeunes personnes dévouées, inquiètes de sa santé, et soigneuses de lui procurer le plus léger soulagement. Cependant des lettres furent écrites à Paris, et on y prononça quelques paroles légères sur la reine et M. Decazes.

1. Fille de M. Muraire, président de la cour de cassation.

Le roi Louis, à la fin de l'été, alla rejoindre sa femme dans le midi de la France. Il paraît que la vue de cette pauvre mère et du seul fils qui lui restait lui causèrent de l'attendrissement. L'entrevue fut affectueuse de part et d'autre. Les époux, qui, depuis longtemps, avaient cessé d'avoir entre eux aucun rapprochement, vécurent alors dans une complète intimité qui a produit la naissance de leur troisième fils[1]. Il est vraisemblable que, si Louis fût retourné sur-le-champ à la Haye, ce raccommodement aurait eu de longues suites; mais il revint avec sa femme à Paris, et son union blessa et inquiéta vivement madame Murat. Au moment de ce retour, j'ai souvent entendu dire à l'impératrice que sa fille était profondément touchée du chagrin de son mari, qu'elle répétait que, souffrant, attristé, il avait formé un nouveau lien avec elle, et qu'elle sentait qu'elle pouvait lui pardonner le passé. Mais madame Murat, du moins l'impératrice le croyait ainsi et sur des rapports assez certains, jeta de nouvelles inquiétudes dans l'esprit de son frère. Elle lui raconta, sans paraître les croire, les discours tenus sur

---

1. L'empereur Napoléon III, né le 20 avril 1808. (P. R.)

les rencontres de la reine avec M. Decazes; elle poussa même son récit jusqu'à lui apprendre qu'on en concluait des soupçons sur les causes de sa nouvelle grossesse. Il n'en fallait pas tant pour ramener la jalouse défiance de Louis[1]. Je ne pourrais plus dire aujourd'hui s'il avait vu M. Decazes dans les Pyrénées, ou si seulement sa femme avait parlé de lui; car, comme elle ne mettait aucune importance à cette rencontre, elle racontait souvent, devant témoins, combien elle avait été touchée de cette conformité de douleur, et disait que, malgré sa propre peine, l'état de cet époux désolé lui avait fait pitié.

Dans le même temps, l'impératrice, effrayée de l'état de maigreur de sa fille, craignant pour elle la fatigue d'un nouveau voyage et le climat de la Hollande, pressait souvent l'empereur, alors de retour, d'obtenir de son frère qu'il laissât sa femme accoucher à Paris. L'empereur l'obtint en effet, en l'ordonnant. Louis, mécontent, aigri, malheureux sans doute aussi de se voir

1. M. Decazes fut placé par Louis Bonaparte lui-même auprès de madame Bonaparte la mère, dans un petit poste assez secondaire. On ne le voyait jamais à la cour, ni dans le grand monde. Qui lui eût dit alors que, quelques années après, il serait pair de France et favori de Louis XVIII?

forcé de retourner seul dans les tristes brouillards de son royaume, harcelé par son inquiétude naturelle, reprit ses soupçons et sa mauvaise humeur, dont il accabla sa femme de nouveau. Celle-ci eut d'abord assez de peine à les comprendre ; mais, quand elle se vit en butte à de nouveaux outrages, quand elle comprit que l'on n'avait pas respecté son malheur, et qu'on l'avait crue capable d'une intrigue galante au moment où elle savait qu'elle n'avait aspiré qu'à mourir, elle tomba dans un complet découragement. Indifférente au présent, à l'avenir, à tous liens, à l'estime comme à la haine, elle voua à son mari un mépris que peut-être elle laissa trop voir, et elle ne pensa plus qu'à s'efforcer de multiplier les occasions de vivre séparée de lui. Tout ce que je raconte se passa dans l'automne de 1807 ; quand j'aurai gagné ce temps, je pourrai revenir encore sur quelques détails relatifs à cette malheureuse femme.

L'impératrice versa beaucoup de larmes sur la mort de son petit-fils. Outre la tendresse très vive qu'elle portait à cet enfant, qui annonçait un aimable caractère, elle voyait sa position ébranlée par cette mort. Les enfants de Louis lui paraissaient devoir réparer auprès de l'empereur le tort de sa stérilité, et ce terrible divorce qui était si souvent l'objet de son inquiétude, lui semblait devenir moins douteux après une pareille perte. Elle me confia ses émotions secrètes dans ce temps, et j'eus beaucoup de peine à rendre un peu de calme à ses esprits.

On se rappelle encore aujourd'hui l'impression que fit le beau discours de M. de Fontanes, qui sut si bien enchâsser ce malheur dans une des plus nobles et des plus remarquables descriptions des prospérités de Bonaparte[1]. Celui-ci avait or-

---

[1]. Ce discours et le trait qui le termine sont rapportés dans la première partie de cet ouvrage. Je n'ai pas cru devoir éviter cette répétition, car les nouveaux détails donnés ici sont intéressants. Je joins à ces détails, et pour faire mieux connaître encore l'intérieur du ménage du roi et de la reine de Hollande, la lettre suivante, écrite au roi par son frère et datée de Finckestein, le 4 avril 1807, un mois à peu près avant la mort de l'enfant : « Vos querelles avec la reine percent dans le public. Ayez donc, dans votre intérieur, ce caractère paternel et efféminé que vous montrez dans le gouvernement, et ayez dans les affaires ce rigorisme que vous montrez dans votre ménage. Vous traitez une jeune femme comme on mènerait un régiment... Vous avez la meilleure femme, et la plus vertueuse, et vous la rendez malheureuse. Laissez-la danser tant qu'elle veut, c'est de son âge. J'ai une femme qui a quarante ans ; du champ de bataille, je lui écris d'aller au bal. Et vous voulez qu'une femme de vingt ans qui voit passer sa vie, qui en a toutes les illusions, vive dans un cloître, soit comme une nourrice toujours à laver son enfant!

donné que les drapeaux conquis dans cette campagne, et l'épée du grand Frédéric, fussent portés en grande pompe aux Invalides. Un *Te Deum* devait être chanté, un discours prononcé en présence des grands dignitaires, des ministres, du Sénat et des invalides eux-mêmes. La cérémonie, qui eut lieu le 17 mai 1807, fut imposante, et le discours de M. de Fontanes est un monument qui perpétuera pour nous le souvenir de ces nobles dépouilles, reprises, depuis, par leur premier possesseur. On admira comment l'orateur avait

Vous êtes trop, vous, dans votre intérieur, et pas assez dans votre administration. Je ne vous dirais pas tout cela sans l'intérêt que je vous porte. Rendez heureuse la mère de vos enfants; vous n'avez qu'un moyen : c'est de lui témoigner beaucoup d'estime et de confiance. Malheureusement, vous avez une femme trop vertueuse; si vous aviez une femme coquette, elle vous mènerait par le bout du nez. Mais vous avez une femme fière, que la seule idée que vous puissiez avoir mauvaise opinion d'elle révolte et afflige. Il vous aurait fallu une femme comme j'en connais à Paris. Elle vous aurait joué sous jambe, et vous aurait tenu à ses genoux. Ce n'est pas ma faute, je l'ai souvent dit à votre femme. » Dans cette lettre, si remplie de ces traits de sagacité et de vulgarité que Napoléon portait dans l'appréciation des choses ordinaires de la vie, on remarquera l'identité de son jugement avec celui de l'auteur de ces Mémoires, sur la cause et le caractère des discordes conjugales qui les occupent. Le roi Louis est trop raide, trop austère, trop jaloux, sa femme n'a que les goûts naturels de la jeunesse et de l'imagination. Son mari la méconnaît, l'humilie, l'attriste et l'offense. Survient la mort du jeune prince,

CHAPITRE VINGT-TROISIÈME. 149

agrandi encore son héros en dédaignant d'insulter au vaincu, combien ses éloges portaient sur ce qui est vraiment héroïque. On ajoutait que ces louanges pourraient, à la rigueur, passer pour des conseils, et la soumission et la crainte étaient telles alors, que M. de Fontanes parut avoir déployé du courage.

Dans la péroraison de ce discours, il représenta le héros entouré de la pompe de ses victoires, et la dédaignant pour pleurer un enfant.

Mais le héros ne pleura point. Il reçut d'abord

et ce malheur, également ressenti des deux parts, rapproche les époux par une douleur commune. Cette douleur se prolonge, et devient, pendant un temps, la pensée dominante de la reine et même de sa mère. Dans ses lettres, Napoléon se montre affligé, et bientôt ennuyé de leur constante tristesse. Il y a un mélange curieux d'une bonté affectueuse et d'une impérieuse personnalité dans la manière dont il les console, ou leur ordonne de se consoler. J'ai cité quelques-unes de ces lettres. En voici une autre, écrite de Friedland, le 16 juin 1807 : « Ma fille, j'ai reçu votre lettre datée d'Orléans. Vos peines me touchent, mais je voudrais vous savoir plus de courage. Vivre, c'est souffrir, et l'honnête homme combat toujours pour rester maître de lui. Je n'aime pas à vous voir injuste pour le petit Napoléon-Louis, et envers tous vos amis. Votre mère et moi avions l'espoir d'être plus que nous ne sommes dans votre cœur. J'ai remporté une grande victoire le 14 juin. Je me porte bien et je vous aime beaucoup. » On voit combien ces jugements de l'empereur et de la dame du palais de Joséphine sont contradictoires avec l'opinion qui a prévalu sur la reine Hortense, et qui ne semble pas reposer uniquement sur des suppositions. (P. R.)

une impression pénible de cette mort, dont il chercha à se débarrasser le plus tôt qu'il put. M. de Talleyrand m'a conté, depuis, que le lendemain du jour où il avait appris cette nouvelle, l'empereur causait d'un air fort dégagé, et qu'au moment où il allait donner audience aux grands de la cour de Varsovie qui venaient le complimenter sur cette perte, lui (M. de Talleyrand) fut obligé de l'avertir de prendre un maintien triste, en se permettant de lui reprocher sa trop grande insouciance, à quoi l'empereur répondit : « Qu'il n'avait pas le temps de s'amuser à sentir et à regretter, comme les autres hommes. »

CHAPITRE XXIV.

(1807.)

Le duc de Danzig. — Police de Fouché. — Bataille de Friedland — M. de Lameth. — Traité de Tilsit. — Retour de l'empereur — M. de Talleyrand. — Les ministres. — Les évêques.

Cependant, les rigueurs de l'hiver disparaissaient peu à peu en Pologne, et tout annonçait le renouvellement des hostilités. Le bulletin du 16 mai nous apprenait l'arrivée de l'empereur de Russie à son armée, et les paroles mesurées qu'on employait à l'égard des souverains, et l'épithète de *braves* accordée aux soldats russes, faisaient penser qu'on se préparait à rencontrer une vigoureuse résistance. Le maréchal Lefebvre était chargé du siège de Danzig[1] ; quelques affaires d'a-

---

1. L'orthographe de ces noms de villes ou de provinces allemandes devenus des titres français est difficile à déterminer. L'auteur, comme les femmes, et même les hommes de son temps, n'en prend nul souci, et écrit tantôt d'une façon, tantôt d'une autre. Les historiens de l'Empire ne présentent nulle concordance,

vant-postes avaient eu lieu ; enfin, le 24 mai, la ville de Danzig se rendit. L'empereur s'y transporta aussitôt, et, pour récompenser le maréchal, il le fit duc de Danzig, en ajoutant à ce titre une dotation considérable. Ce fut la première création de ce genre. Il en développa les avantages, comme il lui plut, dans une lettre qu'il écrivit au Sénat à cette occasion, et il s'appliqua à les appuyer sur des motifs qui ne devaient point effaroucher les amateurs de l'égalité, dont il soignait toujours les préventions. Je l'ai souvent entendu parler des motifs qui le portèrent à créer ce qu'il appelait une caste intermédiaire entre lui et la vaste démocratie de la France. Il s'appuyait, d'abord, sur le besoin de récompenser les grands services, d'une manière qui ne fût point onéreuse à l'État, sur la nécessité de satisfaire les vanités françaises[1], et, enfin, de s'entourer à la façon des autres souve-

---

et la plupart n'ont point de système régulièrement suivi. Aujourd'hui, l'on met quelque pédanterie à laisser aux noms un caractère local. Aussi j'écris en allemand, *Danzig*, et non *Dantzick* comme on le fait souvent. (P. R.)

1. « On me dira, disait l'empereur, que tout cela fera une noblesse de cour ; mais cette noblesse de cour aura conquis son rang avec son épée. — Oh ! dit ma grand'mère, avec son épée ? Avec son sabre. » L'empereur se mit à rire. (P. R.)

rains de l'Europe. « La liberté, disait-il, est le besoin d'une classe peu nombreuse, et privilégiée, par la nature, de facultés plus élevées que le commun des hommes. Elle peut donc être contrainte impunément. L'égalité, au contraire, plaît à la multitude. Je ne la blesse point en donnant des titres qui sont accordés à tels ou tels, sans égard pour la question, usée aujourd'hui, de la naissance. Je fais de la monarchie, en créant une hérédité, mais je reste dans la Révolution, parce que ma noblesse n'est point exclusive. Mes titres sont une sorte de couronne civique; on peut les mériter par les œuvres. D'ailleurs, les hommes sont habiles quand ils donnent à ceux qu'ils gouvernent le même mouvement qu'ils ont eux-mêmes. Or tout mon mouvement à moi est ascendant, il en faut un pareil qui agite de même la nation. »

Une fois, après avoir développé tout ce système devant moi, à sa femme, il s'arrêta tout à coup. Il se promenait, selon sa coutume, dans l'appartement. « Ce n'est pas, dit-il, que je ne voie que tous ces nobles, ces ducs surtout que je fais, et à qui j'accorde de si énormes dotations, vont devenir un peu indépendants de moi. Décorés et riches, ils tenteront de m'échapper, et prendront vraisemblablement ce qu'ils appelleront *l'esprit de leur état.* » Et, sur cette réflexion, il continua sa promenade, en gardant quelques minutes de silence ; puis, se retournant vers nous un peu brusquement : « Oh ! reprit-il, en souriant d'un sourire dont je ne saurais comment décrire l'expression, ils ne courront pas si vite que je ne sache bien les rattraper. »

Quoique les services militaires décorassent au fond, d'une manière imposante, les parchemins dont l'empereur scellait le don sur le champ de bataille, cependant l'humeur moqueuse des Parisiens, que la gloire même ne fait pas reculer, s'empara d'abord de la dignité du nouveau duc. Il avait quelque chose de commun et de soldatesque qui y prêtait un peu ; et sa femme, vieille et excessivement bourgeoise, fut l'objet d'un grand nombre de railleries. Elle s'exprimait plaisamment sur la préférence qu'elle donnait à la partie pécuniaire des dons de l'empereur, et lorsqu'elle faisait cet aveu, au milieu du salon de Saint-Cloud, et que la naïveté de ses discours faisait rire quelques-unes d'entre nous, alors, rouge de colère, elle ne manquait pas de dire à l'impératrice : « Madame, je vous prie de faire taire toutes vos péronnelles. » On conçoit qu'une pareille incartade ne diminuait pas notre gaieté[1].

L'empereur eût bien voulu arrêter le cours de ces plaisanteries, mais elles échappaient à sa puissance, et, comme on savait qu'il y était sensible, on recherchait ce moyen commode et facile de se venger de l'oppression. Les bons mots, les calembours couraient la ville; on les mandait à l'armée; l'empereur irrité tançait le ministre de la police sur son peu de surveillance; celui-ci, affectant une certaine libéralité dédaigneuse, répondait qu'il fallait laisser aux oisifs ce dédommagement. Cependant, quand il avait appris qu'un propos

---

1. Les mots spirituels, ou tout au moins comiques, de la maréchale Lefebvre ont eu quelque popularité. Celui-ci était en réalité plus singulier, et plus expressif. Il s'agissait, paraît-il, d'un domestique qu'elle avait fait mettre tout nu devant elle, pour s'assurer qu'il n'emportait rien. Il est impossible d'écrire le mot par lequel elle demandait, avant de faire son récit, le départ des dames de la cour. Son mari, le maréchal duc de Danzig, avait aussi ses mots que l'on citait, et dont quelques-uns ont une beauté soldatesque. Il se plaignait à mon grand-père d'un fils qui se conduisait mal : « Vois-tu, disait-il, j'ai peur qu'il ne meure pas bien. » Un jour, ennuyé du ton d'envie désobligeante avec lequel un de ses compagnons d'enfance, le revoyant dans ses grandeurs, lui parlait de sa richesse, de ses titres et de son luxe, il lui dit : « Eh bien, tiens, je te cède tout cela, et pour rien, mais au prix coûtant. Nous allons descendre dans mon jardin; je tirerai sur toi soixante coups de fusil, et après cela, si je ne t'ai pas tué, tout est à toi. » (P. R.)

railleur ou malveillant avait été tenu dans un salon de Paris, le ministre en mandait tout à coup le maître ou la maîtresse, pour les avertir de mieux surveiller leur société, et il les renvoyait avec une inquiétude vague sur la sûreté du commerce de ceux qui la composaient. Plus tard, l'empereur trouva le moyen de raccommoder l'ancienne noblesse avec les décorations de la nouvelle : il l'appela au partage; et, comme c'était reconnaître son privilège que de lui en donner un nouveau, quelque mince qu'il fût, elle ne dédaigna pas cette concession qui devenait un acte renouvelé de ce qu'elle avait été autrefois.

Cependant, l'armée se trouvait organisée de nouveau très fortement. Tous nos alliés y concouraient. On vit des Espagnols traverser la France pour aller combattre les Russes sur la Vistule; aucun souverain n'osait résister aux ordres qu'il recevait. Le Bulletin du 12 juin annonça la reprise des hostilités. On y rendait compte des tentatives faites pour la paix. M. de Talleyrand y poussait beaucoup, peut-être l'empereur lui-même n'était pas loin de la désirer. Mais le gouvernement anglais s'y refusait; le jeune czar se flattait de faire oublier Austerlitz; la Prusse, fatiguée de nous, redemandait son souverain; Bonaparte, vainqueur, dictait des conditions sévères; la guerre se ralluma. Quelques affaires partielles tournèrent à notre avantage; nous rentrâmes dans notre activité accoutumée. Les deux armées se rencontrèrent à Friedland, et nous remportâmes une nouvelle et grande victoire, qui fut longtemps disputée. Malgré le succès, l'empereur put conclure que, lorsqu'il aurait affaire désormais aux Russes, il lui faudrait s'attendre à une lutte violente, et que c'était entre lui et Alexandre que se traiteraient les destinées du continent.

A la journée de Friedland, un nombre considérable de nos officiers généraux furent blessés. La conduite de mon beau-frère M. de Nansouty fut digne d'éloges. Pour favoriser le mouvement de l'armée, il soutint avec sa division de grosse cavalerie le feu de l'ennemi, pendant plusieurs heures, maintenant par la force de son exemple tous les hommes dans une inaction très pénible, puisqu'on peut dire qu'elle était aussi sanglante que le combat. Le prince Borghèse fut envoyé du champ de bataille à Saint-Cloud, pour annoncer ce succès à l'impératrice. Il donna, en même temps, l'espoir que ce succès serait suivi d'une paix prochaine, et ce bruit, qui se répandit, ne fut pas un faible ornement à la victoire.

La bataille de Friedland fut suivie d'une marche rapide de notre armée. L'empereur gagna le village de Tilsit, sur les bords du Niémen. Le fleuve séparait les deux armées. Un armistice fut proposé par le général russe, et accepté par nous; les négociations commencèrent. Sur ces entrefaites, j'étais partie pour les eaux d'Aix-la-Chapelle, où je menais une paisible vie, et où j'attendais, comme toute l'Europe, la fin de cette terrible guerre. J'y trouvai pour préfet M. Alexandre de Lameth, qui, après avoir tant marqué dans les commencements de la Révolution, avait émigré, était rentré en France, ayant passé de longues années dans un cachot autrichien, en même temps que M. de la Fayette. Employé par l'empereur, il était arrivé à être préfet de ce que nous appelions le département de la Roër, qu'il administrait fort bien. L'éducation que j'avais reçue, les opinions de ma mère et de sa société m'inspiraient de grandes préventions contre les opinions qui secondèrent en 1789 les dispositions révolutionnaires. Je ne voyais dans M. de Lameth qu'un factieux ingrat à l'égard de la cour, qui avait adopté le rôle de membre de l'opposition pour se donner un éclat qui flattait son ambition. Ce qui me faisait encore pencher vers cette idée, c'est que je le trouvais grand admirateur de Bonaparte, qui assurément ne gouvernait point la France dans un système qui fût une émanation de l'Assemblée constituante. Mais il se pourrait que, ainsi que la majorité des Français, nos troubles l'eussent un peu dégoûté d'une liberté achetée si cher, et qu'il eût aussi adopté de cœur un despotisme qui recréait l'ordre.

Quoi qu'il en soit, cette connaissance que je fis me donna l'occasion d'entendre développer quelques-unes des opinions sur les droits des citoyens, la balance du pouvoir, les libertés utiles, qui me frappèrent. M. de Lameth défendait les intentions de l'Assemblée constituante, et je n'avais nulle raison de lui disputer ce point assez oiseux de la discussion, à l'époque où nous nous trouvions tous deux. Il justifiait ensuite la conduite des députés de 1789, et, quoique je ne fusse point de force à lui répondre en détail, je sentais confusément qu'il avait tort, et que l'Assemblée constituante n'avait pas rempli sa mission avec assez d'impartialité et de conscience. Mais je me sentais frappée de l'utilité pour une nation d'appuyer, son gouvernement sur des institutions moins passagères, et, à cet égard, les paroles que j'entendais proférer avec assez de chaleur, jointes au sentiment pénible que me faisaient éprouver nos interminables guerres, jetaient dans mon esprit la semence de quelques idées saines et généreuses que les événements ont depuis entièrement développées[1]. Au reste, quoi qu'on pensât alors,

1. Il paraît probable, et cela est indiqué ici, que les conversations de M. de Lameth ont contribué à l'éducation politique et libérale de l'auteur de ces mémoires. On trouvera peut-être piquant de rapprocher l'influence que ces causeries ont exercée sur on esprit, des préjugés qu'elle avait, et de ses impressions un peu sévères, lors de leur première rencontre. Il ne faut pas oublier que ma grand'mère n'avait pas encore vingt-sept ans lorsqu'elle voyait M. de Lameth à Aix-la-Chapelle, et qu'elle avait quitté l'intérieur doux, simple et attristé de sa mère pour la cour du premier consul, à peine âgée de vingt-deux ans. Il n'est pas étonnant que son jugement ait mis quelques années à se former, et qu'elle n'ait pas, du premier coup, atteint la vérité constitutionnelle. Le travail qui se fait peu à peu dans cet esprit distingué est précisément un des charmes de ses lettres et de ses mémoires. Voici donc ce qu'elle écrivait d'Aix-la-Chapelle à son mari, le 4 juillet 1807 : « Le préfet est fort aimable ; mais ce n'est plus à présent cet homme élégant et recherché que vous m'annoncez. Il n'a plus l'air jeune, il est couperosé, il ne parle que de son département, il s'en occupe sans cesse, il ne sait pas un mot de ce qui se passe hors d'Aix-la-Chapelle, il n'ouvre pas un livre, et ne fait que sa place. Il paraît aimé ici, son état de maison est fort simple. » Quelques jours plus tard, le 17 juillet, elle écrivait : « J'aimerais assez le préfet, qui a une politesse noble et de bon goût ; mais il est trop froid et

la raison, ou son instinct, était forcée de céder devant l'éclatante fortune qui élevait en ce moment Bonaparte à l'apogée de sa gloire. On ne pouvait plus le juger avec les mesures ordinaires; la fortune le secondait si continuellement, qu'en la poussant à ses plus éclatants comme à ses plus déplorables excès, il semblait obéir à sa destinée.

Cependant, les grandes circonstances politiques donnaient lieu, à Aix-la-Chapelle comme à Paris, comme partout, à des bruits de toute espèce : On fondait le royaume de Pologne; on le donnait à Jérôme Bonaparte, que l'on mariait à une fille de

---

trop préfet, il ne parle que de son département et paraît n'avoir plus que son administration dans la tête. Il est assez mal avec madame G... On dit ici qu'elle lui a fait beaucoup d'avances, mais que, pour ne pas déplaire aux bonnes Allemandes, que les manières un peu libres de ladite dame choquaient, il a résisté à tout. On ajoute qu'elle ne lui a pas pardonné. Vous voyez que ce n'est pas là le Lameth d'autrefois. Il l'est encore dans certaines opinions constituantes qu'il se plaît à mettre en avant. Mais ce qui est remarquable, c'est qu'il ramène toujours la conversation sur les scènes passées, et qu'il aime à rappeler ses liaisons avec l'ancienne cour, et la faveur qu'on lui témoignait. Quand il parle ainsi, on le regarde et on ne trouve rien à répondre ; au reste, il n'a pas l'air de savoir mauvais gré du silence. Enfin, je trouve donc le préfet plus aimable ; il vient quelquefois me faire des petites visites du matin. Au bout de quelques moments, il trouve le moyen de mettre la conversation sur les commencements de la Révolution, sur l'Assemblée constituante, sur ses idées de régénération, sur ses espérances de réforme. Il arrange tout cela de son

l'empereur d'Autriche ; on allait même jusqu'à renouveler les bruits du divorce de notre empereur. Les esprits, animés par le gigantesque des événements, les dépassaient encore, et se montaient de plus en plus à ce besoin de l'extraordinaire dont l'empereur savait si bien profiter pour les entraîner. Et comment, en effet, ne point s'attendre à toutes choses, en apprenant ce qui se passait? Madame d'Houdetot, qui vivait encore alors, disait, en parlant de Bonaparte : « Il rapetisse l'histoire, et il agrandit l'imagination[1]. »

mieux, il fait des contes que j'ai l'air d'adopter, et qu'au fond je ne repousse pas entièrement, parce que je trouve en moi une disposition, naturelle dans ce siècle-ci, à excuser une bonne partie des erreurs politiques. Hier, je lui ai fait raconter les circonstances de sa captivité, et, après avoir pensé que le roi de Prusse avait eu assez raison d'arrêter ce *trio*, cependant j'ai trouvé qu'on avait été bien dur. Je crois que je les ai presque plaints, mais surtout cette pauvre madame de Lameth, la mère, qui partageait la prison de son fils dans les derniers temps, et qui avait six cents marches à monter pour arriver au donjon. Il conte bien ce qu'il a souffert. J'ai été surtout frappée d'une obligation de danser tous les jours qu'il s'était imposée pour faire de l'exercice. Pendant trente-neuf mois, à la même heure, il sautait en chantant une contredanse, et il m'a avoué qu'il s'était souvent surpris à répandre des larmes au milieu de ce triste rigodon. C'est à la fin d'une pareille contredanse qu'une fois il s'est déterminé à se couper la gorge avec un rasoir, et qu'il en a été empêché par un domestique qui l'a surpris. » (P. R.)

1. A cette époque, M. de Chateaubriand revint du voyage qu'il

CHAPITRE VINGT-QUATRIÈME.

Après la bataille de Friedland, l'empereur écrivit aux évêques une lettre qui est belle. Elle renferme, entre autres, cette phrase : « Cette victoire a signalé l'anniversaire de la bataille de Marengo, de ce jour où, tout couvert encore de la poussière du champ de bataille, notre première pensée, notre premier soin furent pour le rétablissement de l'ordre et de la paix dans l'Église de France [1]. »

avait entrepris dans la Terre-Sainte pour y recueillir les observations qui devaient servir à l'ouvrage des *Martyrs*, qu'il méditait.

1. C'était une question souvent discutée, autrefois, que celle des opinions de l'empereur sur la religion, l'immortalité de l'âme, l'existence de Dieu. Tout le monde aime à savoir ce que pensent ces grands génies sur ces problèmes qu'ils ne résolvent pas beaucoup plus aisément que nous. Il m'est arrivé plus d'une fois de demander à mon père si nos parents, ou quelques autres interlocuteurs habituels de Napoléon, avaient pu lui dire à ce sujet quelque chose de précis. Il en était aussi réduit aux conjectures. Sa mère, interrogée par lui, ne se souvenait pas d'avoir entendu l'empereur en parler sérieusement, ou d'une manière significative. Il n'attaquait pas les dogmes et n'en riait point. Il n'aimait pas les philosophes incrédules ; mais son aversion pour leurs théories sociales suffirait pour expliquer sa sévérité à leur égard. Il parlait cependant des prêtres avec peu de respect. Par allusion à certains antécédents du cardinal Fesch, il disait que ce qu'il savait de son oncle le disposait à ne faire nul cas de la sincérité et du zèle des prêtres, puisqu'il le voyait aussi attaché qu'eux à la cause de l'Église. Jamais, quoiqu'il parlât assez souvent de l'importance politique de la religion, du soin qu'il en fallait prendre, il n'exprimait rien de positif sur la vérité ou la beauté de telle ou telle croyance. Il n'avait nulle sympathie pour la piété, nulle entente de ce qu'elle est dans certaines âmes

Le *Te Deum* fut chanté dans Paris et la ville fut lluminée.

Le 25 juin, les deux empereurs s'étant embarqués sur les deux rives du Niémen, en présence d'une partie de leur armée, abordèrent en même temps au pavillon qu'on avait élevé sur un radeau au milieu du fleuve. Ils s'embrassèrent en se joignant, et demeurèrent deux heures ensemble. L'empereur Napoléon était accompagné de son grand maréchal Duroc et de son grand écuyer Caulaincourt; le czar, de son frère Constantin et

---

Il paraissait ne l'avoir jamais rencontrée, et ne l'admettre que comme préjugé populaire. Il avait une incrédulité de fait, mais non raisonnée et sympathique. La religion, même abstraite, paraissait lui être étrangère. Le nom de la *Providence*, celui de *Dieu* même étaient des mots qu'il n'employait guère; mais cela venait plutôt des habitudes de son temps que d'un parti pris. Comme tant d'hommes de la fin du xviiie siècle, il n'avait jamais réfléchi au fond de la religion. Plus qu'un autre, il devait regarder le temps qu'elle prend comme du temps perdu, excepté quand il lui accordait quelques moments d'attention pour gagner des populations musulmanes, ou satisfaire des populations belges ou vendéennes. Mon père ajoutait que sa mère croyait que la religion était une chose à laquelle il ne pensait *à la lettre* pas du tout, sans avoir une résolution formée contre la foi chrétienne. Il avait aussi quelque disposition à accepter le merveilleux, les pressentiments, même certaines communications mystérieuses entre les êtres; mais c'était plutôt l'effort d'une imagination vague qu'une aptitude particulière à la foi dans un symbole déterminé. (P.R.)

de deux grands personnages de sa cour. Dans cette entrevue, la paix fut irrévocablement fixée. Bonaparte consentit à rendre au roi de Prusse une partie de ses États, quoique son penchant intime le portât à changer complètement la forme des pays conquis, parce que cette transformation entière favorisait davantage sa politique, dont la base était une domination universelle. Cependant, il fut obligé, en traitant, de sacrifier quelques portions de ses projets. Le czar pouvait encore être un ennemi redoutable; Napoléon savait que la France se fatiguait de la guerre, et qu'elle redemandait sa présence. Une plus longue campagne eût entraîné l'armée vers des entreprises dont on ne pouvait pas prévoir l'issue. Il fallut donc ajourner une partie du grand plan, et faire halte encore une fois. Les Polonais, qui avaient compté sur une libération absolue, virent seulement la portion de la Pologne qui avait appartenu à la Prusse devenir duché de Varsovie, duché qui fut donné au roi de Saxe comme en dépôt. Danzig devint une ville libre, et le roi de Prusse s'engagea à fermer ses ports aux Anglais. L'empereur de Russie offrit sa médiation pour tenter la paix avec l'Angleterre. Bonaparte se flatta que l'importance du médiateur terminerait le différend. Sa vanité mettait un grand prix à ce que sa royauté fût reconnue par nos voisins insulaires[1]. Il a dit souvent, depuis, qu'il avait senti à Tilsit que la question de l'empire continental se jugerait un jour entre le czar et lui, et que la magnanimité qu'Alexandre avait montrée[2], l'admiration que ce jeune prince lui témoignait, l'enthousiasme réel dont il était pénétré en sa présence, l'avaient comme subjugué et porté à désirer, plutôt qu'une rupture éternelle, une alliance solide qui pourrait, après tout, amener entre deux grands souverains le partage du continent. Le 26, le roi de Prusse vint aussi sur le radeau, et, après la conférence, les trois souverains se rendirent à Tilsit, où ils logèrent tant que durèrent les négociations, se visitant tous les jours, se donnant à dîner, passant des revues et paraissant dans la plus grande intelligence. Bonaparte déploya tout ce qu'il avait de ressources dans l'esprit; il s'observa beaucoup, il flatta le jeune empereur et le séduisit complète-

1. Quand l'empereur apprit, un peu plus tard, que le gouvernement anglais refusait la paix, il s'écria : « Eh bien, la guerre recommencera, et elle sera à mort pour l'un des deux États. »

2. Le czar avait alors trente ans, une très belle figure et une bonne grâce infinie

ment. M. de Talleyrand acheva encore cette conquête par l'habileté toujours pleine de grâce avec laquelle il arrivait à soutenir et à colorer la politique de son maître. Alexandre lui témoigna une grande amitié, et prit une extrême confiance en lui. La reine de Prusse vint à Tilsit; Bonaparte s'efforça par beaucoup de galanteries de réparer la dureté de ses bulletins[1]. Elle ne pouvait se plaindre, non plus que le roi son époux. Tous deux, dépossédés, se voyaient forcés de recevoir avec reconnaissance ce qu'on leur rendait de leurs États. Ces illustres vaincus renfermèrent leur peine secrète, et l'empereur crut les avoir acquis en les rétablissant sur un trône morcelé dont il pouvait les repousser tout à fait. Au reste, dans son traité, il conservait toujours des moyens de surveillance, en laissant des garnisons françaises dans les États de quelques princes secondaires, tels que ceux de Saxe, de Cobourg, d'Oldenbourg et de Mecklembourg-Schwerin. Une partie de son armée demeurait encore sur les côtes du Nord, parce

1. L'empereur écrivait à l'impératrice : « Tilsit, 8 juillet 1807. La reine de Prusse a été réellement charmante; elle est pleine de coquetterie pour moi; mais n'en sois point jalouse; je suis une toile cirée sur laquelle tout cela ne fait que glisser. Il m'en coûterait trop cher pour faire le galant. » (P. R.)

qu'il paraissait que le roi de Suède ne voulait point entrer dans le traité, et enfin, cette guerre fit éclore un royaume composé de la Westphalie et d'une portion des États prussiens. Jérôme Bonaparte fut décoré de cette nouvelle royauté, et le projet de son mariage avec la princesse Catherine de Wurtemberg fut arrêté. Les deux ministres des affaires étrangères, M. de Talleyrand et le prince Kourakin, signèrent ce traité, le 9 juillet 1807. L'empereur se rendit ensuite chez l'empereur de Russie, portant la décoration de l'ordre russe de Saint-André. Il demanda à voir le soldat russe qui s'était le mieux conduit pendant la campagne, et lui donna de sa main la croix d'or de la légion. Les deux souverains s'embrassèrent de nouveau, et se séparèrent, après s'être promis une éternelle amitié. Des cordons furent distribués respectivement dans les deux cours. La séparation de Bonaparte et du roi de Prusse se fit aussi avec pompe, et le continent se trouva encore une fois pacifié.

Des événements si éclatants imposèrent fortement à la disposition blâmante qui existait toujours sourdement à Paris.

Il était impossible de ne pas admirer une telle gloire; mais il est certain qu'on s'y associait beau-

coup moins que par le passé. On s'apercevait
qu'elle tenait un peu pour nous de la nature d'un
joug brillant, et, comme on commençait à connaître Bonaparte et à se défier de lui, on craignait
les suites de l'enivrement que sa puissance pouvait exciter en lui. Enfin, la prépondérance militaire excitait aussi l'inquiétude; les vanités de
l'épée, prévues d'avance, blessaient l'orgueil indi-
viduel. Une secrète tristesse se mêlait à l'admiration. Cette tristesse se faisait remarquer surtout
parmi ceux que leurs places ou leur rang allaient
remettre en contact avec Napoléon. On se demandait si le despotisme violent de ses manières ne
paraîtrait pas plus que de coutume dans toutes
ses actions journalières; on se voyait rapetissé
devant lui, et on prévoyait qu'il le ferait sentir
durement. Chacun faisait avec anxiété son examen
de conscience, recherchant sur quelle partie de
sa propre conduite ce maître sévère pourrait, à son
retour, exprimer son mécontentement. Épouse,
famille, grands dignitaires, ministres, la cour
tout entière, tous enfin, éprouvaient plus ou
moins cette angoisse, et l'impératrice, qui le connaissait mieux qu'une autre, exprimait tout naïvement son inquiétude, en disant : « L'empe-

reur est si heureux, qu'il va sûrement beaucoup gronder. » La magnanimité des rois consiste à élever les âmes autour d'eux, en reversant une partie de leur grandeur morale sur ceux qui les environnent ; mais Bonaparte, naturellement jaloux, s'isolait toujours, et redoutait tout partage. Ses dons furent énormes après cette campagne ; mais on s'apercevait qu'il payait les services pour ne plus en entendre parler, et la solde de ses récompenses paraissait un compte tellement terminé, qu'il réveilla des prétentions sans exciter de reconnaissance.

Pendant les entrevues de Tilsit, il ne se passa rien à Paris que la translation du corps du jeune Napoléon, qu'on avait déposé à Saint-Leu, dans la vallée de Montmorency, chez le prince Louis, et qui fut porté à Notre-Dame en cérémonie. L'archichancelier le reçut dans l'église, et en remit le dépôt au cardinal-archevêque de Belloy pour le conserver jusqu'au moment où la fin des réparations de Saint-Denis permettrait de l'y transporter. On s'occupait alors de reconstruire les caveaux qui avaient contenu les cendres de nos rois. On avait recueilli leurs restes épars que les outrages du règne de la Terreur n'avaient point épargnés, et l'empereur avait ordonné la construction d'autels expiatoires pour réparer ce sacrilège fait à tant d'illustres morts. Cette idée, belle et monarchique, lui fit beaucoup d'honneur, et fut célébrée avec raison par quelques-uns des poètes de notre époque.

Quand l'empereur revint en France, sa femme vivait à Saint-Cloud dans toutes les précautions d'une prudence minutieuse. Sa mère demeurait assez paisiblement à Paris, avec son frère le cardinal Fesch. Madame Murat habitait toujours l'Élysée, et conduisait finement une foule de petites intrigues. La princesse Borghèse menait le seul train de vie qui lui plût, et qu'elle entendît. Louis et sa femme étaient ensemble dans les Pyrénées; ils avaient laissé leur enfant près de l'impératrice. Joseph Bonaparte régnait avec douceur et faiblesse à Naples, disputant la Calabre aux révoltés qui la troublaient, et ses ports aux Anglais. Lucien habitait Rome, se livrant aux arts et au repos. Jérôme rapportait une couronne; Murat, un désir violent d'en obtenir une, et un grand fonds d'animosité contre M. de Talleyrand, qu'il croyait son ennemi. Il s'était fort rapproché du secrétaire d'État Maret, jaloux en secret du ministre des affaires étrangères, et il approuvait beaucoup l'intimité de sa femme avec Fouché. Tous quatre savaient bien qu'au fond de l'âme l'empereur concevait souvent le projet d'un divorce et d'une illustre alliance. Ils cherchaient les moyens de détruire un reste d'attachement qui conservait encore madame Bonaparte sur le trône, afin de plaire à l'empereur en l'ayant aidé dans l'exécution de cette idée, de repousser les Beauharnais, et d'empêcher que M. de Talleyrand n'acquît de nouveaux droits à la confiance de son maître, en le dirigeant seul dans toute cette affaire.

M. de Talleyrand, depuis quelques années, travaillait à s'acquérir une réputation européenne, au fond très méritée. Sans doute il avait, plus d'une fois, abordé la pensée du divorce; mais il voulait, avant tout, que ce divorce conduisît l'empereur à une grande alliance, et, de plus, il voulait en avoir été le négociateur. Aussi, tant qu'il ne se crut pas sûr de parvenir à ses fins, il sut contenir les tentations de l'empereur à cet égard, en lui représentant que la chose importante était, en pareil cas, de bien choisir le moment. Quand il fut de retour de cette campagne, l'empereur parut avoir en lui plus de confiance que jamais. M. de Talleyrand lui avait été fort utile en Pologne, et dans chacun de ses traités. Pour le récompenser, il le fit vice-grand électeur. Cette dignité de l'Empire donnait à M. de Talleyrand le droit de remplacer le prince Joseph partout où celle de grand électeur l'appelait; mais, en même temps, M. de Talleyrand fut obligé de renoncer au ministère des relations extérieures, qui se trouvait au dessous de son nouveau rang. Il n'en demeura pas moins dans la confiance de Napoléon pour toutes les affaires étrangères, qu'il traitait avec lui de préférence au vrai ministre. Quelques personnes, très avisées, voulurent, depuis, avoir prévu que M. de Talleyrand échangeait, à cette époque, un poste sûr contre une situation brillante et plus précaire. Bonaparte lui-même a bien laissé échapper, quelquefois, qu'il n'était pas revenu de Tilsit sans quelque peu d'humeur de la prépondérance de son ministre en Europe, et qu'il s'était choqué plus d'une fois de l'opinion généralement établie que ce ministre lui fût nécessaire. En le changeant de poste, et ne s'en servant que par forme de consultation, il en tirait, en effet, tout le parti qu'il voulait, se réservant de l'écarter ou de ne pas suivre sa direction à l'instant où elle cesserait de lui convenir. Je me rappelle à cette occasion une anecdote assez piquante. M. de Champagny, homme d'esprit dans un cercle très circonscrit, passa du ministère de l'intérieur à celui des affaires étrangères. M. de Talleyrand, en lui présentant les employés qui allaient être sous ses ordres, lui dit : « Monsieur, voici bien des gens recommandables, dont vous serez content. Vous les trouverez fidèles, habiles, exacts, mais, grâce à mes soins, nullement zélés. » A ces mots, M. de Champagny fit un mouvement de surprise. « Oui, monsieur, continua M. de Talleyrand, en affectant le plus grand sérieux. Hors quelques petits expéditionnaires, qui font, je pense, leurs enveloppes avec un peu de précipitation, tous ici ont le plus grand calme, et se sont déshabitués de l'empressement. Quand vous aurez eu à traiter un peu de temps des intérêts de l'Europe avec l'empereur, vous verrez combien il est important de ne se point hâter de sceller et d'expédier trop vite ses volontés. » M. de Talleyrand amusa l'empereur du récit de cette histoire, et de l'air déjoué et ébahi qu'il avait remarqué dans son successeur[1]. Il n'est

---

1. Malgré l'observation de la page précédente, il me paraît juste de remarquer et de regretter la faute que fit M. de Talleyrand en

peut-être pas hors de propos de donner un aperçu des appointements que M. de Talleyrand cumulait alors :

Comme vice-grand électeur.	330 000
Comme grand chambellan.	40 000
La principauté de Bénévent pouvait lui valoir.	120 000
Le grand cordon de la Légion d'honneur.	5 000
	495 000

Plus tard, des dotations furent ajoutées à cette somme. On estimait sa fortune personnelle à trois

quittant le ministère des affaires étrangères, surtout s'il est vrai qu'il le fit de son plein gré, et malgré l'empereur. Comment ne s'est-il pas rendu compte de l'affaiblissement qui en résulterait dans sa position, et des difficultés plus grandes qu'il rencontrerait pour conjurer les volontés de l'empereur dans les affaires d'Espagne, ou ailleurs? On perd une grande force en perdant un ministère, c'est-à-dire l'action, et en se réduisant au conseil. Il est vrai qu'on le faisait alors grand dignitaire de l'Empire, qu'on l'élevait au rang de prince, et qu'il y avait en lui du grand seigneur, c'est-à-dire qu'il était sensible à l'éclat des dignités sans pouvoir. On ne peut s'expliquer autrement cette faute politique. Dès ce moment, il n'eut plus à parler que lorsqu'on l'appelait, et ses conseils ne pouvaient être de quelque poids que lorsqu'ils étaient demandés. Il n'eut d'influence que quand l'empereur le voulut bien. Il est vrai que son successeur était un homme doux et modeste qu'il espérait sans doute gouverner ; mais la docilité de celui-ci s'appliqua plutôt à l'empereur son maître qu'à son prédécesseur disgracié. (P. R.)

cent mille livres de rente; je n'ai jamais su ce chiffre positivement. Les différents traités lui ont valu des sommes importantes et des présents énormes. Au reste, il tenait un état de maison très considérable; il payait de fortes pensions à ses frères; il avait acheté la belle terre de Valençay, dans le Berri, qu'il meubla avec un extrême luxe. Il avait, au temps dont je parle, la fantaisie des livres, et sa bibliothèque était superbe. Cette année, l'empereur lui ordonna d'étaler le plus grand train, et d'acheter une maison qui convînt à sa dignité de prince, promettant de la payer. M. de Talleyrand acheta l'hôtel de Monaco, rue de Varenne, l'agrandit encore par des bâtiments considérables, et l'orna beaucoup. L'empereur, s'étant brouillé, lui manqua de parole, et le jeta dans un assez grand embarras, en l'obligeant à payer ce palais.

Pour achever le récit de la situation de la famille impériale, je dirai que le prince Eugène gouvernait alors avec sagesse et prudence son beau royaume d'Italie, parfaitement heureux de la tendresse de sa femme, et de la naissance d'une petite fille qu'elle venait de lui donner[1].

1. La princesse n'avait sans doute pas suivi le conseil que lui donnait l'empereur dans cette lettre écrite de Saint-Cloud, le 31

L'archichancelier Cambacérès, cauteleux par nature et par calcul, s'était tenu à Paris dans le cercle de représentation que lui permettait l'empereur, et qui satisfaisait sa puérile vanité[1]. Il apportait la même prudence à présider le conseil d'État, dirigeant les discussions avec ordre et lumières, et les surveillant de manière à ce qu'elles ne passassent jamais les bornes prescrites. L'architrésorier Le Brun se mêlait de peu de choses, tenant une bonne maison, ordonnant sa fortune, ne faisant aucun ombrage, n'ayant aucun crédit. Les ministres[2] se renfermaient dans leurs attributions respectives, tous conservant sous un tel maître l'attitude de premiers commis attentifs et dociles, dirigeant la partie dont ils étaient char-

août 1806 : « Ma fille, j'ai lu avec plaisir votre lettre du 10 août. Je vous remercie de tout ce que vous me dites d'aimable. Vous avez raison de compter entièrement sur tous mes sentiments. Ménagez-vous bien dans votre état actuel, et tâchez de ne pas nous donner une fille. Je vous dirai la recette pour cela, mais vous n'y croirez pas : c'est de boire tous les jours un peu de vin pur. » (P. R.)

1. Comme grand dignitaire de l'État, il touchait trois cent trente mille francs de traitement, devant avoir le tiers du million accordé à un prince français ; et l'empereur lui complétait les six cent mille francs qu'il recevait lorsqu'il était consul. L'architrésorier Le Brun touchait cinq cent mille francs.

2. En général, les ministres avaient deux cent dix mille francs de traitement ; celui des relations extérieures recevait davantage.

gés par leur maître dans un système uniforme, dont la base commune était sa volonté et son intérêt. Chacun d'eux recevait le même mot d'ordre : *promptitude* et *soumission*. Le ministre de la police se permettait un peu plus que les autres de donner à ses paroles la liberté qui lui convenait, soigneux de garder sa liaison avec les jacobins, dont il garantissait le repos à l'empereur. Par cela même, il était un peu moins dépendant, parce qu'il avait un parti. Il demeurait maître des détails, et supérieur aux différentes polices qui surveillaient la France. Bonaparte et lui pouvaient se mentir souvent en s'entretenant ensemble, mais ils ne se trompaient sans doute point.

M. de Champagny, fait depuis duc de Cadore, qui était ministre de l'intérieur, ayant passé aux affaires étrangères, fut remplacé par le conseiller d'État Cretet, qui était d'abord directeur général des ponts et chaussées. Il n'était pas trop homme d'esprit, mais bon travailleur et fort exact; c'est tout ce qu'il fallait à l'empereur.

Le grand juge Régnier, fait depuis duc de Massa, dont j'ai déjà parlé, administrait la justice avec une médiocrité continue. L'empereur se souciait fort qu'elle ne prît ni autorité ni indépendance.

CHAPITRE VINGT-QUATRIÈME.

Le prince de Neuchâtel était ministre, et bon ministre, de la guerre; le général Dejean était ministre du matériel de cette partie. Tous deux étaient surveillés par l'empereur en personne.

M. Gaudin, sage ministre des finances, maintenait, dans le travail des impositions et des recettes, une régularité qui le rendait cher à l'empereur. Il ne se mêlait d'autre chose. Depuis, l'empereur le fit duc de Gaëte.

M. Mollien, depuis fait comte, ministre du Trésor, montrait plus d'esprit et beaucoup de sagacité financière.

M. Portalis, avec de l'esprit et du talent, ministre des cultes, avait entretenu une harmonie entre le clergé et le pouvoir. Il faut dire que les prêtres, très reconnaissants de ce qu'ils devaient en sûreté et en considération à Bonaparte, se livraient à lui de fort bonne grâce et favorisaient un despotisme qui mettait de l'ordre partout. Quand il exigea la levée des conscrits de 1808, dont j'ai parlé, il ordonna, selon sa coutume, aux évêques d'exhorter les paysans à se soumettre à la conscription. Les mandements furent très remarquables. Dans celui de l'évêque de Quimper on lisait ces mots :

« Quel est le cœur français qui ne bénisse avec transport la divine Providence d'avoir donné pour empereur et roi à ce magnifique empire, prêt à s'ensevelir pour toujours sous des ruines ensanglantées, le seul homme qui pût en réparer les malheurs, et voiler de sa gloire les époques qui l'avaient déshonoré? »

M. Portalis mourut cette année, et fut remplacé par le conseiller d'État M. Bigot de Préameneu, fait comte plus tard, fort honnête homme, mais moins éclairé que lui.

Enfin, le ministre de la marine avait peu de choses à faire, depuis que Bonaparte, désespérant de l'emporter sur l'Angleterre, et irrité du mauvais succès de toutes ses entreprises maritimes, avait renoncé à s'en occuper. M. Decrès était, avec beaucoup d'esprit, tout à fait du goût de son maître. Un peu rude dans ses manières, il le flattait d'une façon inattendue. Il mettait peu de prix à l'estime publique, et consentait à prendre sur son compte toutes les injustices que l'empereur voulait faire supporter à l'ancienne marine française, sans cependant qu'il y parût rien de sa volonté. M. Decrès a amassé sur sa tête, avec un dévouement intrépide, les haines de tous ses an-

CHAPITRE VINGT-QUATRIÈME.

ciens camarades. Depuis, l'empereur le fit duc[1].

A cette époque, la cour était froide et silencieuse. C'était là, surtout, que se faisait sentir la conviction intime que les droits de chacun n'étaient appuyés que sur la volonté du maître, et, comme cette volonté avait aussi ses fantaisies, l'embarras de les prévoir portait chacun à éviter toute action, et à demeurer dans le cercle plus ou moins restreint de ses attributions. Les femmes agissaient encore moins que les autres, et n'osaient chercher d'autre succès que celui de leur luxe et de leur beauté. Dans la ville, on arrivait de plus en plus à une profonde indifférence sur le mouvement des rouages d'une machine dont on voyait les résultats, dont on sentait la force, mais à l'action de laquelle on comprenait qu'on n'aurait aucune part. On vivait dans un état de société qui ne manquait pas d'agréments. Les Français, dès qu'ils ont du repos, savent retrouver le plaisir. Mais la confiance était restreinte, l'intérêt national affaibli, tous les grands sentiments qui honoraient la vie à peu près paralysés. Les

---

1. L'amiral Decrès, ou duc Decrès, né en 1761, est mort assassiné à Paris, le 7 décembre 1820. Il a été ministre de la marine de 1801 à 1814, et encore pendant les Cent-Jours. (P. R.)

hommes graves devaient souffrir, les vrais citoyens devaient trouver qu'ils auraient vécu inutilement. On acceptait, en dédommagement, le plaisir d'une existence sociale agréable et variée. La civilisation s'accroissait par le luxe, qui, en énervant les facultés de l'âme, rendait tous les rapports individuels faciles. Elle procure aux gens du monde un petit nombre d'intérêts qui, presque toujours, leur suffisent, et dont, après tout, on ne rougit point de s'accommoder, lorsqu'on a longtemps souffert des grands désordres politiques. Ceux-ci avaient encore une grande place dans nos souvenirs; ils donnaient un prix réel à ce temps d'un brillant esclavage et d'une élégante oisiveté.

CHAPITRE XXV.

1807.

Tracasseries de cour. — Société de M. de Talleyrand. — Le général Rapp. — Le général Clarke. — Session du Corps législatif. — Discours de l'empereur. — Fêtes du 15 août. — Mariage de Jérôme Bonaparte. — Mort de Le Brun. — L'abbé Delille. — M. de Chateaubriand. — Dissolution du Tribunat. — Voyage à Fontainebleau.

Quand l'empereur arriva à Paris, le 27 juillet 1807, j'étais encore à Aix-la-Chapelle, où je commençais à m'inquiéter de la disposition dans laquelle il serait revenu. J'ai dit que c'était le mal habituel de sa cour, à chacun de ses retours. Je ne pouvais guère m'en informer, car on n'osait livrer ses secrets à ses correspondants; ce fut donc seulement à mon arrivée que je connus quelques détails.

L'empereur rapportait un peu d'enflure de son inconcevable fortune. On s'aperçut promptement combien son imagination agrandissait encore l'espace qui se trouvait entre lui et tout autre per sonnage. De plus, il se montrait plus impatient que jamais contre ce qu'il appelait *les propos du faubourg Saint-Germain*. La première fois qu'il revit M. de Rémusat, il lui adressa des reproches pour n'avoir point donné, dans quelques lettres écrites au grand maréchal du palais Duroc, des détails sur les personnes de la société de Paris.

« Vous êtes à portée, lui disait-il, par vos relations, de savoir ce qui se dit dans nombre de salons. Il serait de votre devoir de m'en rendre compte. Je ne peux accepter les petites considérations qui vous retiennent. » A ces paroles, M. de Rémusat répondait qu'il retiendrait fort peu de choses, parce qu'il était tout naturel qu'on s'observât devant lui, et qu'il eût répugné à donner une si grave importance à des discours légers qui auraient entraîné des suites fâcheuses pour ceux qui les avaient proférés, souvent sans intention vraiment hostile. Alors l'empereur haussait les épaules, tournait le dos, et ensuite il disait à Duroc ou à Savary : « J'en suis bien fâché, mais Rémusat n'avancera guère, car il n'est point à moi comme je l'entends. »

On pourrait au moins conclure qu'un homme d'honneur, décidé à manquer sa fortune plutôt que de la payer par le sacrifice de sa délicatesse, aurait trouvé dans ce marché la certitude de se voir à l'abri des querelles qui suivent ce qu'on appelle, à la cour comme à la ville, des caquets. Mais il n'en était pas ainsi : Bonaparte n'aimait le repos pour personne, et il savait admirablement compromettre celui qui s'efforçait le plus de vivre en paix.

On se souvient que, durant le séjour de l'impératrice à Mayence, quelques-unes des dames de sa cour, madame de la Rochefoucauld en tête, s'étaient permis de blâmer assez amèrement la guerre de Prusse, de plaindre le prince Louis, et surtout cette belle reine si durement insultée. L'impératrice, mécontente de toutes ces libertés, les avait écrites à son époux, en lui demandant instamment de ne jamais laisser connaître qu'elle l'en eût entretenu. Elle le confia à M. de Rémusat, qui lui en fit quelques reproches, mais lui en garda le secret. M. de Talleyrand, quand il rejoignit l'empereur, lui raconta aussi ce qui s'était dit à Mayence, plutôt dans l'intention de l'amuser que par un projet d'hostilité contre la dame d'honneur, qui ne lui déplaisait ni ne lui plaisait. Bonaparte rapporta donc un assez grand fonds de mauvaise humeur contre elle, et, la première fois qu'il la vit, il lui reprocha ses opinions et ses discours avec sa violence accoutumée. Madame de la Rochefoucauld, assez troublée d'une scène qu'elle n'attendait point, nia, faute de meilleure excuse, tout ce dont on l'accusait. L'empereur la poursuivit par des paroles positives, et, lorsqu'elle lui demanda qui avait fait ce beau rapport, il nomma sur-le-champ M. de Rémusat. A ce nom, madame de la Rochefoucauld fut atterrée. Elle avait assez d'amitié pour mon mari et pour moi, elle croyait avec raison pouvoir se fier à notre discrétion, et souvent elle nous avait livré ses secrètes pensées. Elle éprouva donc une extrême surprise et un juste mécontentement, d'autant qu'elle était elle-même sincère personne, et incapable pour son compte de cette bassesse dont on lui montrait mon mari coupable.

Prévenue de cette manière, elle se garda bien de chercher une explication; mais elle prit avec M. de Rémusat une contenance froide et gênée, dont pendant longtemps mon mari ne put deviner la cause. Quelques mois plus tard, seulement, des circonstances relatives au divorce ayant amené des conversations entre madame de la Rochefoucauld et nous, elle interrogea mon mari sur ce que je viens de raconter, et elle fut éclairée sur la vérité de cette aventure. Quand elle put parler en liberté à l'impératrice, celle-ci se garda bien de la détromper, et laissa flotter les soupçons sur mon mari, ajoutant seulement que M. de Talleyrand pouvait en avoir dit plus que lui. Madame de la Rochefoucauld était amie assez intime de M. de Ségur, grand maître des cérémonies; elle lui confia sa peine, et cela jeta quelque froideur entre lui et nous, en même temps que cela dressa aussi M. de Ségur contre M. de Talleyrand. La finesse quelquefois amère de ses railleries liguait encore contre lui tous les gens médiocres, aux dépens desquels il s'amusait impitoyablement. Ils s'en sont vengés dès qu'ils l'ont pu. L'empereur ne borna point ses reproches aux personnes de sa cour; il se plaignait aussi de la haute société de Paris. Il reprocha à M. Fouché de n'avoir point exercé une surveillance exacte; il exila des femmes, fit menacer des gens distingués, et insinua que, pour éviter les suites de son courroux, il fallait du moins réparer les imprudences commises, par des démarches qui prouveraient qu'on reconnaissait sa puissance. A la suite de ces provocations, un grand nombre de personnes se crurent obligées de se faire présenter; quelques-unes saisirent le prétexte de leur sûreté, et la pompe de sa cour en fut augmentée.

Comme il était dans son goût de marquer toujours sa présence par une agitation particulière, il n'épargna pas non plus sa famille. Il gronda sévèrement, quoique fort inutilement, sa sœur Pauline sur ses galanteries accoutumées, que le prince Borghèse voyait, au reste, ou voulait paraître voir, avec indifférence. Il ne dissimula point à sa sœur Caroline qu'il n'ignorait pas non plus les mouvements secrets de son ambition. Celle-ci supporta avec son habileté éprouvée une inévitable bourrasque, l'amenant peu à peu à reconnaître qu'elle n'était pas bien coupable, avec le sang qui coulait dans ses veines, de désirer une élévation supérieure, et prenant soin d'environner sa justification de toutes ses séductions accoutumées. Quand il eut ainsi réveillé tout son monde, comme il le disait lui-même, satisfait d'avoir excité cette petite terreur, il parut oublier ce qui s'était passé, et reprit son train de vie ordinaire.

M. de Talleyrand, qui revint après lui, témoigna à M. de Rémusat un grand plaisir à le retrouver.

Ce fut alors qu'il prit l'habitude de venir me voir assez souvent, et que notre liaison commença à être plus intime. Je me souviens que d'abord, malgré la disposition affectueuse que sa bienveillance m'inspirait, et malgré l'extrême plaisir que me procurait sa conversation, j'éprouvai, pendant un assez long temps, un peu d'embarras en sa présence. M. de Talleyrand avait la réputation méritée d'un homme de beaucoup d'esprit; il était un très grand personnage; mais on disait que son goût était difficile, son humeur un peu moqueuse. Ses manières toujours soigneusement polies tiennent les personnes auxquelles il s'adresse dans une situation un tant soit peu inférieure. Cependant, comme les usages de la société, en France, donnent toujours importance et liberté aux femmes, elles sont encore maîtresses, avec M. de Talleyrand, qui les aime et ne s'en défie point, de rapprocher les rangs. Mais beaucoup d'entre elles ne l'ont pas fait à son égard. Le désir de lui plaire les a souvent subjuguées. Elles vivent près de lui dans une sorte de servage, qu'on exprimerait fort bien par cette phrase ordinaire dans le monde, en disant qu'elles l'ont *beaucoup gâté*. Enfin, comme il est eu confiant, blasé sur une infinité de choses, indifférent à nombre d'autres, difficilement ému, qui veut le conquérir, le fixer ou seulement l'amuser, entreprend un travail difficile.

Tout ce que je savais de lui, et ce que je découvrais en le fréquentant, me mettait à la gêne devant lui. J'étais touchée de son amitié, je n'osais le lui dire; je craignais de l'entretenir des préoccupations habituelles de mon âme, parce que mes sentiments devaient, dans mon idée, exciter sa raillerie. Je ne lui adressais aucune question sur ses affaires ou sur les affaires, pour qu'il ne m'accusât d'aucune curiosité. Un peu tendue devant lui, je tenais mon esprit en haleine, quelquefois de manière à éprouver une fatigue réelle. Je l'écoutais bien attentivement, afin, si je ne pouvais toujours lui bien répondre, de lui procurer au moins le plaisir d'être bien entendu; car ma petite vanité était satisfaite, j'en conviens, du goût qu'il paraissait prendre pour moi. Quand j'y pense aujourd'hui, je trouve que c'était une plaisante chose que l'état d'angoisse et de plaisir que j'éprouvais lorsque les deux battants de ma chambre s'ouvraient, et qu'on m'annonçait : « Le prince de Bénévent. » Quelquefois, je suais à grosses gouttes des efforts que je faisais pour rendre mes paroles toutes piquantes, et sans doute, comme il arrive toujours quand on se contraint, j'étais sûrement moins aimable qu'en m'abandonnant à mon naturel; car on conserve ainsi du moins tous les avantages que donnent le vrai et l'accord de la parole, du geste et du maintien. Habituellement sérieuse, et disposée aux émotions vives, je cherchais à me contraindre pour répondre à cette légèreté avec laquelle il passait d'un sujet à un autre. Foncièrement bonne femme, ennemie des discours malicieux, j'avais toujours un sourire de commande aux ordres de tous ses bons mots. Il commença donc par exercer sur moi son empire accoutumé, et, si notre liaison eût duré sur ce ton, je ne lui aurais apparu que comme une femme de plus grossissant cette espèce de cour qui l'environnait, et qui s'évertuait à applaudir à ses faiblesses, à encourager les mauvaises parties de son caractère. Sans doute il eût fini par s'éloigner de moi, parce que j'aurais fait moins habilement un métier qui me convenait si peu. Je dirai plus tard le douloureux événement qui remit mon esprit dans son état naturel, et qui me donna occasion de lui vouer l'attachement sincère que je lui ai toujours conservé. On ne tarda point à la cour-

à s'apercevoir de cette nouvelle intimité. L'empereur n'en témoigna d'abord nul mécontentement. M. de Talleyrand n'était pas sans crédit sur lui : les opinions qu'il énonça, en parlant de M. de Rémusat, nous furent utiles, et nous nous aperçûmes, à quelques paroles, que notre considération personnelle avait gagné. L'impératrice, à peu près craintive de tout, me caressa davantage, pensant que je pourrais servir ses intérêts auprès de M. de Talleyrand. Les ennemis qu'il avait à la cour eurent les yeux sur nous; mais, comme il était puissant, on nous témoigna de plus grands égards. Sa société nombreuse commença à regarder avec curiosité un homme simple, doux, habituellement silencieux, jamais flatteur, incapable d'intrigue, dont M. de Talleyrand louait l'esprit et paraissait rechercher la conversation. On examina aussi cette petite femme de vingt-sept ans, médiocrement jolie, froide et réservée dans le monde, que rien d'éclatant ne dénonçait, dévouée aux habitudes d'une vie pure et morale, et qu'un si grand personnage s'amusait à mettre en évidence. Il aura fallu vraisemblablement que M. de Talleyrand, s'ennuyant à cette époque, ait trouvé quelque chose de nouveau, et peut-être de piquant, à gagner les affections de deux personnes si étrangères au cercle des idées qui l'avaient dirigé dans sa vie; que, fatigué de l'état de contrainte où il lui fallait vivre, la sûreté de notre commerce l'ait quelquefois soulagé, et que, peu à peu, les sentiments très dévoués que nous lui avons hautement témoignés, quand sa disgrâce ébranla toute notre position, aient fait une amitié solide d'une liaison qui ne lui parut d'abord qu'un amusement assez neuf pour lui. Alors, attirée davantage dans sa maison, que nous ne fréquentions point auparavant, je fis connaissance avec une portion de la société que je n'avais guère connue. On voyait chez M. de Talleyrand un monde énorme : beaucoup d'étrangers qui le courtisaient attentivement, des hommes de toute sorte, des grands seigneurs de l'ancien ordre de choses, des nouveaux, assez étonnés de se rencontrer; des gens marquant par une célébrité quelle qu'elle fût, laquelle ne marchait pas toujours avec une bonne réputation; des femmes connues aussi de cette manière, dont il faut dire que peut-être il avait été plus souvent l'amant que l'ami, et qui conservaient avec lui le genre de relation qui était le plus de son goût. Dans son salon, on voyait d'abord sa femme, dont la beauté s'effaçait de jour en jour, par suite d'un excessif embonpoint. Elle était toujours richement parée, occupant de droit le haut bout du cercle, mais à peu près étrangère à tout le monde. M. de Talleyrand ne semblait jamais s'apercevoir de sa présence ; il ne lui parlait point, l'écoutait encore moins, et, je le pense, souffrait intérieurement, mais avec résignation, le poids dont sa faiblesse 'avait chargé par cet étrange mariage. Elle allait peu à la cour ; l'empereur la recevait mal ; on ne l'y comptait pour rien ; il ne passait pas par la tête de M. de Talleyrand de s'en plaindre, ni de se soucier des distractions qu'on l'accusait de chercher à l'ennui de son oisiveté, en accueillant les soins de quelques étrangers. Bonaparte en plaisantait quelquefois M. de Talleyrand, qui répondait avec insouciance et laissait tomber la conversation.

Madame de Talleyrand avait coutume de prendre en aversion tous les amis, ou amies, de son mari. Il est vraisemblable qu'elle ne fit aucune exception en ma faveur; mais je me tins toujours avec elle dans la réserve d'une telle politesse, je me mêlai si peu de son intérieur, que je ne me trouvai dans aucun contact avec elle. Je vis dans ce même salon quelques vieilles amies de M. de

Talleyrand, qui commencèrent à m'examiner avec
une curiosité qui m'amusa : la duchesse de Luynes,
la princesse de Vaudemont, toutes deux excellentes, l'aimant solidement, vraies avec lui, et qui
me traitèrent fort bien, parce qu'elles s'aperçurent que ma liaison était très simple et dépourvue d'intrigue ; la vicomtesse de Laval, plus
inquiète, assez malveillante, et qui, je crois, me
jugea un peu sévèrement ; la princesse de Lieskiewitz, sœur du prince Poniatowski. Celle-ci venait de faire connaissance avec M. de Talleyrand à
Varsovie, et l'avait suivi à Paris. La pauvre femme,
malgré ses quarante-cinq ans et un œil de verre,
avait le malheur d'éprouver un sentiment passionné pour lui, dont il se montrait fatigué, et
qui la tenait éveillée sur ses moindres préférences.
Il se pourrait bien qu'elle m'ait fait l'honneur d'un
peu de jalousie. Plus tard, la princesse de X...
éprouva la même infirmité, car c'en était une
réelle d'avoir de l'amour pour M. de Talleyrand.
On rencontrait là encore la duchesse de Fleury,
fort spirituelle, qui avait rompu, par un divorce,
son mariage avec M. de Montrond[1] ; mesdames de

1. Ce Montrond est un joueur de profession, d'un esprit très
piquant, amusant M. de Talleyrand, et nuisant, par son intimité, à

Bellegarde, qui n'avaient dans le monde d'autre importance que celle d'une grande liberté de conversation ; madame de K...., que M. de Talleyrand soignait, pour conserver une bonne relation avec le grand écuyer ; madame de Brignole, dame du palais, Génoise aimable et très élégante dans toutes ses habitudes ; madame de Souza, qui avait été d'abord madame de Flahault, femme d'esprit, liée dans sa première jeunesse à M. de Talleyrand, conservant son amitié, auteur de plusieurs jolis romans, et femme, à cette époque, de M. de Souza, qui avait été ambassadeur de Portugal ; enfin toutes les ambassadrices, les princesses étrangères qui venaient à Paris, et un nombre infini de tout ce que l'Europe offrait de distingué.

Je m'amusais assez de cette espèce de lanterne magique. Cependant, comme mon instinct m'avertissait que je n'y pourrais former aucune liaison,

---

sa considération ; toujours en opposition au gouvernement, exilé par l'empereur, et que M. de Talleyrand défendit avec une obstination qui eût mérité d'être mieux appliquée.

La duchesse de Fleury est morte après avoir repris son nom de jeune fille, et se faisant appeler : la comtesse Aimée de Coigny. C'est pour elle qu'André Chénier a fait l'ode à la *Jeune Captive*. (P. R.)

j'y conservais toujours le ton de la cérémonie, et j'aimais beaucoup mieux voir M. de Talleyrand au simple coin de mon feu. Ma société, à moi, fut un peu surprise de l'y voir arriver plus souvent; je puis dire même que quelques-uns de mes amis s'en inquiétèrent. Il inspirait généralement de la défiance. Lancé dans de grandes affaires, il pouvait se trouver exposé, et nous perdre facilement à sa suite. Nous ne partagions pas trop, peut-être pas assez, cette prévoyance de quelques personnes. La place de premier chambellan mettant M. de Rémusat en rapport avec lui, il nous était commode que cette relation fût agréable; nous n'entrions dans aucune affaire sérieuse; nous ne pensions pas à tirer parti de son crédit. Les gens désintéressés sont sujets à se tromper sur ce point. Ils croient qu'on doit deviner, ou voir du moins, ce qui se passe au dedans d'eux, et, parce qu'ils ne mettent aucune complication dans leur conduite, ils ne prévoient pas qu'on leur en supposera le projet. C'était une vraie faute de conserver alors la prétention d'être jugé ce qu'on est réellement.

Quand l'empereur retrouva à Saint-Cloud le second enfant de Louis, il le caressa assez affectueusement, et l'impératrice recommença à concevoir l'espérance qu'il pourrait bien voir dans celui-ci, comme dans l'autre, un héritier. Frappé de la promptitude avec laquelle ce jeune enfant avait été enlevé, il fit ouvrir un concours pour les recherches sur la maladie appelée *le croup*, promettant un prix de douze mille francs. Cela fit paraître quelques ouvrages utiles.

La pacification de l'Europe ne ramena point d'abord toute l'armée en France. Premièrement, le roi de Suède, entraîné par les séductions du gouvernement anglais, et malgré l'opposition de sa nation, dénonça la rupture de son armistice avec nous. Treize jours après la signature de celui de Tilsit, il se fit une petite guerre partielle en Poméranie. Le maréchal Mortier commanda cette expédition; il entra dans Stralsund, et força le roi de Suède à s'embarquer et à fuir. Les Anglais envoyèrent une flotte considérable dans la Baltique, et, ayant attaqué le Danemark, ils firent le siège de Copenhague, dont ils parvinrent un peu plus tard à se rendre maîtres. Ces divers événements furent consignés dans *le Moniteur*, avec des notes où les Anglais furent attaqués comme de coutume, et les aberrations d'esprit du roi de Suède furent dénoncées à l'Europe [1].

En parlant des subsides que le gouvernement anglais donnait aux Suédois pour entretenir la guerre, l'empereur, dans ces notes, s'exprime en ces termes : « Braves et malheureux Suédois, voilà un argent qui vous cause bien des maux ! Si l'Angleterre devait payer le tort qu'elle fait à votre commerce, à votre honneur, le sang qu'elle vous a coûté, qu'elle vous coûte ! Mais vous le sentez, il faut vous plaindre d'avoir perdu tous vos privilèges, votre considération, et de vous trouver sans défense et sans organes, soumis aux fantaisies d'un prince malade. »

Le général Rapp[2] fut laissé à Danzig en qualité de gouverneur avec une garnison. Il était fort brave et fort brave homme; un peu soldat dans toutes ses manières, dévoué, franc, assez indifférent à ce qui se passait autour de lui, à tout ce qui n'avait point rapport à l'ordre qu'on lui donnait. Il a servi son maître avec beaucoup d'attachement;

---

1. Il paraît qu'en effet il n'avait point la tête très saine. Il s'agit ici de Gustave IV, détrôné en 1809. (P. R.)

2. Aide de camp de Bonaparte. Il a été fait pair de France par la dernière ordonnance de cette année 1819.

il a failli se faire tuer pour lui plus d'une fois, sans s'être imaginé d'examiner le moins du monde quelles qualités et quels vices composaient son caractère.

L'empereur se crut obligé de soutenir aussi la nouvelle constitution établie en Pologne par le roi de Saxe, d'une garnison considérable qui fut jointe à celle des Polonais. Le maréchal Davout eut le commandement de ce cantonnement. En laissant ainsi ses troupes en Europe, Bonaparte imposait à ses alliés, tenait le soldat en haleine et ménageait la France, qui aurait souffert de la présence de tant d'hommes armés ramenés dans son sein. Sa politique envahissante le forçait de demeurer toujours prêt; d'ailleurs, pour que l'armée fût complètement à lui, il était important de la tenir loin de ses foyers. Il parvint parfaitement à la dénaturer, de manière qu'elle lui fût dévouée sans aucune réserve, qu'elle perdît tout souvenir national, et qu'elle ne connût plus que son chef, la victoire, et cet esprit de rapine qui, pour le soldat, décore tous les dangers. Elle amassa peu à peu, sur cette patrie qu'elle ne connaissait plus, ces haines et ces vengeances qui excitèrent la croisade européenne dont nous avons été victimes en 1813 et 1814.

A son retour, l'empereur fut environné de flatteries nouvelles. On s'épuisa à chercher des formules de louanges, qu'il écoutait avec une supériorité dédaigneuse. On ne peut guère douter cependant que cette indifférence ne fût affectée, car il aimait la louange dans quelque bouche qu'elle fût, et même on l'a vu plus d'une fois s'en montrer dupe. Il est des hommes qui ont eu sur lui une sorte de crédit, tout simplement parce qu'ils étaient inépuisables dans leurs compliments. Une admiration soutenue, même exprimée un peu niaisement, avait toujours du succès.

Le 10 août, il fit annoncer au Sénat l'élévation de M. de Talleyrand à la dignité de vice-grand électeur, et du maréchal Berthier à celle de vice-grand connétable. Le général Clarke remplaça le second au ministère de la guerre, et y trouva l'occasion de développer encore plus que par le passé cette dévotieuse admiration dont je parle. La préoccupation habituelle de l'empereur sur toutes les matières de la guerre, l'intelligence que le major général de l'armée Berthier y apportait, l'administration solide du général Dejean, ministre du matériel, ne rendaient pas nécessaire chez M. Clarke une étendue de talent dont il n'eût guère été capable. Exact, intègre, complètement soumis, il suffisait à ce qu'on exigeait de lui. MM. de Champagny et Cretet obtinrent les deux ministères dont j'ai parlé, et le conseiller d'État Regnault fut secrétaire d'État de la famille impériale.

Cependant, on apprenait chaque matin de nouvelles promotions militaires, des distributions de récompenses, des créations de places, enfin tout ce qui tient l'ambition, l'avidité et la vanité en haleine. Le Corps législatif s'ouvrit. M. de Fontanes, nommé président comme de coutume, prononça, comme de coutume aussi, un noble discours sur la situation vraiment radieuse de la France. Un nombre infini de lois régulatrices furent portées à la sanction de cette assemblée, un budget qui annonçait un état de finances florissant, et enfin le tableau des travaux de tout genre ordonnés, ou entrepris, ou terminés, sur tous les points de l'empire. L'argent des contributions levées sur l'Europe payait tout, et la France se voyait incessamment embellie sans la moindre augmentation de ses impôts. L'empereur, parlant au Corps législatif et s'adressant aux Français, leur rendait compte de ses victoires, parlait de 5179 officiers et de 123 000 sous-officiers et soldats faits prisonniers dans cette guerre, de la conquête entière de la Prusse, de ses soldats campés sur les bords de la Vistule, de la chute de la puissance anglaise, qu'il annonçait devoir être la suite de tant de succès, et finissait par donner une marque de sa satisfaction à cette nation qui l'avait si fidèlement servi, pour lui amasser tant de triomphes. « Français, disait-il, je suis content, vous êtes un bon et grand peuple. »

Cette ouverture du Corps législatif faisait toujours une belle cérémonie. La salle en avait été décorée avec luxe, les costumes des députés étaient brillants, ceux de la cour qui environnait l'empereur magnifiques, et lui, ce jour-là, resplendissait d'or et de diamants. Quoiqu'il mît toujours un peu de précipitation dans tout cérémonial, cependant la pompe qu'il aimait remplaçait assez bien cette dignité qui manquait, faute de calme, à presque toutes les scènes d'apparat. Bonaparte dans une cérémonie, marchant vers le trône qu'on lui avait préparé, semblait toujours s'y élancer. Ce n'était point un souverain légitime qui prenait paisiblement le siège royal dont il eût reçu le legs du droit de ses ancêtres; mais un maître puissant qui semblait, chaque fois qu'il plaçait la couronne sur sa tête, se rappeler la devise italienne qu'il avait prononcée une fois à Milan : *Gare à qui voudra la toucher !*

Ce qui déparait Bonaparte, lorsqu'il se trouvait ainsi dans une évidence de ce genre, c'était le vice habituel de sa prononciation. Ordinairement, il faisait rédiger le discours qu'il voulait prononcer; c'était, je crois, M. Maret le plus souvent, quelquefois M. Vignaud, ou même M. de Fontanes qui s'en chargeaient. Après, il essayait de l'apprendre par cœur, mais il y réussissait peu, la moindre contrainte lui étant insupportable. Il se décidait toujours en définitive à lire son discours, qu'on avait soin de lui copier en très gros caractères, car il avait très peu l'habitude de lire une écriture, et n'aurait rien compris à la sienne. Ensuite, il se faisait apprendre à prononcer les mots; mais il oubliait, en parlant, la leçon qu'il avait reçue, et, d'un son de voix un peu sourd, d'une bouche à peine ouverte, il lisait ses paroles avec un accent encore plus étrange qu'étranger, qui avait quelque chose de désagréable, et même de vulgaire. J'ai souvent entendu dire à un grand nombre de personnes qu'elles ne pouvaient se défendre d'une impression pénible en l'écoutant parler en public. Ce témoignage irrécusable, donné par son accent, de son *étrangeté* à l'égard de la nation, frappait l'oreille et la pensée désagréablement. J'ai moi-même éprouvé quelquefois cette sensation involontaire.

Le 15 août, les fêtes furent magnifiques. Dans l'intérieur du palais, la cour, étincelante de pierreries, assista au concert et au ballet qui le suivit. Les salons des Tuileries étaient remplis d'une foule éclatante et toute dorée; les ambassadeurs et les plus grands seigneurs de toute l'Europe, des princes, plusieurs rois qui, tout nouveaux qu'ils étaient, apparaissaient avec un éclat propre à rehausser celui d'une fête; des femmes brillantes de parure et de beauté; les premiers musiciens du monde, tout ce que les ballets de l'Opéra offraient de plus gracieux, un festin splendide, composaient une pompe tout à fait orientale.

Des jeux publics et des réjouissances furent accordées à la ville de Paris. Ses habitants, naturellement joyeux quand ils sont rassemblés, empressés de courir là où l'on est sûr de trouver du monde, se pressaient dans les rues, aux illuminations, autour des feux d'artifice, et montraient partout une gaieté inspirée par le plaisir et la beauté de la saison. Nulle part on n'entendait des cris à la louange de l'empereur. Il ne semblait pas qu'on pensât à lui en jouissant des amusements qu'il procurait; mais chacun en prenait sa part avec son caractère et sa disposition personnelle, et ce caractère et cette disposition font des Français le peuple le plus léger, peut-être, mais le plus aimable du monde. J'ai vu des Anglais assister à ces réjouissances, et s'étonner du bon ordre, de la franche gaieté, de l'accord qui s'établit et se communique à pareil jour entre toutes les classes des citoyens. Chacun, occupé de son divertissement, ne cherche point à nuire à celui du voisin; nulle querelle, aucune impatience, point d'ivresse dégoûtante et dangereuse. Des femmes, des enfants se trouvent impunément au milieu d'une foule, et s'y voient ménagés. On s'aide pour s'amuser en commun; on se fait part de son plaisir sans se connaître; on chante ou on rit ensemble, sans s'être jamais vu. A de telles journées, un roi peu attentif pourrait facilement se tromper. Cette hilarité, toute de tempérament, éveillée passagèrement par des objets extérieurs, peut être prise pour l'expression des sentiments d'un peuple heureux et attaché. Mais, si les souverains destinés à régner sur les Français tiennent à ne point s'abuser, c'est bien plus leur conscience qu'ils interrogeront que les cris populaires, pour savoir s'ils inspirent l'amour, et s'ils donnent du bonheur à leurs sujets. Au reste, la flatterie des cours est encore admirable à cet égard. Combien n'ai-je pas vu de gens venant conter à l'empereur ce mouvement animé du peuple dans les lieux publics de Paris, et le lui présenter comme le témoignage de sa reconnaissance! Je n'oserais pas dire qu'il ne s'y laissa pas quelquefois tromper. Le plus souvent, cependant, il ne s'en montrait point ému. Bonaparte ne recevait guère de communication des autres, et particulièrement la joie lui était si étrangère!

Dans ce mois d'août, on vit arriver à la cour une assez grande quantité de princes d'Allemagne. Quelques-uns venaient pour voir l'empereur, d'autres pour solliciter quelque faveur, ou quelque liberté utile à leurs petits États. Le prince primat de la confédération du Rhin arriva à cette époque; il devait faire la célébration du mariage de la princesse Catherine de Wurtemberg. Celle-ci arriva le 21 août. Elle était, je crois, âgée d'à peu près vingt ans; son visage était agréable; son embonpoint, un peu fort, semblait annoncer qu'elle tiendrait de son père, qui était si gros, qu'il ne pouvait s'asseoir que sur des sièges particuliers, et qu'il mangeait toujours sur une table qu'on cintrait de manière que, pour s'en approcher, il pût introduire son ventre dans le demi-cercle qu'on avait pratiqué. Ce roi de Wurtemberg, homme de beaucoup d'esprit, passait pour le plus méchant prince de l'Europe. Ses sujets le détestaient ; on a dit même qu'ils avaient tenté de se défaire de lui plusieurs fois. Il est mort aujourd'hui.

Le mariage de cette princesse et du roi de Westphalie[1] se fit aux Tuileries, avec une grande magnificence. La cérémonie civile se passa dans la galerie de Diane, comme celle du mariage de la princesse de Bade, et, le dimanche 23, la célébration se fit à huit heures du matin dans la chapelle des Tuileries, en présence de toute la cour.

Le prince et la jeune princesse de Bade étaient venus aussi à Paris. Nous la trouvâmes embellie ; l'empereur n'en parut plus occupé ; je parlerai d'elle un peu plus bas. Le roi et la reine de Hollande arrivèrent à la fin d'août. Ils paraissaient en bonne intelligence, mais tristes encore de la perte qu'ils avaient faite. La reine était fort

1. Jérôme Bonaparte.

maigre, souffrante d'un commencement de grossesse. Elle ne fut pas demeurée un peu de temps à Paris que l'on recommença à jeter des semences d'inquiétude dans l'esprit de son époux. On ne craignit pas, comme je l'ai dit déjà, de noircir la vie que cette malheureuse femme avait menée aux eaux; son malheur, les larmes qu'elle répandait encore, son air abattu, l'état de sa santé ne purent désarmer ses ennemis. Elle racontait souvent les courses qu'elle avait faites dans les montagnes, et le soulagement que le spectacle de cette sauvage nature avait apporté à ses maux. Elle disait la rencontre qu'elle avait faite du jeune M. Decazes, le désespoir dans lequel il paraissait plongé, la pitié qu'il lui avait faite. Ses récits étaient simples et naïfs; la calomnie s'en empara, et l'on réveilla l'esprit soupçonneux de Louis. Il éprouvait le désir naturel, mais un peu personnel, de ramener sa femme et son fils en Hollande; madame Louis montrait toute la soumission qu'il exigeait; mais l'impératrice, effrayée de l'état de dépérissement de sa fille, fit faire des consultations de médecins qui tous déclarèrent que le climat hollandais pouvait encore altérer la santé d'une femme grosse dont la poitrine s'attaquait un peu. L'empereur décida que, jusqu'à nouvel ordre, il garderait près de lui sa belle-fille et son jeune enfant. Le roi se soumit avec mécontentement, et sut très mauvais gré à sa femme d'une décision qu'elle n'avait point sollicitée, mais qui, je le crois, au fond, satisfaisait ses secrets désirs, et l'accord disparut de ce ménage. Madame Hortense, véritablement offensée cette fois du retour des soupçons jaloux de son mari, sentit mourir pour jamais l'intérêt qu'il lui inspirait de nouveau, et elle le prit alors dans une véritable haine : « De cette époque, m'a-t-elle dit souvent, j'ai compris que mes malheurs seraient sans remède ; je regardai ma vie comme entièrement détruite ; j'eus en horreur les grandeurs, le trône ; je maudis souvent ce que tant de gens appelaient *ma fortune* ; je me sentis étrangère à toutes les jouissances de la vie, privée de toutes ses illusions, à peu près morte à tout ce qui se passait autour de moi. »

Vers ce temps, l'Académie française perdit deux de ses membres les plus distingués : le poète le Brun, qui a laissé de belles odes et la réputation d'un talent très poétique ; M. Dureau de la Malle, traducteur estimé de Tacite, homme d'esprit, ami intime de l'abbé Delille. Celui-ci vivait paisiblement, jouissant d'une fortune médiocre, entouré d'amis, recherché de la société, et abandonné à son repos et à la liberté par l'empereur lui-même, qui avait renoncé à le conquérir. Il publiait de temps en temps quelques-uns de ses ouvrages et recueillait dans la bienveillance qu'on leur témoignait le prix de son aimable caractère, et d'une vie douce qu'aucune pensée amère, qu'aucune action hostile n'avait troublée. M. Delille, professeur au Collège de France, recevait les appointements d'une chaire de littérature que le poète Legouvé faisait pour lui. C'était le seul don qu'il eût voulu accepter de Bonaparte. Il s'attachait à conserver un souvenir honorable de celle qu'il appelait sa bienfaitrice[1]. On savait qu'il composerait un poème où il parlerait d'elle, du roi, des émigrés ; personne ne lui en savait mauvais gré. Un gouvernement toujours assez jaloux d'effacer de tels souvenirs, les respectait en lui, et n'eût osé s'entacher de la honteuse persécution d'un vieillard aimable, reconnaissant et si généralement aimé.

Les deux places vacantes à l'Académie occupèrent un moment les salons de Paris. On parla

---

1. La reine Marie-Antoinette.

quelque peu de M. de Chateaubriand. L'empereur était aigri contre lui, et le jeune écrivain, marchant dans une ligne qui lui donnait de la célébrité, l'appuyait sur un parti et ne lui faisait point cependant courir de vrais dangers, se maintenait dans une opposition qui s'accrut de la mauvaise humeur qu'elle inspira à l'empereur. L'Académie française, assez imbue alors des principes d'une incrédulité un peu révolutionnaire, et surtout philosophique à la manière du siècle dernier, se dressait aussi contre le choix d'un homme qui avait pris un étendard religieux pour bannière de son talent. Cependant les personnes qui le fréquentaient disaient que les habitudes de sa vie n'étaient pas tout à fait en harmonie avec les préceptes dont il ornait ses compositions. On lui reprochait un orgueil excessif. Les femmes, exaltées par la nature de son talent, sa manière un peu étrange, sa belle figure, sa réputation, le soignaient à l'envi, et il ne se montrait nullement insensible à leurs avances. Cette vanité extrême, cette opinion qu'il avait de lui-même ont fait croire encore que, si l'empereur l'eût un peu caressé, il aurait pu parvenir à se l'acquérir en mettant seulement au marché le prix très élevé dont son amour-propre eût voulu qu'on payât son dévouement[1].

Les travaux du Corps législatif continuaient en silence; il ratifiait peu à peu toutes les lois émanées du conseil d'État, et l'organisation administrative du pouvoir de l'empereur s'achevait sans trouver d'opposition. Certain par la force de son propre génie, par l'habileté éprouvée des membres de ce conseil d'État, de régir la France avec cette apparence légale qui la réduisait au silence et qui plaisait à son esprit naturellement ami de l'ordre, ne voyant dans les restes du corps nommé le Tribunat qu'un foyer d'opposition qui, toute faible qu'elle était, pouvait le gêner quelquefois, il résolut d'en achever la destruction déjà fort avancée par la diminution du nombre de ceux qui le composaient, diminution opérée sous le Consulat[2]. Il fit donc rendre par le Sénat un sé-

---

[1]. Il continuait à publier dans les journaux des fragments de l'itinéraire de son voyage qu'on lisait avec empressement. L'esprit de parti s'accordait avec le goût pour les accueillir. C'était une petite guerre qu'il faisait à Bonaparte et qui déplaisait à celui-ci, comme toute espèce d'opposition.

[2]. Le Tribunat, institué par la Constitution de l'an VIII, avait été installé le 1er janvier 1800. Le nombre de ses membres avait été réduit à *cinquante*, le 4 août 1802. C'est en effet le 19 août 1807 qu'il fut tout à fait supprimé. (P. R.)

natus-consulte qui faisait passer tous les tribuns dans le Corps législatif, et aussitôt la session de celui-ci fut terminée. Les discours tenus à la dernière séance du Tribunat sont assez remarquables. On s'étonne que des hommes consentent à se jouer mutuellement cette espèce de comédie les uns aux autres, et pourtant il faut avouer que l'habitude faisait que tout cela ne frappait plus beaucoup. D'abord M. Bérenger, le conseiller d'État, parut avec quelques-uns de ses collègues, et, commençant par rappeler tous les services que le Tribunat avait rendus à la France, il dit ensuite que la nouvelle décision donnerait au Corps législatif la plénitude d'une importance qui garantit les droits nationaux. Le président répond, pour le Tribunat tout entier, que cette détermination est reçue avec respect et confiance par chacun de ses membres, qui en comprennent parfaitement les avantages positifs. Ensuite un tribun (M. Carrion-Nisas) fait la motion de composer une adresse dans laquelle on remerciera l'empereur des témoignages d'estime et de bienveillance qu'il a bien voulu donner au Tribunat; et, ajoutant qu'il se croit l'interprète des cœurs de chacun de ses collègues, il propose de porter au pied du trône, pour dernier acte d'une honorable existence, une adresse qui frappe les peuples de cette idée politique, que les tribuns ont reçu l'acte du Sénat sans regrets, sans inquiétudes pour la patrie, et que leurs sentiments d'amour pour le monarque vivront éternellement en eux. Cette proposition fut adoptée à l'unanimité. Le président du Tribunat, Fabre de l'Aude, fut nommé sénateur.

Dans ce temps, l'empereur organisa la cour des comptes, et sa mauvaise humeur contre M. Barbé-Marbois étant passée, il le rappela et lui donna la présidence de cette cour.

Ce fut dans le mois de septembre que l'empereur d'Autriche se remaria avec sa cousine germaine, fille de feu l'archiduc Ferdinand de Milan. Peu après, son frère, le grand-duc de Wurtzbourg, auparavant et aujourd'hui grand-duc de Toscane, vint à Paris. La cour se grossissait de jour en jour par l'arrivée d'un nombre considérable de grands personnages. Vers la fin de septembre, on détermina un voyage de Fontainebleau, où devait se déployer la plus grande magnificence. On allait célébrer des fêtes pour le mariage de la reine de Westphalie; l'élite des acteurs de Paris et des musiciens devait s'y transporter; la cour reçut l'ordre d'y étaler la plus grande parure. Chacun des princes ou princesses de la famille impériale, y transportant une partie de sa maison, y devait avoir une table particulière, ainsi que quelques grands dignitaires et ceux des ministres qui suivraient l'empereur.

Le 21 septembre, Bonaparte partit avec l'impératrice, et, les jours suivants, on vit arriver à Fontainebleau la reine de Hollande, la reine de Naples, le roi et la reine de Westphalie, le grand-duc et la grande-duchesse de Berg, la princesse Pauline, Madame mère, le grand-duc et la grande-duchesse de Bade, le prince primat, le grand-duc de Wurtzbourg; les princes de Mecklembourg et de Saxe-Cobourg, une infinité d'autres encore : M. de Talleyrand, qui devait tenir une maison ainsi que le prince de Neuchatel; le ministre des affaires étrangères; le secrétaire d'État Maret; les grands officiers de la maison impériale, les ministres du royaume d'Italie, un certain nombre de maréchaux nommés du voyage, M. de Rémusat, plusieurs chambellans, les dames d'honneur et d'atours, quelques-unes des dames du palais. Tout ce monde était convié par une lettre du grand maréchal Duroc. J'arrivai des eaux d'Aix-la-Chapelle dans ce temps-là, et, étant comprise dans cette liste, après avoir passé quelques jours à Paris pour voir ma mère et mes enfants, et faire mes préparatifs de toilette, je rejoignis la cour et mon mari à Fontainebleau.

Le 20 septembre, le maréchal Lannes avait été nommé colonel général des Suisses.

CHAPITRE XXVI.

(1807.)

Puissance de l'empereur. — Résistance des Anglais. — Vie de l'empereur à Fontainebleau. — Spectacles. — Talma. — Le roi Jérôme. — La princesse de Bade. — La grande-duchesse de Berg. — La princesse Borghèse. — Cambacérès. — Les princes étrangers. — Affaires d'Espagne. — Prévisions de M. de Talleyrand. — M. de Rémusat est nommé surintendant des théâtres. — Fortune et gêne des maréchaux.

Qu'on suppose un individu, ignorant de tout antécédent, jeté tout à coup dans Fontainebleau[1],

[1]. Ce voyage de Fontainebleau, qui dura deux mois à peu près, est l'un des épisodes intéressants de la vie de cour sous l'Empire. L'empereur n'a jamais consacré, je crois, un si long espace de temps à cette vie, dans ses plaisirs ou dans son éclat, ou plutôt dans un séjour semblable; l'Empire devenait pour la première fois une cour véritable. Partout ailleurs, ce qu'on appelait ainsi n'était qu'une parade, un défilé où les hommes figuraient plus pour leur uniforme que pour leur personne. Ici, comme auprès de Louis XIV et de Louis XV, on vivait ensemble, et, malgré la froideur de l'étiquette et la peur du maître, la nature devait se faire jour et se trahir. Il y avait des intérêts, des passions, des intrigues, des faiblesses, des trahisons, une vraie cour, en un mot. Je ne cherche pas à juger le talent de l'auteur à décrire ces nuances, et je borne mon devoir d'éditeur à écrire des notes plutôt explicatives qu'approbatives. On me pardonnera toutefois, puisque le public a si bien

CHAPITRE VINGT-SIXIÈME. 219

au temps dont je parle, il n'est pas douteux qu'ébloui par la magnificence qu'on déploya dans cette royale habitation, et que frappé de l'air d'autorité du maître et de l'obséquieuse révérence des grands personnages qui l'entouraient, il n'eût vu ou cru voir un souverain paisiblement assis

prouvé par son empressement le cas qu'il faisait de ces mémoires, de dire que mon père avait devancé le jugement de l'opinion, et n'hésitait pas à comparer l'œuvre de sa mère aux plus grands modèles. Voici ce qu'il pensait de la peinture de la cour à Fontainebleau : « Ce chapitre, qui ne contient nul événement, est, sans contredit, l'un des plus remarquables de cet ouvrage. Dans quelques parties il y a trop de réflexions, et qui se répètent. Si ma mère eût revu cet ouvrage, elle eût resserré et supprimé. Je demeure convaincu, cependant, que le texte doit rester tel qu'il est, et que, dans ces entretiens de l'auteur avec lui-même, dans ce retour complaisant sur ses souvenirs, on apprend à le connaître et à prendre confiance en lui. Mais ce chapitre-ci mérite un éloge plus absolu. Comme dans Saint-Simon, la peinture attentive, étudiée, sans cesse repassée des choses et des personnes, des mœurs, des formes, des allures, des relations, s'empare de l'esprit, et le fait vivre dans le monde qu'elle lui retrace. Je ne sais rien dans Saint-Simon de supérieur au tableau de la cour à la mort du grand Dauphin. C'est le récit d'une seule nuit de Versailles, et il tient le quart d'un volume. Il me semble qu'il y a dans ce chapitre quelque chose du même mérite, et, quoique ce séjour à Fontainebleau n'ait point été marqué par un événement distinct qui pût être regardé comme une crise, telle que la mort du Dauphin, la vivacité de l'imagination dans la fidélité de la mémoire donne à ce tableau de la cour de l'empereur cette vérité saisissante qui supplée à la réalité. »

(P. R.)

sur le plus grand trône du monde par tous les droits réunis de la puissance et de la légitimité. Bonaparte était alors roi pour tous, et pour lui-même; il oubliait le passé, il ne redoutait point l'avenir; il marchait d'un pas ferme, sans prévoir aucun obstacle, ou du moins avec la certitude qu'il détruirait facilement ceux qui se dresseraient devant lui. Il lui paraissait, il nous paraissait à tous, qu'il ne pouvait plus tomber que par un événement si imprévu, si étrange, et qui produirait une catastrophe si universelle, qu'une foule d'intérêts d'ordre et de repos étaient solennellement engagés à sa conservation. En effet, maître ou ami de tous les rois du continent, allié de plusieurs par des traités ou des mariages à l'étranger, sûr de l'Europe par les nouveaux partages qu'il avait faits, ayant jusqu'aux frontières les plus reculées des garnisons importantes qui lui garantissaient l'exécution de ses volontés, dépositaire absolu de toutes les ressources de la France, riche d'un trésor immense, dans la force de l'âge[1], admiré, craint et surtout scrupuleusement obéi, il sem-

1. L'empereur, né le 15 août 1769, avait alors trente-huit ans. On oublie volontiers son âge, tant on est ébloui par son éclat. Il y faut cependant penser parfois en lisant son histoire, et se rappeler qu'il était un homme, même un jeune homme. (P. R.)

blait qu'il eût tout surmonté. Mais un ver rongeur se cachait sourdement au sein d'une telle gloire. La révolution française, ouvrage insurmontable des temps, n'avait point soulevé les âmes à l'intention d'affermir le pouvoir arbitraire. Les lumières du siècle, les progrès des saines idées, l'esprit de liberté, combattaient sourdement contre lui et devaient renverser ce brillant échafaudage d'une autorité fondée en opposition avec la marche irrésistible de l'esprit humain. Le foyer de cette liberté existait en Angleterre. Le bonheur des nations a voulu qu'il se trouvât défendu par une barrière que les armes de Bonaparte n'ont pu franchir. Quelques lieues de mer ont protégé la civilisation du monde et empêché que, comprimée partout, elle ne se vît forcée d'abandonner pour longtemps le champ de bataille à qui ne l'eût jamais totalement vaincue, mais à qui l'eût étouffée, peut-être pour la durée de toute une génération.

Le gouvernement anglais, jaloux d'une puissance si colossale, malgré le mauvais succès de tant d'entreprises, toujours vaincu, jamais découragé, trouvait sans cesse de nouvelles ressources contre l'empereur dans le sentiment national qui

animait la nation. Celle-ci se voyait attaquée dans
sa prépondérance et dans ses intérêts. Son orgueil
et son industrie, également irrités des obstacles
qu'on lui suscitait, se prêtaient à tous les sacrifices que ses ministres sollicitaient d'elle. D'é-
normes subsides furent votés pour l'augmentation
d'un service maritime qui devait produire un blocus continental de toute l'Europe. Les rois, craintifs devant la force de notre artillerie, se soumettaient à ce système prohibitif que nous exigions
d'eux; mais les peuples souffraient; les jouissances de la vie sociale, les nécessités qu'enfante
l'aisance, les besoins sans cesse renaissants de
mille agréments matériels, partout combattaient
pour les Anglais. On murmurait à Pétersbourg,
sur toutes les côtes de la Baltique, en Hollande,
dans les ports de France, et le mécontentement
qui n'osait s'exprimer, en se concentrant sous la
crainte, jetait dans les esprits des racines d'autant plus profondes, qu'elles devaient s'y fortifier
longtemps, avant qu'il osât se montrer au dehors.
Il en paraissait pourtant quelque chose, par intervalles, dans les menaces ou les reproches que nous
apprenions tout à coup que notre gouvernement
adressait à ses alliés. Renfermés en France, dans

une ignorance complète de ce qui se passait au dehors, sans communications, du moins intellectuelles, avec les autres nations, défiants des articles commandés de nos ternes journaux, nous pouvions conclure cependant quelquefois, de certaines lignes du *Moniteur*, que les volontés impériales se trouvaient éludées par les besoins des peuples. L'empereur avait amèrement reproché à son frère Louis d'exécuter trop mollement ses ordres en Hollande. Il l'y renvoya en lui intimant fortement sa volonté d'être scrupuleusement obéi.

« La Hollande, disait *le Moniteur*, depuis les nouvelles mesures qu'elle a prises, ne correspondra plus avec l'Angleterre. Il faut que le commerce anglais trouve tout le continent fermé, et que ces ennemis des nations soient mis hors du droit commun. Il est des peuples qui ne savent que se plaindre ; il faut savoir souffrir avec courage, prendre tous les moyens de nuire à l'ennemi commun, et l'obliger à reconnaître les principes qui dirigent toutes les nations du continent. Si la Hollande avait pris ses mesures depuis le blocus, peut-être l'Angleterre aurait déjà fait la paix. »

Une autre fois on s'efforçait de flétrir, aux yeux de tous, ce qu'on appelait l'envahissement de nos libertés continentales. Le gouvernement anglais se voyait comparé, dans sa politique, à *Marat*. « Qu'est-ce que celui-ci a fait de plus atroce? disait-on. C'est de présenter au monde le spectacle d'une guerre perpétuelle. Les meneurs oligarques qui dirigent la politique anglaise finiront comme tous les hommes furibonds et exagérés; ils seront l'opprobre de leur pays, et la haine des nations. »

Quand l'empereur dictait de pareilles injures contre le gouvernement oligarchique, il caressait à son profit les idées démocratiques qu'il savait bien exister sourdement dans la nation. En se servant de quelques-unes de nos phrases révolutionnaires, il croyait satisfaire suffisamment les opinions qui les avaient inspirées. L'égalité, rien que l'égalité, voilà quel était son mot de ralliement entre la Révolution et lui. Il n'en craignait point les suites pour lui-même; il savait qu'il excitait ces vanités qui peuvent fausser les dispositions les plus généreuses; il détournait de la liberté, comme je l'ai dit souvent; il étourdissait tous les partis, dénaturait toutes les paroles, effarouchait la raison. Quelque force que lui donnât son glaive, il le soutenait encore par le secours des sophismes et prouvait que c'était en connaissance de cause qu'il déviait de la marche indiquée par le mouvement des idées, en s'aidant encore de la puissance de la parole pour nous égarer. Ce qui fait de Bonaparte un des hommes les plus supérieurs qui aient existé, ce qui le met à part, en tête de tous les puissants appelés à régir les autres hommes, c'est qu'il a parfaitement connu son temps et qu'il l'a toujours combattu. C'est volontairement qu'il a choisi une route difficile et contraire à son époque. Il ne le cachait point; il disait souvent que lui seul arrêtait la Révolution, qu'après lui elle reprendrait sa marche. Il s'allia avec elle pour l'opprimer, mais il présuma trop de sa force. Habile à reprendre ses avantages, elle a su enfin le vaincre et le repousser.

Les Anglais, à cette époque, alarmés de la condescendance avec laquelle le czar, encore plus séduit que vaincu, abondait dans le système de l'empereur, attentifs aux troubles qui commençaient à se manifester en Suède, inquiets du dévouement que nous témoignait le Danemark et qui devait leur fermer le détroit du Sund, firent un armement considérable et réunirent leurs forces pour bombarder Copenhague. Ils vinrent même à bout de prendre la ville. Le prince royal, fort de l'amour de ses peuples, se défendit vaillamment, et lutta même après avoir perdu sa capitale. Les Anglais se virent forcés de l'évacuer et de s'en tenir, là comme ailleurs, au blocus général. L'opposition en Angleterre éclata contre cette expédition. L'empereur, ignorant de la constitution anglaise, se flatta que les débats assez vifs du Parlement lui seraient utiles. Peu accoutumé à l'opposition, il jugeait du danger de celle d'Angleterre d'après l'effet qu'elle eût produit en France, si elle s'y fût manifestée avec la même violence qu'il remarquait dans les journaux de Londres; et souvent il croyait le gouvernement anglais perdu, en repaissant son impatience des phrases animées du *Morning Chronicle*. Mais son espoir se trouvait toujours déçu. L'opposition tonnait; les remontrances s'évaporaient en fumée, et le ministère emportait toujours des moyens de plus de continuer cette lutte nécessaire. Rien n'a plus causé de mouvements de colère à l'empereur que ces débats du Parlement, et les attaques violentes contre sa personne que la liberté de la presse enfantait contre lui. En vain il usait de cette liberté pour payer à Londres des écrivains qui imprimaient aussi très impunément ce qu'il

CHAPITRE VINGT-SIXIÈME.

voulait; ces combats de plume n'avançaient rien; on répondait à ses injures par des injures qui arrivaient à Paris. Il fallait les traduire, les lui livrer; on tremblait en les mettant sous ses yeux; sa colère, soit qu'elle éclatât, soit qu'elle fût concentrée, paraissait également redoutable, et malheur à qui avait affaire à lui immédiatement après qu'il venait de lire les journaux anglais!

Nous nous apercevions toujours par quelque bourrasque de cette mauvaise humeur. C'est bien alors qu'il fallait plaindre ceux dont la mission était d'ordonner de ses amusements. C'est alors que je puis bien dire que le supplice de M. de Rémusat commençait. J'en parlerai avec plus de détails, en rendant compte de la vie qu'on mena à Fontainebleau.

Dès que les personnes comprises dans ce voyage y furent réunies, on les soumit toutes à une espèce de règlement qu'on leur fit connaître. Les différentes soirées de la semaine se devaient passer chez différents grands personnages. L'empereur devait recevoir un soir chez lui. On y entendrait de la musique et on y jouerait après. Deux autres jours il y aurait spectacle; une autre fois, bal chez la grande-duchesse de Berg, un autre bal chez la princesse Borghèse; enfin cercle et jeu chez l'impératrice. Les princes et les ministres devaient donner à dîner et inviter tour à tour les conviés au voyage; le grand maréchal de même, ayant une table de vingt-cinq couverts tous les jours; la dame d'honneur de même, et enfin à une dernière table dînait tout ce qui n'avait pas reçu une invitation. Princes et rois ne pouvaient dîner chez l'empereur qu'invités par lui; il se réservait la liberté du tête-à-tête avec sa femme, et il choisissait qui lui plaisait. On chassait à jours fixes, et de même on était invité pour accompagner la chasse, soit à cheval, soit dans un grand nombre de très élégantes calèches. Il passa par la tête de l'empereur de vouloir que les femmes eussent un costume de chasse. L'impératrice s'y prêta volontiers. Le fameux marchand de modes, Leroi, fut appelé au conseil, on détermina un costume très brillant. Chaque princesse avait une couleur différente pour elle et sa maison. Le costume de l'impératrice était en velours amarante brodé en or, avec une toque brodée d'or et couronnée de plumes blanches, et toutes les dames du palais furent vêtues

CHAPITRE VINGT-SIXIÈME.

de couleur amarante. La reine de Hollande choisit le bleu et argent; madame Murat, la couleur de rose et argent aussi; la princesse Borghèse, le lilas, de même brodé en argent. C'était toujours une sorte de tunique ou redingote en velours, courte, sur une robe de satin blanc brodée, des bottines de velours pareilles à la robe, ainsi que la toque, une écharpe blanche. L'empereur et tous les hommes portaient un habit vert, galonné en or et argent. Ces brillants costumes, portés soit à cheval, soit en calèche, et toujours en cortège très nombreux, faisaient au travers de la belle forêt de Fontainebleau un effet charmant.

L'empereur aimait la chasse plutôt pour l'exercice qu'elle lui faisait faire que pour ce plaisir en lui-même. Il ne se prêtait point toujours à suivre le cerf bien régulièrement, et, se lançant au galop, s'abandonnait à la route qui se présentait devant lui. Quelquefois il oubliait le motif pour lequel on parcourait la forêt et il en suivait les sinuosités, en paraissant s'abandonner à la fantaisie de son cheval, et livré à d'assez longues rêveries. Il montait à cheval avec habitude, mais sans grâce. On lui dressait des chevaux arabes qu'il préférait, parce qu'ils s'arrêtent à l'instant, et que, partant tout à coup, sans tenir sa bride, il fût tombé souvent si on n'avait pris les précautions nécessaires. Il aimait à descendre au galop des côtes rapides, au risque de faire rompre le col à ceux qui le suivaient. Il a fait quelques chutes, dont on ne parlait jamais, parce que cela lui aurait déplu. Je lui ai vu, un peu avant ce temps, la manie de mener aussi des attelages à des calèches ou à des bogheis. Il n'était pas bien sûr d'être alors dans la voiture qu'il conduisait, car il ne prenait aucune précaution pour les tournants ou pour éviter les endroits difficiles. Il prétendait toujours vaincre tout obstacle, et il eût rougi de reculer. Une fois, à Saint-Cloud, il s'avisa de vouloir conduire quatre chevaux à grandes guides. Il passa une grille si maladroitement, se trouvant emporté dès le premier instant, qu'il versa la voiture, où se trouvaient l'impératrice et quelques personnes, sans aucun accident grave, heureusement. Il en fut quitte pour avoir pendant trois semaines le poignet foulé. Depuis ce temps il renonça à mener lui-même, disant en riant que, dans les moindres choses, il fallait que chacun fît son métier. Quoiqu'il ne prît pas grand intérêt au succès d'une chasse, cependant il grondait assez fortement lorsqu'on ne réussissait point à prendre le cerf. Il se fâchait si on lui représentait que lui-même, en changeant de route, avait contribué à égarer les chiens; le moindre *non-succès* lui causait toujours surprise et impatience.

Il travaillait beaucoup à Fontainebleau, comme partout. Il se levait à sept heures, donnait son lever, déjeunait seul, et, les jours où l'on ne chassait point, il demeurait dans son cabinet, ou tenait ses conseils jusqu'à cinq ou six heures. Les ministres, les conseillers d'État venaient de Paris, comme si on était à Saint-Cloud; il n'entrait pas beaucoup dans la raison de la distance, jusqu'au point que, manifestant le désir qu'on lui fît sa cour le dimanche après la messe, comme cela se passait à Saint-Cloud, on partait de Paris dans la nuit pour arriver le matin à l'heure prescrite. On se tenait alors dans l'une des galeries de Fontainebleau qu'il parcourait à son gré, ne pensant pas toujours à payer d'une parole ou d'un regard la fatigue et le dérangement d'un pareil voyage.

Tandis qu'il demeurait la matinée dans son cabinet, l'impératrice, toujours élégamment parée, déjeunait avec sa fille et ses dames, et ensuite, se tenant dans son salon, y recevait les visites des personnes qui habitaient le château. Celles d'entre nous qui s'en souciaient pouvaient y faire quelque ouvrage, et cela n'était pas inutile pour soutenir la fatigue d'une conversation oiseuse et insignifiante. Madame Bonaparte n'aimait pas à être seule et n'avait le goût d'aucune occupation. A quatre heures on la quittait; elle vaquait alors à sa toilette, et nous à la nôtre; c'était toujours une grande affaire. Un assez bon nombre de marchands de Paris avaient transporté à Fontainebleau leurs plus belles marchandises, et ils en trouvaient facilement le débit, en se présentant dans tous nos appartements. Entre cinq et six heures, il arrivait assez fréquemment que l'empereur passait dans l'appartement de sa femme, et qu'il montait en calèche, seul avec elle, pour se promener avant son dîner. On dînait à six heures, ensuite on se rendait au spectacle, ou chez la personne qui devait, à tel jour, se charger du plaisir de la soirée.

Les princes, maréchaux, grands officiers ou chambellans qui avaient les entrées, pouvaient se présenter chez l'impératrice. On frappait à la porte, le chambellan de service annonçait; l'empereur disait : *Qu'il entre!* et on entrait. Si c'était une femme, elle s'asseyait en silence; un homme demeurait debout contre la muraille, à la suite des personnes qu'il trouvait déjà dans le salon. L'empereur s'y promenait ordinairement en long et en large; quelquefois silencieusement et rêvant, sans se soucier de ce qui l'entourait, quelquefois faisant une question qui recevait une réponse courte, ou bien entamant la conversation, c'est-à-dire l'occasion de parler à peu près seul, car on éprouvait toujours, et alors plus que jamais, quelque embarras à lui répondre. Il ne savait et, je crois, ne voulait mettre personne à l'aise, craignant la moindre apparence de familiarité, et inspirant à chacun l'inquiétude de s'entendre dire, devant témoins, quelque parole désobligeante. Les cercles se passaient de la même manière. On s'ennuyait autour de lui, et il s'ennuyait lui-même; il s'en plaignait souvent, s'en prenant à chacun de ce silence terne et contraint qu'il imposait. Quelquefois il disait : « C'est chose singulière, j'ai rassemblé à Fontainebleau beaucoup de monde, j'ai voulu qu'on s'amusât, j'ai réglé tous les plaisirs, et les visages sont allongés, et chacun a l'air bien fatigué et triste. — C'est, lui répondait M. de Talleyrand, que le plaisir ne se mène point au tambour, et qu'ici, comme à l'armée, vous avez toujours l'air de dire à chacun de nous : « Allons, messieurs et mesdames, en avant, marche ! » Il ne s'irritait point de ces paroles, il était alors fort en train. M. de Talleyrand passait de longues heures avec lui, et il lui laissait le droit de tout lui dire. Mais, dans un salon rempli de quarante personnes, M. de Talleyrand se tenait en aussi grand silence que tout le monde.

De toute la cour, la personne que, dans ces voyages, le soin de ses plaisirs agitait davantage était sans aucune comparaison M. de Rémusat. Les fêtes et spectacles étaient dans les attributions du grand chambellan, et M. de Rémusat, en sa qualité de premier chambellan, avait la responsabilité de tout ce *travail*. Ce mot convient parfaitement ; car la volonté impérieuse et difficile de Bonaparte rendait cette sorte de métier assez pénible. « Je vous plains, lui disait M. de Talleyrand : il vous faut amuser *l'inamusable*. »

L'empereur voulait deux spectacles par semaine, et qu'ils fussent toujours variés. Les acteurs de la Comédie-Française en faisaient seuls les frais, conjointement avec quelques représentations d'opéras italiens. On ne jouait guère que des tragédies, souvent Corneille, quelques pièces de Racine, et rarement Voltaire, dont Bonaparte n'aimait point le théâtre. Après avoir approuvé d'avance un répertoire réglé pour le voyage, et positivement signifié qu'on voulait pour Fontainebleau les meilleurs acteurs de la troupe, il entendait que les représentations de Paris ne fussent point interrompues; les précautions étaient prises. Tout à coup, par suite d'une fantaisie bien plutôt que d'un désir, il détruisait l'ordre qu'il avait consenti, demandait une autre pièce ou un autre comédien, et cela le matin même du jour où il fallait les lui procurer. Il n'écoutait jamais une observation; le plus souvent il en eût pris quelque humeur, et la chance la plus satisfaisante était qu'il dît en souriant : « Bah! avec un peu de peine, vous en viendrez à bout; je le veux, c'est à vous de trouver le moyen de le faire. » Dès que l'empereur avait proféré cet irrévocable *je le veux*, ce mot se répétait en écho dans tout le palais. Duroc, Savary surtout, le prononçaient du même ton que lui; M. de Rémusat le répétait à tous les comédiens, étourdis des efforts de mémoire ou du dérangement subit auquel on les soumettait. Les courriers partaient pour aller chercher à toute bride les hommes ou les choses nécessaires. La journée se passait en sottes petites agitations, dans la crainte qu'un accident, ou une maladie, ou quelque circonstance imprévue ne s'opposât à l'exécution de l'ordre donné, et mon mari, venant chercher dans ma chambre un moment de repos, soupirait un peu en pensant qu'un homme raisonnable se voyait forcé d'user sa patience et les combinaisons de son esprit à de telles pauvretés, devenues importantes par les suites qu'elles pouvaient avoir. Il faut avoir vécu dans les cours pour savoir à quel point les plus petites choses prennent de la gravité, et combien le mécontentement du maître, même quand il s'agit de niaiseries, est désagréable à porter. Les rois sont assez sujets à le témoigner devant tout le monde, et il est insupportable de recevoir une plainte ou une brusquerie en présence de tant de gens auxquels on sert de spectacle. Bonaparte, plus roi que qui que ce soit, grondait durement, souvent hors de propos, humiliant son monde, menaçant pour un

CHAPITRE VINGT-SIXIÈME.

motif léger. La crainte qu'il excitait était communicative, et le bruit de quelques-unes de ses paroles dures avait un long retentissement.

Enfin, lorsqu'à grand'peine on était parvenu à le contenter, il ne faut pas croire qu'il témoignât jamais cette satisfaction. Son silence était alors son plus beau, et ce dont il fallait s'arranger. Il arrivait au spectacle souvent préoccupé, irrité de la lecture de quelque journal anglais, ou seulement fatigué de la chasse; il rêvait ou s'endormait. On n'applaudissait point devant lui; la représentation silencieuse était extrêmement froide. La cour s'ennuyait mortellement de ces éternelles tragédies; les jeunes femmes s'y endormaient; on quittait le spectacle triste et mécontent. L'empereur s'apercevait de cette impression; il en prenait de l'humeur, s'attaquait à son premier chambellan, blâmait les acteurs, aurait voulu qu'on en trouvât d'autres, quoiqu'il eût les meilleurs, et ordonnait quelques autres représentations pour les jours suivants, qui éprouvaient à peu près le même sort. Il était bien rare qu'il en fût autrement, et, il faut en convenir, c'était chose vraiment désagréable. Le jour de spectacle à Fontainebleau, j'éprouvais toujours un souci qui me devenait une sorte de petit supplice sans cesse renaissant; la frivolité du fond et l'importance des suites en rendaient le poids plus importun.

L'empereur aimait assez le talent de Talma. Il se persuadait qu'il l'aimait beaucoup; je crois qu'il savait encore plus qu'il est grand acteur, qu'il ne le sentait. Il n'y avait pas en lui ce qui fait qu'on se complaît dans la représentation d'une fiction de théâtre. Il manquait d'instruction; ensuite, il était trop rarement désoccupé, trop fortement entrepris par sa situation réelle pour prêter attention à la conduite d'un ouvrage, au développement d'une passion feinte. Il se montrait, parfois, ému transitoirement d'une scène ou même d'un mot prononcé avec talent; mais cette émotion nuisait au reste de son plaisir, parce qu'il eût voulu qu'elle se prolongeât dans toute sa force, et qu'il ne faisait nul cas des impressions secondaires, ou plus douces, que produisent encore la beauté du vers ou l'accord que le talent d'un comédien apporte dans un rôle entier. En général, il trouvait notre théâtre français froid, nos acteurs trop mesurés, et il s'en prenait toujours aux autres de l'impossibilité presque complète où il se trouvait de se plaire là où la multitude acceptait un divertissement. Il en était de même sur l'article de la musique. Peu sensible aux arts, il savait leur prix *par son esprit*, et, leur demandant plus qu'ils ne pouvaient lui donner, il se plaignait de n'avoir pas senti ce que sa nature ne permettait pas qu'il éprouvât.

On avait attiré à la cour les premiers chanteurs de l'Italie. Il les payait largement, mettait sa vanité à les enlever aux autres souverains; mais il les écoutait tristement, et rarement avec intérêt. M. de Rémusat imagina d'animer les concerts qu'on lui donnait par une sorte de représentation des morceaux de chant qu'on exécutait en sa présence. Les concerts furent quelquefois donnés sur le théâtre. Ils étaient composés des plus belles scènes des opéras italiens. Les chanteurs les exécutaient en costumes, et les jouaient réellement; la décoration représentait le lieu de la scène où se passait l'action du morceau de chant. Tout cela était monté avec grand soin, et, comme tout le reste, manquait à peu près son effet. Mais il faut dire que, si tant de soins étaient perdus pour son plaisir, la pompe de tant de spectacles et de divertissements variés le flattait néanmoins, car elle rentrait dans sa politique, et il aimait à étaler devant cette foule d'étrangers qui l'entouraient une supériorité qui se retrouvait en tout.

Cette même disposition rêveuse et mécontente, qu'il portait partout, jetait un voile sombre sur les cercles et les bals de Fontainebleau. Vers huit heures du soir, la cour excessivement parée se rendait chez la princesse qui devait recevoir à tel jour. On se plaçait en cercle; on se regardait sans se parler. On attendait Leurs Majestés. L'impératrice arrivait la première, parcourait gracieusement le salon, et ensuite prenait sa place et attendait comme les autres en silence l'arrivée de l'empereur. Il entrait enfin, il allait s'asseoir près d'elle; il regardait danser; son visage était loin d'encourager le plaisir, aussi le plaisir ne se mêlait-il guère à de pareilles réunions. Pendant ces contredanses, quelquefois, il se promenait entre les rangs des dames pour leur adresser des paroles assez insignifiantes qui le plus souvent n'étaient que des plaisanteries peu délicates sur leur toilette. Il disparaissait presque aussitôt, et, peu après sa retraite, chacun se retirait de son côté.

Dans ce voyage de Fontainebleau, nous vîmes

paraître une très jolie personne dont il fut un peu occupé. C'était une Italienne. M. de Talleyrand l'avait vue en Italie, et il avait persuadé à l'empereur de la placer auprès de l'impératrice en qualité de lectrice; on fit son mari receveur général. L'impératrice, d'abord un peu effarouchée de l'apparition de cette belle personne, prit cependant assez promptement le parti de se prêter avec complaisance à des amusements auxquels il lui aurait été impossible de s'opposer longtemps, et, cette fois, elle ferma les yeux sur ce qui se passait. C'était une douce personne, plus soumise que satisfaite; elle céda à son maître par une sorte de conviction qu'on ne devait pas lui résister; mais elle ne mit aucun éclat, aucune prétention à son succès; elle sut même allier au dedans d'elle un grand fonds d'attachement pour madame Bonaparte avec la complaisance pour la fantaisie de son époux. Il en résulta que cette aventure se passa sans bruit ni éclat. Elle était alors la plus jolie femme d'une cour qui en renfermait un grand nombre de fort jolies. Je n'ai jamais vu de plus beaux yeux, des traits plus fins, un plus charmant accord de tout le visage. Elle était grande, élégamment faite;

elle eût eu besoin d'un peu plus d'embonpoint.

L'empereur n'eut jamais pour elle un goût très vif; il le confia assez vite à sa femme, et la rassura en lui livrant, sans aucune réserve, le secret de cette froide liaison. Il l'avait fait loger à Fontainebleau de manière qu'elle pût se rendre à ses ordres quand il la faisait appeler; on se disait à l'oreille que le soir elle descendait chez lui ou bien qu'il allait dans sa chambre; mais, au milieu des cercles, il ne lui parlait pas plus qu'à une autre, et notre cour ne prêta pas longtemps attention à toute cette affaire, prévoyant qu'elle ne produirait aucun changement. M. de Talleyrand, qui avait le premier persuadé à Bonaparte le choix de cette maîtresse, recevait la confidence du plus ou moins de plaisir qu'elle lui procurait, et ce fut tout.

Si quelque personne curieuse me demandait si, à l'exemple du maître, il se formait d'autres liaisons pendant l'oisiveté d'une pareille réunion, je serais assez embarrassée de répondre d'une manière satisfaisante. Le service de l'empereur imposait un trop grand assujettissement pour laisser aux hommes le temps de certaines galanteries, et les femmes avaient une trop continuelle inquiétude de ce qu'il pourrait leur dire, pour se livrer sans précautions. Dans un cercle si froid, si convenu, on n'eût jamais osé se permettre une parole, un mouvement de plus ou de moins que les autres; aussi ne se manifestait-il aucune coquetterie, et tout arrangement se faisait en silence et avec une sorte de promptitude qui échappait aux regards. Ce qui préservait encore les femmes, c'est que les hommes ne pensaient alors nullement à paraître aimables, et qu'ils ne montraient guère que les prétentions de la victoire, sans perdre leur temps aux lenteurs d'un véritable amour. Aussi ne se forma-t-il autour de l'empereur que des liaisons subites dont apparemment les deux parties étaient pressées de brusquer le dénouement. D'ailleurs Bonaparte tenait à ce que sa cour fût grave, et il eût trouvé mauvais que les femmes y prissent le moindre empire. Il voulait se réserver à lui le droit de toutes les libertés; il tolérait l'inconduite de quelques personnes de sa famille, parce qu'il voyait qu'il ne pourrait la réprimer, et que le bruit lui donnerait une plus grande publicité. La même raison l'eût porté à dissimuler l'humeur qu'il eût ressentie si sa femme se fût permis quelques distractions; mais, à cette époque, elle n'y semblait guère disposée.

J'ignore absolument le secret de son intime intérieur, et je l'ai toujours vue presque exclusivement occupée de sa position, et tremblant de déplaire à son mari. Elle n'avait aucune coquetterie; toute sa manière extérieure était décente et mesurée; elle ne parlait aux hommes que pour tâcher de découvrir ce qui se passait, et ce divorce suspendu sur sa tête faisait l'éternel sujet de ses plus grands soucis. Au reste, les femmes de cette cour avaient grande raison de s'observer un peu, car l'empereur, dès qu'il était instruit de quelque chose, et il l'était toujours, soit pour s'amuser, soit par je ne sais quel autre motif, ne tardait guère à mettre au fait le mari de ce qui se passait. A la vérité, il lui interdisait le bruit et la plainte. C'est ainsi que nous avons su qu'il avait appris à S*** quelques-unes des aventures de sa femme, et qu'il lui ordonna si impérieusement de ne point montrer de courroux, que S***, toujours parfaitement soumis, consentit à se laisser tromper, et, moitié par condescendance, moitié par suite du désir qu'il en avait, finit, je pense, par ne point croire ce qui souvent était public.

Madame de X... était à Fontainebleau ; mais l'empereur ne semblait plus y faire la moindre atten-

CHAPITRE VINGT-SIXIÈME.

tion. On a dit qu'il était revenu à elle quelquefois ; mais ce n'a plus été alors que fort transitoirement, et sans que ces passades donnassent le moindre retour à son ancien crédit.

Cependant nous eûmes pendant ce voyage le spectacle d'un autre amour qui fut d'abord assez vif. Jérôme venait, comme je l'ai dit, d'épouser la princesse Catherine. Cette jeune personne s'attacha vivement à lui ; mais, sitôt après son mariage, il lui donna l'occasion d'éprouver un assez fort mouvement de jalousie. La jeune princesse de Bade était alors extrêmement agréable, et toujours en grande froideur avec le prince son époux. Coquette, un peu légère, fine et gaie, elle avait de grands succès. Jérôme devint amoureux d'elle, et elle parut s'amuser de cette passion. Elle dansait avec lui dans tous les bals ; la princesse Catherine, un peu trop grasse déjà, ne dansait point, et demeurait assise, contemplant tristement la gaieté de ces deux jeunes gens qui passaient et repassaient devant elle, sans faire attention à la peine qu'elle éprouvait. Enfin, un soir, au milieu d'une fête, la bonne intelligence paraissant très marquée, nous vîmes tout à coup cette nouvelle reine de Westphalie pâlir, laisser échapper des larmes, se pencher sur sa chaise, et enfin s'évanouir tout à fait. Le bal fut interrompu. On la transporta dans un salon voisin ; l'impératrice, suivie de quelques-unes d'entre nous, s'empressa à lui donner secours; nous entendions l'empereur adresser à son frère quelques paroles dures, après quoi il se retira. Jérôme, effrayé, se rapprocha de sa femme, et, la posant sur ses genoux, cherchait à lui rendre sa connaissance en lui faisant mille caresses. La princesse, en revenant à elle, pleurait encore et ne semblait point s'apercevoir de tout ce monde qui l'entourait. Je la regardais en silence, et je me sentais saisie d'une impression assez vive en voyant ce Jérôme, qu'une foule de circonstances, toutes indépendantes assurément de son mérite, avaient porté sur le trône, devenu l'objet de la passion d'une princesse, ayant tout à coup acquis le droit d'être aimé d'elle et de la négliger. Je ne puis dire tout ce que j'éprouvais en la voyant assise familièrement sur lui, la tête penchée sur son épaule, recevant ses caresses, et, lui, l'appelant à plusieurs reprises du nom de Catherine et l'engageant à se remettre, en la tutoyant familièrement. Peu de moments après, les deux époux se retirèrent dans leur appartement. Bonaparte, le lendemain, ordonna à sa femme de parler fortement à sa jeune nièce, et je fus chargée aussi de lui parler raison. Elle me reçut fort bien ; elle m'écouta beaucoup quand je lui représentai qu'elle compromettait tout son avenir, que son devoir comme son intérêt l'engageaient à bien vivre avec le prince de Bade, qu'elle était destinée à habiter d'autres lieux que la France, qu'il était assez vraisemblable qu'on lui saurait mauvais gré en Allemagne de légèretés qu'on lui tolérerait à Paris, et qu'elle devait s'appliquer à ne point prêter aux calomnies qu'on se pressait de répandre sur elle. Elle m'avoua qu'elle s'était reproché plus d'une fois l'imprudence de ses manières, mais qu'il n'y avait, au dedans d'elle, que l'envie de s'amuser; qu'au reste elle avait fort bien remarqué que toute son importance venait alors de sa qualité de princesse de Bade, qu'elle ne se voyait plus traitée à la cour de France comme par le passé. En effet, l'empereur, qui n'avait plus le même penchant pour elle, avait changé tout le cérémonial à son égard, et, ne songeant plus aux règlements qu'il avait prescrits sur son rang lors de son mariage, négligeant de la traiter comme sa fille adoptive, il ne lui donnait plus que ce qu'on devait accorder à une princesse de la confédération du Rhin, ce qui la mettait assez loin après les reines et les princesses de la famille. Enfin elle se voyait une occasion de trouble, et le jeune grand-duc, n'osant point exprimer son mécontentement, ne le manifestait que par une extrême tristesse. Notre conversation, qui fut longue, et ses propres réflexions la frappèrent beaucoup. Quand elle me congédia, elle m'embrassa en me disant : « Vous verrez que vous serez contente de moi. » En effet, le soir même, au bal, elle s'approcha de son mari, lui parla avec une manière affectueuse, et prit un maintien réservé qu'on remarqua. Dans cette soirée elle vint à moi, et, avec une bonne grâce infinie, elle me demanda si je la trouvais bien, et à dater de ce jour, jusqu'à la fin du voyage, on ne put pas faire la moindre maligne observation sur son compte. Elle ne témoigna aucun regret de retourner à Bade; elle s'y est bien conduite; elle a eu des enfants du prince et a vécu parfaitement avec lui; elle s'est fait aimer de ses sujets. Aujourd'hui la voilà veuve seulement avec deux filles, mais fort considérée de son beau-frère l'empereur de Russie, qui lui a témoigné à plusieurs reprises un grand intérêt[1]. Quant à Jérôme, il alla peu après

---

1. La princesse Stéphanie de Bade est morte en 1860. (P. R.)

prendre possession de son royaume de Westphalie, où sa conduite a dû donner à la princesse Catherine plus d'une occasion de verser des larmes qui n'ont pourtant pas refroidi sa tendresse, puisque, depuis la révolution de 1814, elle n'a pas cessé de partager son exil [1].

Tandis qu'on se livrait au plaisir et surtout à l'étiquette dans le château de Fontainebleau, la pauvre reine de Hollande y vivait le plus à l'écart qu'elle pouvait; extrêmement souffrante d'une grossesse pénible, toujours poursuivie du souvenir de son fils, crachant le sang au moindre effort, inquiète de son avenir, découragée sur tout, ne demandant aux événements que du repos. C'était alors qu'elle me disait souvent, avec les larmes aux yeux : « Je ne tiens plus à la vie que par le bonheur de mon frère. Quand je pense à lui, je jouis de nos grandeurs; mais, pour moi, elles sont un supplice. » L'empereur lui témoignait estime et affection; c'était toujours à elle qu'il confiait le soin de donner des conseils à sa mère, quand il les croyait nécessaires. Il y

---

[1]. La princesse Catherine, fille du roi de Wurtemberg, est morte à Lausanne le 28 novembre 1835. (P. R.)

avait de l'amitié entre madame Bonaparte et sa fille ; mais elles se ressemblaient trop peu pour s'entendre, et la première se sentait dans une sorte d'infériorité qui lui imposait un peu. D'ailleurs, Hortense avait éprouvé de si grands malheurs, qu'elle ne pouvait trop trouver en elle de compassion pour des soucis qui lui auraient apparu d'un poids léger, en comparaison de ce qu'elle souffrait. Ainsi, quand l'impératrice venait lui parler d'une querelle surgie entre elle et l'empereur pour quelque folle dépense, ou d'une jalousie passagère, ou même de la crainte de son divorce, sa fille souriait tristement en lui répondant : « Sont-ce donc là des malheurs? » Ces deux personnes se sont aimées, mais je crois qu'elles ne se sont jamais tout à fait comprises.

L'empereur, qui, dans le fond, avait, je crois, plus d'amitié pour madame Louis Bonaparte que pour son frère, mais qui cependant n'était point absolument étranger à un certain esprit de famille, ne se mêlait qu'avec une sorte de précaution des querelles de ce ménage. Il avait consenti à garder sa belle-fille près de lui jusqu'après ses couches; mais il parlait toujours du retour qu'il désirait qu'elle fît en Hollande. Elle l'assurait qu'elle ne voulait point rentrer dans un pays où son fils était mort et où mille douleurs l'attendaient. « Ma réputation est flétrie, lui disait-elle, ma santé perdue, je n'attends plus de bonheur dans la vie ; bannissez-moi de votre cour si vous voulez, enfermez-moi dans un couvent, je ne souhaite ni trône ni fortune. Donnez du repos à ma mère, de l'éclat à Eugène qui le mérite, mais laissez-moi vivre tranquille et solitaire. » Quand elle parlait ainsi, elle parvenait à émouvoir l'empereur ; il la consolait, l'encourageait, lui promettait son appui, lui conseillait de s'en remettre au temps ; mais il repoussait vivement toute idée de divorce entre elle et Louis. Souvent il pensait au sien, et il sentait qu'une sorte de ridicule se serait attaché à cette multiplicité du même événement dans sa famille. Madame Louis se soumettait, laissait aller le temps, bien déterminée à ne point céder à un nouveau rapprochement qui alors la faisait frémir. Il ne paraît point, au reste, que le roi le désirât lui-même. Plus aigri que jamais contre sa femme, il ne l'aimait pas plus qu'elle ne l'aimait elle-même ; il l'accusait hautement en Hollande, car il voulait avoir l'air d'une victime. Bien des gens l'ont cru ; les rois trouvent facilement des oreilles crédules. Ce qui est certain, c'est que l'époux et la femme étaient fort malheureux; mais je pense que le caractère de Louis lui eût donné des chagrins partout, au lieu qu'il y avait dans celui d'Hortense de quoi faire une vie douce et sereine; car elle n'avait aucune apparence de passion : son âme et son esprit la portaient vers un profond repos.

La grande-duchesse de Berg s'appliquait à se montrer aimable pour tous à Fontainebleau. Elle ne manquait pas de gaieté dans l'humeur, et savait prendre parfois le ton de la bonhomie. Établie dans le château à ses propres frais, elle y vivait avec luxe, ordonnait toujours une table somptueuse. Elle était servie tout en vaisselle dorée, ce qui n'arrivait point, même chez l'empereur. Elle invitait tous les habitants du palais les uns après les autres, accueillait de fort bonne grâce même ceux qu'elle n'aimait point, et semblait ne penser qu'au plaisir; mais elle ne perdait point son temps cependant. Elle voyait souvent alors M. de Metternich, ambassadeur d'Autriche. Il était jeune, d'une jolie figure; il paraissait remarquer la sœur de l'empereur; elle s'en aperçut facilement, et, dès cette époque, soit par esprit de coquetterie, ou plutôt par suite d'une ambition précautionneuse, elle commença à accueillir avec assez d'attention les hommages d'un ministre qui, disait-on, avait du crédit à la cour et qui, par la suite, pourrait peut-être la servir. Qu'elle ait eu d'avance ou non cette idée, cet appui ne lui a point manqué.

De plus, considérant le crédit de M. de Talleyrand, elle s'efforça de se rapprocher de lui, tout en conservant le plus secrètement qu'elle put des rapports avec Fouché, qui mettait assez de précautions pour la voir, parce que l'empereur manifestait toujours du mécontentement de toute liaison. Nous la vîmes agacer M. de Talleyrand dans le salon de Fontainebleau, lui parler de préférence, sourire à ses bons mots, le regarder quand elle disait quelque chose qui pouvait être remarqué, et enfin le lui adresser. M. de Talleyrand ne se montra point rétif, et se rapprocha de son côté. Alors les entretiens devinrent un peu plus graves. Madame Murat ne dissimula point à M. de Talleyrand qu'elle voyait avec envie ses frères occuper des trônes et qu'elle sentait en elle la force de porter un sceptre; elle lui reprocha de s'y opposer. M. de Talleyrand objecta le peu d'étendue d'esprit de Murat ; il plaisanta sur son compte, et ses plaisanteries ne furent point repoussées amèrement. Au contraire, la princesse livra son mari d'assez bonne grâce ; mais elle objecta qu'elle ne lui laisserait point, à lui seul, la charge du pouvoir, et, peu à peu, je pense qu'elle amena M. de Talleyrand, par quelques séductions, à lui être moins contraire. Pendant ce temps elle caressait aussi M. Maret, qui reportait lourdement à l'empereur des éloges répétés de l'esprit distingué de sa sœur. L'empereur avait de lui-même assez grande opinion d'elle, et s'y voyait encore fortifié par un concours d'approbations qu'il savait bien n'être pas concertées. Il s'accoutuma à traiter sa sœur avec plus de considération. Murat, qui y perdit quelque chose, parfois s'avisait de se blesser et de se plaindre ; il en résultait des scènes conjugales où le mari voulait reprendre ses droits et son rang. Il traitait mal la princesse ; elle en était un peu effarouchée ; mais, moitié par adresse, moitié par menace, tantôt caressante et tantôt hautaine, sachant se montrer habilement femme soumise ou sœur du maître à tous, elle étourdissait son mari, reprenait son ascendant, et lui prouvait qu'elle le servait par la conduite qu'elle tenait. Il paraît que les mêmes orages se sont manifestés lorsqu'elle a été à Naples, que la vanité de Murat en a quelquefois pris ombrage, qu'il en a souffert; mais on s'accorde à dire que, s'il a fait des fautes, c'est toujours au moment où il a cessé de suivre ses conseils.

J'ai dit combien la cour, pendant ce voyage, fut brillante d'étrangers. Avec le prince primat on pouvait trouver un peu de conversation. Il avait de la politesse, il était assez bel esprit, et il aimait à rappeler les années de sa jeunesse, où il avait eu des liaisons à Paris avec tous les gens de lettres du temps. Le grand-duc de Wurtzbourg, qui resta à Fontainebleau tout le temps, montrait de la bonhomie et mettait chacun fort à l'aise. Il était passionné de musique et avait une voix de chantre de cathédrale; mais il se divertissait tant lorsqu'on le mettait pour une partie dans quelque morceau de musique, qu'on ne se sentait pas le courage de détruire son plaisir en en souriant. Les princes de Mecklembourg, après les deux que je viens de citer, étaient ceux auxquels on donnait le plus de soins. Tous deux étaient jeunes, d'une grande politesse, et même un peu obséquieux pour tout le monde. L'empereur leur imposait beaucoup. La magnificence de sa cour les éblouissait, et, subjugués par cette puissance et par le faste imposant qu'on déployait, ils admiraient sans cesse et courtisaient jusqu'au moindre chambellan. Le prince de Mecklembourg-Strélitz, frère de la reine de Prusse, assez sourd, avait plus de peine à communiquer ses idées ; mais le prince de Mecklembourg-Schwérin, jeune aussi, d'une assez jolie figure, montrait une affabilité constante. Il venait pour tâcher d'obtenir le départ des garnisons françaises qui occupaient ses États. L'empereur l'amusait par de belles promesses ; il témoignait ses désirs à l'impératrice, qui l'accueillait avec la patience la plus gracieuse. Cette complaisance continue qui la distinguait, son aimable visage, sa taille charmante, l'élégance soutenue de sa personne, ne furent pas sans effet sur le prince. On vit, ou on crut voir, qu'il paraissait un peu occupé de notre souveraine. Elle en riait et s'en amusait doucement. Bonaparte en rit aussi, pour plus tard en prendre un peu d'humeur. Cela arriva après son retour du petit voyage qu'il fit en Italie à la fin de l'automne. Il est certain qu'à la fin de leur séjour à Paris les deux princes furent moins bien traités. Je ne crois point que Bonaparte eût des inquiétudes sérieuses, mais il ne voulait être le sujet d'aucune plaisanterie. Le prince a sans doute gardé quelque souvenir de l'impératrice ; car elle m'a conté que, lors du divorce, l'empereur lui proposa, si elle voulait se remarier, de prendre le prince de Mecklembourg pour époux, et qu'elle s'y refusa. Je ne sais même si elle ne m'a pas dit que le prince avait écrit pour le demander.

Tous les princes, et une foule d'autres moins importants, n'étaient point admis à la table de l'empereur tous les jours. Ils y étaient invités quand il lui plaisait; les autres fois ils dînaient chez les reines, chez les ministres, le grand maréchal ou la dame d'honneur. Madame de la Rochefoucauld avait un grand appartement où se réunissaient les étrangers. Elle les recevait avec aisance, et on y passait son temps assez agréablement. C'est un singulier spectacle que celui d'une cour. On y voit les plus grands personnages, pris dans les plus hautes classes de la société, on y suppose à chacun des intérêts sérieux, et cependant le silence, imposé par la prudence et l'usage, y force tout le monde à s'y tenir dans les bornes d'une conversation la plus insignifiante possible ; et sou-

vent les princes et les grands, n'osant pas y pa
raître hommes, consentent à y agir comme des en
fants. Cette réflexion se faisait avec plus d
force à Fontainebleau qu'ailleurs. Tous ces grand
étrangers s'y voyaient attirés par la force. Tous
plus ou moins vaincus ou dépossédés, ils y ve
naient implorer ou grâce ou justice; dans un de
coins du château, ils savaient que leur destinée s
décidait en silence; et tous, avec un aspect parei
affectant de la bonne humeur et une entière li
berté d'esprit, ils couraient la chasse, s'abandon
naient à tout ce qu'on exigeait d'eux; et ce qu'o
exigeait, faute d'en pouvoir faire autre chose e
pour n'avoir ni à les écouter ni à leur répondre
était qu'ils dansassent, qu'ils jouassent au colir
maillard, etc. Combien il m'est arrivé de me voi
au piano chez madame de la Rochefoucauld
jouant, à sa prière, des danses italiennes, qu
la présence de cette jolie Italienne mettait à l
mode! Je voyais passer en cercle et danser pêle
mêle devant moi princes, électeurs, maréchau
ou chambellans, vainqueurs ou vaincus, nobles e
bourgeois, enfin tous les quartiers d'Allemagne e
pendant des sabres révolutionnaires ou de nos ha
bits chamarrés, qui faisaient notre illustration, i

lustration plus solide à cette époque que celle de tant de vieux parchemins, dont on peut dire que la fumée de nos canons avait presque entièrement effacé les caractères. Je faisais, à part moi, souvent de sérieuses réflexions sur ce que je voyais sous mes yeux, mais je me serais bien gardée de les communiquer à mes compagnons, et je n'aurais pas osé sourire ni d'eux, ni de moi. « Voilà la science des courtisans, dit Sully. Ils sont convenus entre eux que, couverts des masques les plus grossiers, ils ne se paraîtraient pourtant point risibles les uns aux autres. »

C'est lui qui dit encore : « Le vrai grand homme sait être tour à tour, et suivant les occasions, tout ce qu'il faut être : maître ou égal, roi ou citoyen. Il ne perd rien à s'abaisser ainsi dans le particulier, pourvu que, hors de là, il se montre également capable des affaires politiques et militaires ; le courtisan se souvient toujours qu'il est avec son maître. »

L'empereur n'avait aucune disposition à adopter une pareille vérité, et, par calcul comme par goût, il se gardait bien de se détendre jamais de sa royauté. Peut-être aussi qu'un usurpateur ne pourrait pas le faire si impunément qu'un autre.

Lorsque l'heure annonçait qu'il fallait quitter les jeux enfantins pour se présenter chez lui, alors l'aisance s'effaçait de tous les visages. Chacun, reprenant son sérieux, s'acheminait lentement et cérémonieusement vers les grands appartements. On entrait, en se donnant la main, dans l'antichambre de l'impératrice. Un chambellan annonçait. Plus ou moins longtemps après, on était reçu; quelquefois seulement les entrées, ou tout le monde. On se rangeait en silence comme je l'ai dit, on écoutait les paroles vagues et rares que l'empereur adressait à chacun. Ennuyé comme nous, il demandait les tables de jeu; on s'y plaçait par contenance, et, peu après, l'empereur disparaissait. Presque tous les soirs, il faisait appeler M. de Talleyrand et veillait longtemps avec lui.

L'état de l'Europe fournissait alors à leurs conversations, et sans doute en faisait le sujet ordinaire. L'expédition des Anglais en Danemark avait vivement irrité l'empereur. L'impossibilité où il s'était trouvé de secourir cet allié, l'incendie de la flotte danoise, le blocus que les vaisseaux anglais établissaient partout, l'animaient à chercher de son côté des moyens de leur nuire et, il exigeait

CHAPITRE VINGT-SIXIÈME.

plus sévèrement que jamais que ses alliés se dévouassent à sa vengeance. L'empereur de Russie, qui avait fait des démarches pour la paix générale, ayant été repoussé par le ministère anglais, se jeta alors avec une entière affection dans le parti de Bonaparte. Le 26 octobre, il fit une déclaration qui annonçait qu'il rompait toute communication avec l'Angleterre jusqu'au moment où elle traiterait de la paix avec nous. Son ambassadeur, le comte de Tolstoï, arriva à Fontainebleau peu après; il y fut reçu avec de grands honneurs et nommé du voyage.

Vers le commencement de ce mois, une rupture avait éclaté entre nous et le Portugal. Le prince régent de ce royaume[1] ne se prêtait point à ces prohibitions continentales qui fatiguaient les peuples. Bonaparte s'emporta; des notes violentes contre la maison de Bragance parurent dans nos journaux, les ambassadeurs furent rappelés, et notre armée entra en Espagne pour marcher vers Lisbonne. Ce fut Junot qui en eut le commandement. Un peu plus tard, c'est-à-dire au mois de novembre, le prince régent, voyant qu'il ne pou-

---

1. La reine sa mère vivait encore, mais elle était folle.

vait apporter de résistance à une telle invasion, prit le courageux parti d'émigrer de l'Europe et d'aller régner au Brésil. Il s'embarqua le 29 novembre.

Le gouvernement espagnol s'était bien gardé de s'opposer au passage des troupes françaises sur son territoire. Il s'ourdissait alors un nombre considérable d'intrigues entre la cour de Madrid et celle de France. Depuis longtemps, il s'était formé une correspondance intime entre le prince de la Paix et Murat. Le prince, maître absolu de l'esprit de son roi, ennemi acharné de l'héritier du trône, l'infant Ferdinand, s'était dévoué à Bonaparte et le servait avec zèle. Il promettait sans cesse à Murat de le satisfaire sur tout ce qu'on exigerait de lui, et celui-ci, en réponse, était chargé de lui promettre une couronne, je ne sais quel royaume des Algarves, et un appui solide de notre part. Une foule d'intrigants, soit français, soit espagnols, se mêlaient à tout cela. Ils trompaient Bonaparte et Murat sur le véritable esprit de l'Espagne, ils cachaient soigneusement que le prince de la Paix y fût détesté. En ayant gagné ce ministre, on se croyait maître du pays, et on entrait volontairement dans une foule d'erreurs qu'il a fallu, depuis, payer bien cher. M. de Talleyrand n'était pas toujours consulté ou cru sur cet article. Mieux informé que Murat, il entretenait souvent l'empereur du véritable état des choses ; mais on le soupçonnait de jalousie contre Murat; celui-ci disait que c'était pour lui nuire qu'il doutait des succès dont le prince de la Paix répondait, et Bonaparte se laissa séduire à tant d'intrigues. On a dit que le prince de la Paix avait fait d'énormes présents à Murat; que celui-ci se flattait qu'après avoir trompé le ministre espagnol, et par son moyen excité la rupture entre le roi d'Espagne et son fils, et enfin amené la révolution qu'on souhaitait, il aurait pour sa récompense le trône d'Espagne, et, ébloui par cet avenir, il se gardait bien de douter de tout ce qu'on lui mandait pour flatter sa passion. Il arriva qu'il se forma, tout à coup, une conspiration à Madrid contre le roi ; on sut y faire entrer le prince Ferdinand dans les rapports qu'on fit au roi, et, soit qu'elle fût réelle, ou bien seulement une malheureuse intrigue contre les jours du jeune prince, elle fut publiée après sa découverte avec un grand bruit. Le roi d'Espagne, ayant soumis son fils au jugement d'un tribunal, se laissa désarmer par des lettres d'excuses que la peur dicta à l'infant, lettres qui publièrent son crime, vrai ou prétendu, et cette cour n'en demeura pas moins dans un déplorable état d'agitation. Le roi était d'une faiblesse extrême et infatué de son ministre, qui dirigeait la reine avec toute l'autorité d'un maître et d'un ancien amant. Celle-ci détestait son fils, auquel la nation espagnole s'attachait par suite de la haine qu'inspirait le prince de la Paix. Il y avait dans cette situation de quoi flatter les espérances de la politique de l'empereur. Qu'on y ajoute l'état du pays même : la médiocrité du corps abâtardi de la noblesse, l'ignorance du peuple, l'influence du clergé, les obscurités de la superstition, un état de finances misérable, l'influence que le gouvernement anglais voulait exercer, l'occupation du Portugal par les Français, et on conclura qu'un pareil état menaçait d'un désordre prochain.

J'avais souvent entendu M. de Talleyrand parler dans ma chambre à M. de Rémusat de la situation de l'Espagne. Une fois, en nous entretenant de l'établissement de la dynastie de Bonaparte : « C'est, nous dit-il, un mauvais voisin pour lui qu'un prince de la maison de Bourbon, et je ne crois pas qu'il puisse le conserver. » Mais, à cette époque de 1807, M. de Talleyrand, très bien informé de la véritable disposition de l'Espagne, était d'avis que, loin d'y intriguer par le moyen d'un homme aussi médiocre et aussi mésestimé que le prince de la Paix, il fallait gagner la nation en le faisant chasser; et, si le roi s'y refusait, lui faire la guerre, prendre parti contre lui pour son peuple, et, selon les événements qui surviendraient, ou détrôner absolument toute la race de Bourbon, ou seulement la compromettre au profit de Bonaparte, en mariant le prince Ferdinand à quelque fille de la famille. C'était même alors vers ce dernier avis qu'il penchait, et il faut lui rendre justice : il prédisait même alors à l'empereur qu'il ne retirerait que des embarras d'une autre marche. Un des grands torts de l'esprit de Bonaparte, je ne sais si je ne l'ai pas déjà dit, était de confondre tous les hommes au seul nivellement de son opinion, et de ne point croire aux différences que les mœurs et les usages apportent dans les caractères. Il jugeait des Espagnols comme de toute autre nation. Comme il savait qu'en France les progrès de l'incrédulité avaient amené à l'indifférence à l'égard des prêtres, il se persuadait qu'en tenant au delà des Pyrénées le langage philosophique qui avait précédé la révolution française, on verrait les habitants de l'Espagne suivre le mouvement qu'avaient soulevé les Français. « Quand j'apporterai, disait-il, sur ma bannière les mots *liberté, affranchissement de la superstition, destruction de la noblesse,* je serai reçu comme je le fus en Italie, et toutes les classes vraiment nationales seront avec moi. Je tirerai de leur inertie des peuples autrefois généreux; je leur développerai les progrès d'une industriel qui accroîtra leurs richesses, et vous verrez qu'on me regardera comme le libérateur de l'Espagne. » Murat mandait une partie de ces paroles au prince de la Paix, qui ne manquait point d'assurer qu'un tel résultat était, en effet, très probable. M. de Talleyrand parlait en vain; on ne l'écouta point. Cela fut un premier échec donné à son crédit, qui l'ébranla d'abord imperceptiblement, mais dont ses ennemis profitèrent. M. Maret s'efforça de dire comme Murat, voyant que c'était flatter l'empereur; le ministre des relations extérieures, humilié d'être réduit à des fonctions dont M. de Talleyrand lui enlevait les plus belles parties, se crut obligé de prendre et de soutenir une autre opinion que la sienne; l'empereur, ainsi circonvenu, se laissa abuser, et, quelques mois après, s'embarqua dans cette perfide et déplorable entreprise.

Tandis que je demeurais à Fontainebleau, mes relations avec M. de Talleyrand se multiplièrent beaucoup. Il venait souvent dans ma chambre, il s'y amusait des observations que je faisais sur notre cour, et il me livrait les siennes, qui étaient plaisantes. Quelquefois aussi nos conversations prenaient un tour sérieux. Il arrivait fatigué ou même mécontent de l'empereur; il s'ouvrait alors un peu sur les vices plus ou moins cachés de son caractère, et, m'éclairant par une lumière vraiment funeste, il déterminait mes opinions encore flottantes et me causait une douleur assez vive. Un soir que, plus communicatif que de coutume, il me contait quelques anecdotes que j'ai rapportées dans le cours de ces cahiers, et qu'il appuyait fortement sur ce qu'il nommait la *fourberie* de notre maître, le représentant comme incapable d'un sentiment généreux, il fut étonné tout à coup de voir qu'en l'écoutant je répandais des larmes. « Qu'est-ce? me dit-il; qu'avez-vous ?
— C'est, lui répondis-je, que vous me faites un

mal réel. Vous autres politiques, vous n'avez pas besoin d'aimer qui vous voulez servir ; mais moi, pauvre femme, que voulez-vous que je fasse du dégoût que vos récits m'inspirent, et que deviendrai-je, quand il faudra demeurer où je suis sans pouvoir y conserver une illusion? — Enfant que vous êtes, reprit M. de Talleyrand, qui voulez toujours mettre votre cœur dans tout ce que vous faites! Croyez-moi, ne le compromettez pas à vous affectionner à cet homme-ci, mais tenez pour sûr qu'avec tous ses défauts il est encore aujourd'hui très nécessaire à la France, qu'il sait maintenir, et que chacun de nous doit y faire son possible. Cependant, ajouta-t-il, s'il écoute les beaux avis qu'on lui donne aujourd'hui, je ne répondrais de rien. Le voilà enferré dans une intrigue pitoyable. Murat veut être roi d'Espagne ; ils enjôlent le prince de la Paix et veulent le gagner, comme s'il avait quelque importance en Espagne. C'est une belle politique à l'empereur que d'arriver dans un pays avec la réputation d'une liaison intime entre lui et un ministre détesté ! Je sais bien qu'il trompe ce ministre, et qu'il se rejettera loin de lui quand il s'apercevra qu'il n'en a que faire ; mais il aurait pu s'épargner les frais de cette méprisable perfidie. L'empereur ne veut pas voir qu'il était appelé par sa destinée à être partout et toujours *l'homme des nations*, le fondateur des nouveautés utiles et possibles. Rendre la religion, la morale, l'ordre à la France, applaudir à la civilisation de l'Angleterre en contenant sa politique, fortifier ses frontières par la confédération du Rhin, faire de l'Italie un royaume indépendant de l'Autriche et de lui-même, tenir le czar enfermé chez lui en créant cette barrière naturelle qu'offre la Pologne : voilà quels devaient être les desseins éternels de l'empereur, et ce à quoi chacun de mes traités le conduisait. Mais l'ambition, la colère, l'orgueil, et quelques imbéciles qu'il écoute, l'aveuglent souvent. Il me soupçonne dès que je lui parle *modération*, et, s'il cesse de me croire, vous verrez quelque jour par quelles imprudentes sottises il se compromettra, lui et nous. Cependant j'y veillerai jusqu'à la fin. Je me suis attaché à cette création de son empire ; je voudrais qu'elle tînt comme mon dernier ouvrage, et, tant que je verrai jour à quelque succès de mon plan, je n'y renoncerai point. »

La confiance que M. de Talleyrand commençait à prendre en moi me flattait beaucoup. Il put voir bientôt combien cette confiance était fondée, et que, par suite de mon goût et de mes habitudes, j'apporterais dans le commerce de notre amitié une sûreté complète. Je parvins de cette manière à lui procurer le plaisir de pouvoir s'épancher sans inquiétude, et cela quand sa volonté seule l'y portait; car je ne provoquais jamais ses confidences, et je m'arrêtais là où il lui plaisait de s'arrêter. Comme il était doué d'un tact très fin, il démêla promptement ma réserve, ma discrétion, et ce fut un nouveau lien entre nous. Souvent, quand ses affaires ou nos devoirs nous laissaient un peu de liberté, il venait dans ma chambre, où nous demeurions assez longtemps tous trois. A mesure que M. de Talleyrand prenait plus d'amitié pour moi, je me sentais plus à l'aise avec lui; je rentrais dans les formes ordinaires de mon caractère; cette petite prévention dont j'ai parlé se dissipait, et je me livrais au plaisir d'autant plus vif pour moi, que ce plaisir se trouvait dans les murs d'un palais où la préoccupation, la peur et la médiocrité s'unissaient pour éteindre toute communication entre ceux qui l'habitaient.

Cette liaison, au reste, nous devint alors fort utile. M. de Talleyrand, comme je l'ai dit, entretint l'empereur de nous et lui persuada que nous étions très propres à tenir une grande maison et à recevoir comme il le fallait les étrangers qui ne devaient pas manquer désormais d'abonder à Paris. Aussi l'empereur se détermina-t-il à nous donner les moyens de nous établir à Paris d'une manière brillante. Il augmenta le revenu de M. de Rémusat, à condition qu'à son retour à Paris il tiendrait une maison. Il le nomma surintendant des théâtres impériaux. M. de Talleyrand fut chargé de nous annoncer ces faveurs, et je me sentis très heureuse de les lui devoir. Ce moment a été le plus beau de notre situation, parce qu'il nous ouvrait une existence agréable, de l'aisance, des occasions d'amusement. Nous reçûmes beaucoup de compliments, et nous éprouvâmes ce plaisir, le premier, le seul d'une vie passée à la cour, je veux dire celui d'obtenir une sorte d'importance.

Au milieu de toutes ces choses, l'empereur ne laissait pas de travailler toujours, et presque chaque jour publiait quelques-uns de ses décrets. Il y en avait d'utiles; par exemple, il augmenta les succursales dans les départements, il paya davantage les curés, il rétablit les sœurs de la

Charité. Il fit rendre un sénatus-consulte qui déclarait les juges inamovibles au bout de cinq ans. Il se montrait attentif aussi à encourager le moindre effort du talent, surtout quand sa gloire était le but de cet effort. On donna à l'Opéra de Paris *le Triomphe de Trajan*, dont le poème était composé par Esménard, qui, ainsi que le musicien, reçut des gratifications. L'ouvrage renfermait de grandes applications ; on y avait représenté Trajan brûlant de sa main des papiers qui renfermaient le secret d'une conspiration. Cela rappelait ce que Bonaparte avait fait à Berlin. Le triomphe même fût représenté avec une pompe magnifique ; les décorations étaient superbes ; le triomphateur se montrait sur un char traîné par quatre chevaux blancs ; tout Paris courut à ce spectacle ; les applaudissements furent nombreux, et ils charmèrent l'empereur. Peu après, on représenta l'opéra de M. de Jouy et du musicien Spontini : *la Vestale*. Cet ouvrage, très bien conduit pour le poème et remarquable par la musique, renfermait encore un triomphe qui réussit bien, et les auteurs eurent aussi leur récompense.

Durant ce voyage, l'empereur nomma M. de Caulaincourt ambassadeur à Pétersbourg. Celui-ci eut beaucoup de peine à le déterminer à accepter cette mission ; il en coûtait à M. de Caulaincourt de se séparer d'une personne qu'il aimait, et il refusa avec fermeté. Mais Bonaparte, à force de paroles affectueuses, le détermina enfin, en lui promettant que ce brillant exil ne durerait que deux ans. On accorda au nouvel ambassadeur une somme énorme pour les frais de son établissement. Il devait toucher de sept à huit cent mille francs de traitement. L'empereur lui prescrivait d'effacer le luxe de tous les autres ambassadeurs. A son arrivée à Pétersbourg, M. de Caulaincourt trouva d'abord d'assez grands embarras. Le crime de la mort du duc d'Enghien laissait une tache sur son front. L'impératrice mère ne voulut point le voir; nombre de femmes se refusaient à ses avances. Le czar l'accueillit bien, prit peu à peu du goût pour lui, et même, après, une véritable amitié ; et, à son exemple, on finit par se montrer moins sévère. Quand l'empereur sut qu'un pareil souvenir avait influé sur la situation de son ambassadeur, il s'en étonna beaucoup : « Quoi! disait-il, on se souvient de cette vieille histoire? » La même parole lui est échappée toutes les fois qu'il a retrouvé qu'en effet on ne l'avait point oubliée; et cela est arrivé plus d'une fois. Et souvent il ajoutait : « Quel enfantillage! mais pourtant ce qui est fait est fait[1]. »

Le prince Eugène était archichancelier d'État. On confia le soin de le remplacer à M. de Talleyrand dans les fonctions attribuées à cette place. Celui-ci réunissait alors dans sa personne un assez bon nombre de dignités. L'empereur aussi commença à accorder des dotations à ses maréchaux et à ses généraux, et à fonder ces fortunes qui parurent immenses et qui devaient disparaître avec lui. On se trouvait à la tête, en effet, d'un revenu considérable; on se voyait déclarer le propriétaire d'un nombre étendu de lieues de terrain, soit en Pologne, en Hanovre ou en Westphalie. Mais il y avait de grandes difficultés à toucher les revenus. Les pays conquis se prêtaient peu à les donner. On envoyait des gens d'affaires qui éprouvaient de grands embarras. Il fallait faire des transactions, se contenter d'une partie des sommes promises. Cependant, le désir de plaire à l'empereur, le goût du luxe, une confiance

---

[1] Sans croire comme l'empereur qu'un tel événement devait être oublié, on est confondu en pensant que trois ans et demi seulement avaient passé sur ce meurtre. (P. R.)

imprudente dans l'avenir faisaient qu'on montait sa dépense sur le revenu présumé qu'on attendait. Les dettes s'accumulaient; la gêne se glissait au milieu de cette prétendue opulence; le public supposait des fortunes immenses là où il voyait une extrême élégance, et cependant rien de sûr, de réel, ne fondait tout cela. Nous avons vu sans cesse la plupart des maréchaux, pressés par leurs créanciers, venir solliciter des secours que l'empereur accordait selon sa fantaisie ou l'intérêt qu'il trouvait à s'attacher tel ou tel. Les prétentions sont devenues extrêmes, et peut-être le besoin de les satisfaire est-il entré dans quelques-uns des motifs des guerres qui ont suivi. Le maréchal Ney acheta une maison; l'achat et la dépense qu'il y fit lui coûtèrent plus d'un million, et il exprima souvent des plaintes de la gêne qu'il éprouvait après une pareille dépense. Il en fut de même du maréchal Davout. L'empereur leur ordonnait à tous cet achat d'un hôtel, qui entraînait les frais des plus magnifiques établissements. Les riches étoffes, les meubles précieux ornaient ces demeures, les vaisselles brillaient sur leurs tables, leurs femmes resplendissaient de pierreries; les équipages, les toilettes se montaient à l'avenant. Ce faste plaisait à Bonaparte, satisfaisait les marchands, éblouissait tout le monde et tirait chacun de sa sphère ordinaire, augmentait la dépendance, enfin remplissait parfaitement les intentions de celui qui le fondait.

Pendant ce temps, l'ancienne noblesse de France, vivant simplement, rassemblant ses débris, ne se trouvant obligée à rien, parlait avec vanité de sa misère, rentrait peu à peu dans ses propriétés et se ressaisissait de ces fortunes que nous lui voyons étaler aujourd'hui. Les confiscations de la Convention nationale n'ont pas été toujours fâcheuses pour la noblesse française, surtout quand ses biens n'ont point été vendus. Avant la Révolution, elle se trouvait fort endettée, car le désordre était une des élégances de nos anciens grands seigneurs. L'émigration et les lois de 1793, en les privant de leurs propriétés, les affranchissaient de leurs créanciers et d'une certaine quantité de charges affectées aux grandes maisons, et, en retrouvant leurs biens, ils profitaient de cette libération. Je me souviens que M. Gaudin, ministre des finances, conta une fois, devant moi, que, l'empereur lui demandant quelle était en France la classe la plus imposée, le mi-

CHAPITRE VINGT-SIXIÈME.

nistre lui répondit que c'était encore celle de l'ancienne noblesse. Bonaparte en fut comme effrayé, et lui répondit : « Mais il faudrait pourtant prendre garde à cela. »

Il s'est fait sous l'Empire un assez bon nombre de fortunes médiocres ; beaucoup de gens, de militaires surtout, qui n'avaient rien auparavant, se trouvaient possesseurs de dix, quinze ou vingt mille livres de rente, parce qu'à mesure qu'on était moins sous les yeux de l'empereur on pouvait vivre davantage à sa fantaisie et mettre de l'ordre dans ses revenus. Mais il reste peu de ces immenses fortunes, si gratuitement supposées aux grands de sa cour, et sur ce point, comme sur beaucoup d'autres, le parti qui, au retour du roi, pensait qu'on enrichirait l'État en s'emparant des trésors qu'on supposait amassés sous l'Empire, conseillait une mesure arbitraire et vexatoire qui n'aurait eu aucun résultat.

Ma famille eut, à cette époque, part aux générosités de l'empereur. Mon beau-frère, le général Nansouty, eut le grand cordon de la Légion d'honneur. De premier chambellan de l'impératrice, il devint peu après premier écuyer, et remplaça M. de Caulaincourt en son absence ; il reçut une dotation en Hanovre, que l'on portait à trente mille francs sur le papier, et cent mille francs pour l'achat d'une maison, qui pouvait, s'il le voulait, valoir davantage, mais qui deviendrait inaliénable par le fait de ces cent mille francs qui auraient aidé à l'acquisition.

CHAPITRE XXVII.

(1807-1808.)

Projets de divorce.

J'ai cru devoir faire un chapitre à part de ce qui se passa à Fontainebleau à cette époque, relativement au divorce. Quoique l'empereur, depuis quelques années, ne rappelât à sa femme ce projet que dans les moments où il avait quelque querelle avec elle, et que ces occasions fussent rares, à cause de l'adresse et de la condescendance de l'impératrice, cependant il est très vraisemblable qu'il roulait toujours dans sa tête au moins quelque plan vague d'en venir un jour à un pareil éclat. La mort du fils aîné de Louis l'avait frappé; ses victoires, en accroissant sa puissance, étendaient ses idées de grandeur, et sa politique, comme sa vanité, trouvait son compte dans une alliance avec quelque souverain de l'Europe. Le bruit avait d'abord couru que Napoléon jetterait les yeux sur la fille du roi de Saxe; mais cette princesse ne lui aurait point apporté des liens de parenté qui eussent ajouté à son autorité continentale. Le roi de Saxe ne régnait plus que parce que la France l'y avait autorisé. D'ailleurs, sa fille avait alors au moins trente ans, et n'était nullement belle. Bonaparte, au retour de Tilsit, en parla à sa femme de manière à la rassurer complètement. Les conférences de Tilsit exaltèrent assez justement l'orgueil de Napoléon; l'engouement dont le jeune czar fut saisi pour lui, l'assentiment qu'il donna à quelques-uns de ses projets, particulièrement au démembrement du royaume d'Espagne, sa complaisance à l'égard des volontés de son nouvel allié, tout put contribuer à faire naître dans l'esprit de celui-ci certains projets relatifs à une alliance plus intime. Il s'en ouvrit sans doute à M. de Talleyrand, mais je ne crois point qu'on en glissât la moindre chose au czar; et tout cela demeura encore remis à un avenir plus ou moins éloigné, selon les circonstances.

L'empereur revint en France. En se rapprochant de sa femme, il retrouva près d'elle cette sorte d'attachement qu'elle lui inspirait réellement, et qui le gênait bien quelquefois, en le rendant accessible à un certain malaise quand il l'avait fortement affligée.

Une fois, en causant avec elle des différends du roi de Hollande avec sa femme, de la mort du jeune Napoléon et de la santé délicate du seul garçon qui leur restât, il l'entretint de la nécessité où peut-être, un jour, il pourrait se trouver de prendre une femme qui lui donnât des enfants. Il montra quelque émotion en développant un pareil sujet, et il ajouta : « Si pareille chose arrivait, Joséphine, alors ce serait à toi de m'aider à un tel sacrifice. Je compterais sur ton amitié pour me sauver de tout l'odieux de cette rupture forcée. Tu prendrais l'initiative, n'est-ce pas? et, entrant dans ma position, tu aurais le courage de décider toi-même de ta retraite? » L'impératrice connaissait trop bien le caractère de son époux pour lui faciliter d'avance, par une parole imprudente, une démarche qu'elle repoussait autant qu'elle le pouvait. Aussi, dans cet entretien, loin de lui donner l'espérance qu'elle contribuerait à affaiblir par sa conduite l'effet d'un pareil éclat, elle l'assura qu'elle obéirait à ses ordres, mais que jamais elle n'en préviendrait aucun. Elle fit cette réponse même avec un ton calme et assez digne qu'elle-

savait fort bien prendre vis-à-vis de Bonaparte et qui n'était pas sans effet.

« Sire, lui dit-elle (car il est à remarquer que depuis qu'il régnait, même dans le tête-à-tête, elle s'était accoutumée à lui parler avec des formes presque toujours cérémonieuses), vous êtes le maître, et vous déciderez de mon sort. Quand vous m'ordonnerez de quitter les Tuileries, j'obéirai à l'instant ; mais c'est bien le moins que vous l'ordonniez d'une manière positive. Je suis votre femme, j'ai été couronnée par vous en présence du pape ; de tels honneurs valent bien qu'on ne les quitte pas volontairement. Si vous divorcez, la France entière saura que c'est vous qui me chassez, et elle n'ignorera ni mon obéissance, ni ma profonde douleur. » Cette manière de répondre, qui fut toujours la même, ne blessa point l'empereur, et parut même quelquefois l'émouvoir; car, en revenant, en diverses occasions, sur ce sujet, il laissait assez souvent échapper des larmes, et paraissait réellement agité par des passions contraires.

Madame Bonaparte, qui se rendait si bien maîtresse d'elle-même devant lui, en me racontant tout ceci, se livrait à une extrême inquiétude.

Quelquefois, elle pleurait amèrement; dans d'autres moments elle se récriait sur l'ingratitude d'un pareil abandon. Elle rappelait que, lorsqu'elle avait épousé Bonaparte, il s'était cru fort honoré de son alliance, et qu'il était odieux de la repousser de son élévation, quand elle avait consenti à partager sa mauvaise fortune. Il lui arrivait même de s'exalter l'imagination au point de laisser échapper des inquiétudes sur son existence personnelle. « Je ne lui céderai jamais, disait-elle ; je me conduirai certainement comme sa victime; mais, si j'arrive à le trop gêner, qui sait ce dont il est capable, et s'il résisterait au besoin de se défaire de moi? » Quand elle proférait de semblables paroles, je faisais mille efforts pour calmer son imagination ébranlée, qui sans doute l'entraînait trop loin. Quelque opinion que j'aie sur la facilité avec laquelle Bonaparte savait se déterminer aux nécessités politiques, je ne crois nullement qu'il fût capable de concevoir et d'exécuter les noirs calculs dont elle le soupçonnait alors. Mais il avait agi de manière, dans diverses occasions, et surtout parlé souvent dans des termes tels, qu'il donnait le droit à l'exaltation d'un profond mécontentement de concevoir de semblables soupçons, et quoique j'atteste bien solennellement que, dans ma conscience intime, je ne pense point qu'il eût abordé jamais ce moyen de sortir d'embarras, cependant ma seule réponse aux vives inquiétudes de l'impératrice ne pouvait être que celle-ci : « Madame, soyez sûre qu'il n'est pas capable d'aller jusque-là. »

Je m'étonnais, à part moi, qu'une femme tellement désenchantée sur son époux, dévorée d'un sinistre soupçon, détachée alors de toute affection, assez indifférente à la gloire, pût tenir si fortement aux jouissances d'une royauté si précaire. Mais, voyant que rien n'arriverait à l'en dégoûter, je me contentais, comme par le passé, de l'engager à garder un profond silence et à demeurer avec l'empereur dans son attitude calme, attristée, mais déterminée, qui, en effet, était le seul moyen d'écarter ou de retarder l'orage. Il savait que sa femme était généralement aimée; tous les jours l'opinion publique se séparait davantage de lui, et il craignait de la froisser encore. L'impératrice, quand elle confiait à sa fille ses peines, comme je l'ai déjà dit, ne trouvait pas une personne très disposée à la comprendre. Depuis la perte de son enfant, les souffrances de la vanité lui causaient encore plus de surprise, et presque toujours sa seule réponse à sa mère était celle-ci : « Comment peut-on regretter un trône? » Madame de la Rochefoucauld, à qui madame Bonaparte s'ouvrait aussi, était, comme je l'ai dit, un peu légère, et glissait le plus qu'elle pouvait sur tout. C'était donc moi qui portais habituellement le poids de ses confidences. L'empereur s'en doutait, et à cette époque ne m'en sut point mauvais gré. Je sais même qu'il a dit à M. de Talleyrand : « Il faut convenir que l'impératrice est bien conseillée. » Quand ses passions en donnaient le temps à son esprit, il jugeait sainement même certaines conduites qui le gênaient[1], pourvu qu'elles ne le gênassent qu'un peu ; et, dans le fond, il avait le sentiment

---

1. Mon père a souvent cité cette réflexion, et plusieurs analogues qui se trouvent dans ces mémoires, pour prouver qu'il était plus possible qu'on ne l'a dit de résister utilement à l'empereur, et que celui-ci était capable de supporter, parfois, la contradiction. L'impossibilité de l'arrêter dans ses projets, ou même de le faire hésiter, est le meilleur argument de ses serviteurs pour expliquer, ou excuser, leur docilité. Il est probable pourtant qu'une résistance plus fréquente eût agi sur lui, et qu'il pouvait la comprendre et l'accepter, dans certains moments. La difficulté était sans doute de discerner ces moments et de ménager, sinon sa colère, du moins sa vanité. Mon père tenait, de ceux qui avaient souvent causé avec lui, qu'on y pouvait réussir, et que ceux qui le flattaient dans le tête-à-tête étaient impardonnables. Son esprit, en général pénétrant et juste, le forçait à s'incliner, en passant tout au moins, devant la vérité. Il avait même une cer-

intime qu'il surmonterait, quand il le voudrait, les légers obstacles qu'on lui opposait. Il permettait qu'on jouât son jeu, quand il apercevait que, en dernier ressort, il n'en gagnerait pas moins la partie.

Cependant on partit pour Fontainebleau. Les fêtes, la présence des princes étrangers, et encore plus le drame que Bonaparte préparait pour l'Espagne, firent naître des distractions qui ne lui per-

taine impartialité dont il aimait à faire parade. J'en connais deux exemples qui méritent d'être imprimés. Le premier se rapporte à une conversation tenue entre l'empereur et le fils de madame de Staël, précisément à ce retour d'Italie, le 28 décembre 1807. Bourrienne, dans ses mémoires, paraît en avoir raconté exactement les principaux traits. C'est en sortant de cet entretien que l'empereur disait : « Comment la famille de Necker peut-elle être pour les Bourbons, dont le premier devoir serait de la faire pendre, si jamais ils revenaient en France! » Voici ce que mon père savait très directement de cette entrevue : « Auguste de Staël m'a raconté qu'une fois, après un exil de sa mère, il avait été obligé de recourir à l'empereur lui-même, pour la réclamation d'une somme, de deux millions, je crois, que Necker avait laissée au trésor public en se retirant, comme garantie de sa gestion. Auguste avait de la justesse et de la facilité, un sentiment moral très élevé, une parfaite rectitude d'intentions et de principes, et, quoique fort jeune, il n'hésita pas à s'acquitter, par la volonté de sa mère, d'une commission assez difficile. Il vit donc l'empereur, lui expliqua son affaire, fut écouté avec attention, et même avec une certaine bienveillance, quoique, au fond, la demande n'ait jamais été accueillie sous le règne de l'empereur. Quand il eut fini, et comme il allait prendre congé : « Et vous, jeune homme, » lui dit Napoléon, que faites-vous? à quoi vous destinez-vous? Il faut être

mirent point de revenir sur un tel sujet, et, d'abord, tout s'y passa assez paisiblement. Ma liaison avec M. de Talleyrand se fortifiait, et l'impératrice s'en réjouissait, parce qu'elle en espérait, dans l'occasion, quelque chose d'utile ou du moins de commode pour elle. J'ai dit qu'alors il y avait quelque peu d'intrigue entre les souverains du duché de Berg et le ministre de la police Fouché. Madame Murat parvenait toujours à brouiller qui se rap-

» quelque chose en ce monde. Quels sont vos projets ? — Sire, je ne
» puis rien être en France. Je ne saurais servir un gouvernement
» qui persécute ma mère. — C'est juste... Mais, alors, comme par
» votre naissance vous pouvez être quelque chose hors de France,
» il faut aller en Angleterre ; car, voyez-vous, il n'y a que deux na-
» tions, la France et l'Angleterre. Le reste n'est rien. » Cette parole était, selon Auguste de Staël, ce qui l'avait le plus frappé dans la conversation de l'empereur. » Il est certain que c'était une grande preuve de liberté d'esprit que ce haut rang parmi les nations donné par l'empereur à l'Angleterre, avec laquelle il ne pouvait pas vivre en paix, et qu'il faisait outrager chaque jour par ses orateurs et ses journaux. Voici le second exemple d'impartialité : « Après la campagne de Torrès-Vedras, racontait mon père, le général Foy fut chargé par ses principaux camarades de l'armée de Portugal de tâcher, en retournant en France, de voir l'empereur, de lui faire connaître le véritable état des choses, et enfin de lui expliquer qu'il fallait un autre général que Masséna, l'âge et de fâcheuses habitudes ayant rendu cet illustre guerrier inférieur à un tel commandement. C'était le maréchal Soult que l'armée eût souhaité pour général. Foy avait les sentiments et la situation que décrit très bien Marmont dans ses *Mémoires*. Il n'avait dû qu'à l'amitié de celui-ci, qui lui donna asile dans son camp, d'échapper à

prochait d'elle avec l'impératrice, et n'épargnait pour cela ni les rapports, ni même l'intrigue. M. de Talleyrand et M. Fouché étaient un peu en défiance et en jalousie l'un de l'autre, et dans ce moment la grande importance du premier faisait ombrage à tous.

Quinze jours ou trois semaines avant la fin du voyage de Fontainebleau, on vit arriver un matin le ministre de la police. Il demeura longtemps dans le cabinet de l'empereur, et, après, il fut in-

quelque mauvaise affaire, lors du procès de Moreau. Il n'aimait pas l'empereur et ne le connaissait pas ; il n'en était ni aimé, ni connu. L'empereur le reçut cependant. Foy s'acquitta de sa commission, lui fit son récit, ses réflexions ; l'empereur l'écouta, l'interrogea, lui parla. A propos de Masséna et de Soult, il passa ses maréchaux en revue, les jugea avec liberté et abandon, comme s'il eût parlé à son intime confident. Ses jugements étaient ceux que l'on connaît. Les uns n'étaient pas sûrs, les autres étaient des *bêtes*; je ne voudrais pas entrer dans le détail, craignant de me tromper. Une fois, et sans préparation, il dit : « Ah çà! dites-
» moi, mes soldats se battent-ils ? — Mais, Sire, comment ?... sans
» doute... — Oui, oui, enfin, ont-ils peur des soldats anglais ? —
» Sire, ils les estiment, mais ils n'en ont pas peur. — Ah ! c'est que
» les Anglais les ont toujours battus... Crécy, Azincourt, Marlbo-
» rough... — Il me semble pourtant, Sire, que la bataille de Fonte-
» noy !... — Ah ! la bataille de Fontenoy !... Aussi est-ce une journée
» qui a fait vivre la monarchie quarante ans de plus qu'elle ne
» l'aurait dû. » L'entretien dura trois heures. Foy se le rappelait avec enchantement, et, « depuis ce jour-là, ajoutait-il, je n'ai pas
» plus aimé l'Empire, mais j'ai admiré passionnément l'empereur ».

(P. R.)

vité à dîner avec lui, ce qui n'arrivait pas à beaucoup de gens. Pendant le dîner, Bonaparte montra une grande gaieté. Je ne sais plus quel genre de divertissement occupa la soirée. Vers minuit, tout le monde venait de se retirer dans le château; tout à coup, un valet de chambre de l'impératrice vint frapper à ma porte; ma femme de chambre lui disant que je venais de me mettre au lit, mais que M. de Rémusat n'avait point encore quitté mon appartement, cet homme répondit que je ne devais point me relever, mais que l'impératrice engageait mon mari à descendre chez elle. Il s'y rendit sur-le-champ; il la trouva échevelée, à demi déshabillée, et avec un visage renversé. Elle renvoya ses femmes, et, s'écriant qu'elle était perdue, elle remit dans les mains de mon mari une longue lettre sur très grand papier, qui était signée de Fouché lui-même. Dans cette lettre, il commençait par protester de son ancien dévouement pour elle, et l'assurait que c'était même par suite de ce sentiment qu'il osait lui faire envisager sa position et celle de l'empereur. Il le lui représentait puissant, au comble de la gloire, maître souverain de la France, mais redevable à cette même France de son présent, et de l'avenir qu'elle lui avait confié. « Il ne faut pas se le dissimuler, Madame, disait-il, l'avenir politique de la France est compromis par la privation d'un héritier de l'empereur. Comme ministre de la police, je suis à portée de connaître l'opinion publique, et je sais qu'on s'inquiète sur la succession d'un tel empire. Représentez-vous quel degré de force aurait aujourd'hui le trône de Sa Majesté s'il était appuyé sur l'existence d'un fils ! » Cet avantage était longuement et habilement développé, et, en effet, il pouvait l'être. Fouché, ensuite, parlait de l'opposition que la tendresse conjugale apportait chez l'empereur à sa politique ; il prévoyait qu'il ne se déciderait jamais à prescrire un si douloureux sacrifice ; il osait donc conseiller à madame Bonaparte de faire elle-même un courageux effort, de se résigner à s'immoler à la France ; et il faisait un tableau très pathétique de l'éclat qu'une action pareille jetterait sur elle et alors, et dans l'avenir. Enfin, cette lettre était terminée par l'assurance positive que l'empereur ignorait cette démarche ; on croyait même qu'elle lui déplairait, et l'impératrice était sollicitée de l'envelopper du plus profond secret.

On peut facilement supposer toutes les phrases plus ou moins oratoires qui ornaient cette lettre qui paraissait avoir été écrite avec soin et réflexion.

La première pensée de M. de Rémusat fut que Fouché n'avait tenté un tel essai que de concert avec l'empereur. Il se garda de communiquer cette idée à l'impératrice, qui s'efforçait visiblement de repousser le soupçon qui la pressait. Mais ses larmes et son agitation prouvaient qu'elle n'osait pas, au moins, compter sur l'empereur dans cette occasion : « Que ferai-je? s'écriait-elle; comment conjurer cet orage?... — Madame, lui dit M. de Rémusat, je vous conseille fort d'aller à cet instant même chez l'empereur, s'il n'est pas couché, ou d'y entrer demain de fort bonne heure. Songez qu'il ne faut pas que vous ayez eu l'air de consulter personne. Faites-lui lire cette lettre, observez-le, si vous pouvez; mais, quoi qu'il en soit, montrez-vous irritée de ce conseil détourné, et déclarez-lui de nouveau que vous n'obéirez qu'à un ordre positif qu'il prononcera lui-même. » L'impératrice adopta cet avis; elle pria mon mari de raconter tout cela à M. de Talleyrand, et de lui rendre ce qu'il en dirait, et, comme il était tard, elle remit au lendemain matin sa conversation avec l'empereur.

Quand elle lui montra la lettre, il affecta une extrême colère. Il assura qu'il ignorait en effet cette démarche, que Fouché avait eu dans cette occasion un zèle mal entendu; que, si le ministre n'était parti pour Paris, il l'aurait fortement tancé; qu'au reste il le punirait si elle le désirait, et que même il irait jusqu'à lui ôter sa place de ministre de la police, pour peu qu'elle exigeât cette réparation. Il accompagna cette déclaration de beaucoup de caresses; mais toute sa manière ne rassura point l'impératrice, qui me raconta, dans la journée, qu'elle l'avait trouvé gêné dans cette explication.

Cependant, mon mari et moi, en nous communiquant nos réflexions, nous voyions très clairement que Fouché avait été lancé par un ordre supérieur dans une telle entreprise, et nous nous disions que, si l'empereur pensait sérieusement au divorce, il n'était guère vraisemblable que nous trouvassions M. de Talleyrand opposé à ce coup d'État. Quelle fut notre surprise de voir que dans ce moment il en fût autrement! M. de Talleyrand nous écouta très attentivement, comme un homme qui ne savait rien de tout ce qui s'était passé. Il trouva la lettre de Fouché inconvenante et ridicule;

il ajouta que l'idée du divorce ne lui paraissait bonne à rien ; il abonda dans mon sens ; il opina pour que l'impératrice répondît au ministre de la police de très haut : « Qu'il ne devait point se mêler d'une pareille affaire, et que, si jamais elle se traitait, ce serait sans intermédiaire ». L'impératrice fut enchantée de ce conseil ; elle fit avec moi une réponse sèche et digne. M. de Talleyrand la lut, l'approuva, nous engagea à la faire voir à l'empereur, qui, disait-il, n'oserait point la désapprouver. C'est, en effet, ce qui arriva, et Bonaparte, point déterminé encore, continua de jouer le même rôle, de montrer une colère toujours croissante, d'éclater en menaces si violentes, de si bien répéter à sa femme qu'il déplacerait le ministre de la police, si elle le souhaitait, que celle-ci, peu à peu tranquillisée et abusée de nouveau, et cessant d'en vouloir à celui qu'elle ne craignait plus, refusa la réparation qui lui était offerte, répondant à son mari qu'il ne fallait point qu'il se privât d'un homme qui lui était utile, et qu'il suffirait de le gronder fortement. Fouché revint à Fontainebleau quelques jours après. En présence de madame Bonaparte, son époux eut soin de le traiter un peu sèchement ; mais le ministre n'en parut nullement gêné, ce qui me confirma de plus en plus dans l'idée qu'il était soutenu. Il répéta de nouveau à l'impératrice tout ce qu'il avait écrit; l'empereur raconta à sa femme qu'il lui disait la même chose : « C'est un excès de zèle, disait-il, il ne faut pas lui en savoir mauvais gré, au fond. Il suffit que nous soyons déterminés à repousser ses avis, et que tu croies bien que je ne pourrais pas vivre sans toi [1] ». Et ces mêmes paroles, Bonaparte les répétait à sa femme, et le jour, et la nuit. Il revenait à elle bien plus que par le passé, par de fréquentes visites nocturnes. Il était réellement agité, il la pressait dans ses bras, il pleurait, il lui jurait la tendresse la plus vive, et dans ces scènes, jouées d'abord, je crois, avec intention, il s'animait peu à peu involontairement et finissait par s'émouvoir et s'attendrir de bonne foi.

Cependant je recevais la confidence de toutes ses paroles; je les rapportais à M. de Talleyrand,

---

1. L'empereur écrivait à Fouché, de Fontainebleau, le 5 novembre 1807, la lettre suivante, qui se rapporte à cet incident : « Monsieur Fouché, depuis quinze jours, il me revient de votre part des folies; il est temps enfin que vous y mettiez un terme, et que vous cessiez de vous mêler, directement ou indirectement, d'une chose qui ne saurait vous regarder d'aucune manière; **telle est ma volonté.** » (P. R.)

qui dictait toujours la conduite qu'il fallait tenir. Tous ses conseils tendaient à éloigner le divorce, et il dirigea très bien madame Bonaparte.

Je ne pouvais m'empêcher de lui témoigner un peu d'étonnement de le voir s'opposer à un projet au fait assez politique, et prendre ainsi les intérêts d'une affaire purement de ménage. Il me répondait qu'elle n'était pas tant *de ménage* que je le croyais bien. « Il n'y a personne, me disait-il, qui, dans ce palais, ne doive désirer que cette femme demeure auprès de Bonaparte. Elle est douce, bonne; elle sait l'art de le calmer; elle entre assez dans les positions de chacun. Elle nous est un refuge en mille occasions. Si nous voyons arriver ici une princesse, vous verrez l'empereur rompre avec toute la cour, et nous serons tous écrasés. » En me donnant cette raison, M. de Talleyrand parvenait à me persuader qu'il était de bonne foi; et, cependant, il ne me parlait point sincèrement et ne me découvrait point tout son secret. Et, tout en répétant qu'il fallait s'entendre pour échapper au divorce, il me demandait souvent ce que je deviendrais, si par hasard l'empereur divorçait. Je lui répondais que, sans balancer un moment, je suivrais le sort de mon impératrice. « Mais, me disait-il, l'aimez-vous donc assez pour cela? — Sans doute, reprenais-je, je lui suis attachée; cependant, comme je la connais bien, que je la sais légère, et assez peu susceptible d'une affection soutenue, ce ne serait pas tant l'attrait de mon cœur que je suivrais dans cette occasion que la convenance. Je suis arrivée à cette cour-ci par madame Bonaparte; j'ai toujours passé aux yeux de tout le monde pour son amie intime; j'en ai eu les charges et les confidences, et, quoiqu'elle ait été bien souvent trop préoccupée de sa situation pour s'amuser à m'aimer, quoiqu'elle m'ait quittée et reprise, selon que cela lui était commode, le public, qui ne peut pas entrer dans les secrets de nos relations, et à qui je ne les confierai point, s'étonnerait, j'en suis sûre, si je ne partageais point son exil. — Mais, disait encore M. de Talleyrand, ce serait vous mettre gratuitement dans une position désagréable pour vous et votre mari, vous séparer peut-être, vous jeter dans mille petits embarras dont assurément elle ne vous payerait point. — Je la connais aussi bien que vous, disais-je encore, elle est mobile, et même un peu changeante. Je prévois que, en pareil cas, elle commencerait par me savoir gré de mon dévouement,

CHAPITRE VINGT-SEPTIÈME.

qu'elle s'y accoutumerait bientôt et qu'elle finirait par n'y plus penser du tout. Mais son caractère ne m'empêchera pas de suivre le mien, et je ferai ce qui me paraîtra mon devoir, sans attendre la moindre récompense. » En effet, en causant à cette époque de cette chance de divorce, je m'engageai auprès de l'impératrice à quitter la cour, si jamais elle la quittait. Elle me parut fort touchée de cette déclaration, que je lui fis avec les larmes aux yeux et vraiment émue. Assurément, elle aurait dû se défendre des soupçons que, plus tard, elle conçut encore contre moi, et dont je rendrai compte en temps et lieu [1].

Je ne mettais qu'une restriction à la promesse que je faisais : « Je ne serai point dame du palais

---

1. L'auteur indique dans ce passage et dans un autre que, plus tard, et à l'occasion du divorce, l'impératrice conçut quelque injuste défiance. Je n'ai absolument aucune donnée sur ce fait, qui eut apparemment quelque importance. On n'en doit que plus regretter que l'auteur n'ait pu pousser cet ouvrage au moins jusqu'à l'époque du divorce de l'empereur. Ces scènes, avant-courrières du dénouement, semblent bien faire connaître le mélange de ruse et d'entraînement, d'émotion et de comédie, de faiblesse et de volonté qu'il porta dans tant d'affaires, mais dans aucune autant que dans sa rupture avec la seule personne peut-être qu'il ait aimée. Il aurait été intéressant de lire ce dénouement raconté par celle qui avait eu tant d'occasions d'observer les personnages du drame. Quant à celle-ci, elle garda une constante fidélité à

d'une autre impératrice, disais-je, Madame. Si vous vous retirez dans quelque province, je vous y suivrai, toujours heureuse de partager votre solitude, et je ne me séparerais de vous que dans le cas où vous sortiriez de France. » On ne savait point au

l'impératrice, et, à l'époque du divorce, elle n'eut pas l'ombre d'une hésitation sur ce qu'elle avait à faire, c'est-à-dire à quitter la cour, quoique la reine Hortense, elle-même, l'engageât fort à réfléchir avant de se décider. Voici la lettre par laquelle elle annonçait sa résolution à mon grand-père, qui avait accompagné l'empereur à Trianon : « La Malmaison, décembre 1809. — J'avais espéré un moment, mon ami, que tu accompagnerais l'empereur hier et que je te verrais. Indépendamment du plaisir de te voir, je voulais causer avec toi. J'espère qu'il y aura ici quelque occasion pour Trianon aujourd'hui, et je vais tenir ma lettre prête. J'ai été reçue ici avec une véritable affection ; on y est bien triste, comme tu peux le supposer. L'impératrice, qui n'a plus besoin d'efforts, est très abattue ; elle pleure sans cesse et fait réellement mal à voir. Ses enfants sont pleins de courage ; le vice-roi est gai ; il la soutient de son mieux ; ils lui sont d'un grand secours.

» Hier, j'ai eu une conversation avec la reine (de Hollande) que je te raconterai le plus succinctement que je pourrai : « L'impéra-
» trice, » m'a-t-elle dit, « a été vivement touchée de l'empressement
» que vous lui avez témoigné à partager son sort ; moi, je ne m'en
» étonne pas. Mais ensuite, par amitié pour vous, je vous engage
» à réfléchir encore. Votre mari étant placé près de l'empereur, tous
» vos instincts ne doivent-ils pas être de ce côté ? Votre position
» ne sera-t-elle pas souvent fausse ou embarrassante ? Pouvez-vous
» vous permettre de renoncer aux avantages attachés au service
» d'une impératrice régnante et jeune ? Songez-y bien ; je vous
» donne un conseil d'amie, et vous devez y réfléchir. » Je l'ai beaucoup remerciée. Je lui ai répondu que je ne voyais, pour moi seule, nul inconvénient à prendre ce parti, qu'il me parais-

fond ce qui passerait par la tête de l'empereur ; quelquefois, dans ses conversations, il avait dit à sa femme : « Mais, si tu me quittais, je ne voudrais pas te faire descendre de ton rang ; sois donc sûre que tu régnerais quelque part, peut-être à Rome

sait le seul convenable pour moi ; que, si l'impératrice voyait des difficultés à garder près d'elle la femme d'un homme attaché à l'empereur, alors je me retirerais, mais que, sans cela, je préférais de beaucoup rester avec elle ; que je pensais bien qu'y aurait quelques avantages pour les personnes attachées à la grande cour, mais que cette perte était fort compensée pour moi par l'idée de remplir un devoir et de soigner l'impératrice dans le cas où elle mettrait quelque prix à mes soins ; qu'enfin je ne pensais pas que l'empereur pût être mécontent de ma conduite, etc., etc. « Il n'y a, Madame, » lui ai-je dit encore, « qu'une
» seule considération qui pourrait me porter un moment à regret-
» ter ma démarche. Je vais vous la dire bien franchement. Il est
» impossible qu'il n'y ait pas dans l'intérieur de cette petite cour-ci
» quelque indiscrétion de commise, quelque petit bavardage, je ne
» sais quel propos qui, redit à l'empereur, pourra amener un mo-
» ment de mécontentement. L'impératrice, toute bonne qu'elle
» est, quelquefois est défiante ; je ne sais si la preuve de dévoue-
» ment que je lui donne à présent me mettra complètement à l'abri
» d'un soupçon passager qui m'affligerait beaucoup. Je vous avoue
» que, s'il arrivait, une fois, qu'on soupçonnât mon mari ou moi
» d'avoir commis d'un côté ou de l'autre une indiscrétion, je quit-
» terais sur-le-champ l'impératrice. » La reine m'a répondu que j'avais raison, qu'elle espérait que sa mère serait prudente. Elle m'a embrassée, m'a dit qu'elle savait que l'impératrice désirait, au fond, me garder près d'elle. Il n'en faut guère plus, de l'humeur dont tu me connais, pour me décider. Vois cependant, mon ami, ce que tu penses. Je sais bien que ma position sera souvent embarrassante ; mais enfin, avec de la prudence et du véritable attachement, ne peut-on pas tout arranger ? Madame de la Roche-

même. » On remarquera que, lorsqu'il parlait ainsi, le pape était encore dans cette même Rome, et que rien n'annonçait qu'il dût en sortir. Mais les événements les plus graves semblaient tout simples à Napoléon, et, de temps en temps, pour

foucauld me paraît vouloir quitter. Elle en a même déjà dit, je crois, quelque chose à l'empereur. Mais la situation est différente. Elle rendra les mêmes soins à l'impératrice, mais sans titre ni fonction. Dans sa position, cela peut lui convenir, mais je trouve que je dois agir autrement, et vraiment, plus je m'interroge, plus je sens que ma place est ici. Combine tout cela, réfléchis, et puis décide. Au reste, nous avons du temps, puisqu'on nous donne jusqu'au 1er janvier.

» Il faudrait bien du bonheur pour que cette habitation fût gaie dans cette saison : il fait un vent abominable, et toujours de la pluie. Cela n'a pas empêché qu'il n'y eût ici un monde énorme toute la journée. Chaque visite renouvelle ses larmes. Cependant il n'y a pas de mal que toutes ses impressions se renouvellent ainsi coup sur coup; le repos viendra après. Je crois que je resterai à la Malmaison jusqu'à samedi; je voudrais bien que tu revinsses aussi à cette époque, car il faudrait se revoir e être un peu ensemble. » — « Ce mardi matin (19 décembre 1809). Je n'ai pu trouver ce matin une occasion d'envoyer ma lettre; j'espère qu'il y en aura ce soir. L'impératrice a passé une matinée déplorable. Elle reçoit des visites qui renouvellent sa douleur, et puis, chaque fois qu'il arrive quelque chose de l'empereur, elle est dans des états terribles. Il faudrait trouver moyen d'engager l'empereur, soit par le grand maréchal, soit par le prince de Neuchatel, à modérer les expressions de ses regrets et de son affliction, quand il lui écrit; car, lorsqu'il lui témoigne ainsi d'une manière trop vive sa tristesse, elle tombe dans un vrai désespoir, et alors réellement sa tête semble s'égarer. Je la soigne de mon mieux; elle me fait un mal affreux. Elle est douce, souffrante, affectueuse, enfin tout ce qu'il faut pour déqui était attentif, un mot pouvait suffire à faire conclure quelle suite de projets il roulait à la fois dans sa tête.

M. de Rémusat pensait comme moi sur ma propre conduite. Il ne s'en dissimulait pas

chirer le cœur. En l'attendrissant, l'empereur augmente cet état. Au milieu de tout cela, il ne lui échappe pas un mot de trop, pas une plainte aigre; elle est réellement douce comme un ange. Je l'ai fait promener ce matin, je voulais essayer de fatiguer son corps, pour reposer son esprit. Elle se laissait faire; je lui parlais, je la questionnais, je l'agitais en tous sens, elle se prêtait à tout, comprenait mon intention et semblait m'en savoir gré, au milieu de ses larmes. Au bout d'une heure, je t'avoue que je m'étais fait un tel effort, que je m'étais presque sentie défaillir, et je me suis trouvée un moment presque aussi faible qu'elle. « Il me » semble quelquefois, » me disait-elle, « que je suis morte, et qu'il » ne me reste qu'une sorte de faculté vague de sentir que je ne suis » plus. » Tâche, si tu peux, de faire savoir à l'empereur qu'il doit lui écrire de manière à l'encourager, et pas le soir, parce que cela lui donne des nuits affreuses. Elle ne sait comment supporter ses regrets; sans doute elle supporterait encore moins sa froideur, mais il y a un milieu à tout cela. Je l'ai vue hier dans un tel état, après la dernière lettre de l'empereur, que j'ai été au moment d'écrire moi-même à Trianon. — Adieu, cher ami; je ne te dis pas grand'chose de ma santé; tu sais comme elle est faible, tout ceci l'ébranle un peu. Après cette semaine j'aurai besoin d'un peu de repos, près de toi. Pour éprouver quelque chose de doux, il faut toujours que je revienne à mon ami. » Les lettres de ma grand'mère sont malheureusement trop rares à cette époque, et je ne puis ni par un récit, ni par des citations suppléer aux chapitres qui manquent. On verra à la fin de ce volume ce que mon père en savait. Au fond, les craintes de ma grand'mère ne se réalisèrent pas, au moins en ce qui touche les indiscrétions et les bavardages de cour; mais elle et son mari participèrent

moins les inconvénients qu'elle aurait pour nous ; mais ces inconvénients ne l'arrêtaient point, et il répéta à l'impératrice que mon dévouement l'accompagnerait dans ses malheurs, s'ils fondaient jamais sur elle. On verra que, plus tard,

à la disgrâce de M. de Talleyrand. Mon grand'père, il est vrai, resta premier chambellan, même après que le prince de Bénévent eut été destitué de ses fonctions de grand chambellan ; mais il ne retrouva et ne rechercha point la bienveillance de la cour, ni les confidences de l'empereur. Quant à ma grand'mère, elle n'alla, je pense, aux Tuileries qu'une fois pour être présentée à la nouvelle impératrice en grande cérémonie, et un autre jour pour recevoir quelques injonctions de l'empereur. Ce dernier fait mériterait d'être conté avec détails. C'était à la fin de 1812 ou au commencement de 1813. Le duc de Frioul la vint voir, au grand étonnement de mes grands parents, car il ne faisait jamais de visites. Il était chargé par l'empereur de lui donner l'ordre de demander une audience, l'empereur voulant lui parler de l'impératrice Joséphine. Il n'y avait ni moyen ni raison de désobéir ; elle demanda l'audience et fut reçue. Mon père ignorait les détails de cette entrevue ; il savait seulement que l'empereur voulait qu'elle déterminât l'impératrice à s'éloigner de Paris. Quels étaient ses motifs ? Les dettes de Joséphine étaient du nombre, puis des propos tenus dans son salon. Je ne crois pas que les plaintes allassent plus loin, et l'empereur ne se montra pas irrité. Quant à la dame du palais, l'empereur ne la traita ni bien ni mal ; mais il ne l'encouragea par aucun mot à lui parler d'elle-même, et elle n'eut garde d'en rien faire. C'est la dernière fois qu'elle l'a vu.

Il fallut ensuite s'acquitter de la commission. Elle en était assez embarrassée. Elle fit pourtant une longue lettre, car l'impératrice était alors absente, à Genève, je crois. La chose était d'autant plus difficile que l'empereur exigeait qu'elle ne le nommât point et que le conseil ne parût pas venir de lui. Quoi-

elle ne crut pas devoir compter sur une parole qui, cependant, lui fut donnée avec la plus parfaite sincérité.

Ce fut à cette époque que, au sujet de toute cette affaire, nous eûmes avec madame de la Rochefoucauld quelques entretiens qui amenèrent les explications dont j'ai parlé plus haut, et que M. de Rémusat put éclaircir ce qui s'était passé au retour de la campagne de Prusse, relativement à lui. Ces nouvelles clartés vinrent encore ajouter aux impressions pénibles que nous causaient les découvertes successives que nous faisions sur le caractère de l'empereur.

A présent, je dirai ce que j'ai su des motifs qui portèrent le ministre de la police et M. de Talleyrand à tenir la conduite dont je viens de parler.

J'ai dit que Fouché, un peu séduit par madame Murat, s'était vu forcé par là de rompre avec ce qu'on appelait le parti des Beauharnais. Je ne sais s'il l'eût voulu réellement; mais partout où l'on entre dans certaines intrigues où se mêlent les

qu'il semble assez difficile de s'y tromper, mon père croyait que cette lettre avait été assez mal reçue, et on l'a même imprimée, dans quelques mémoires écrits sous l'inspiration de la reine Hortense, avec des réflexions plus ou moins désobligeantes pour l'auteur. (P. R.)

femmes, il n'est pas très possible de savoir à quel point on pourra demeurer, parce qu'il s'y joint tant de petites paroles, de petits rapports, de petites dénonciations, qu'on finit par en être comme enveloppé. Madame Murat, qui détestait sa belle-sœur, cherchait très sérieusement à la faire descendre du trône. Son orgueil trouvait son compte à s'allier à quelque princesse européenne, et elle entourait souvent l'empereur de flatteries sur cet article. Fouché pensait qu'il serait utile à la dynastie nouvelle de s'appuyer sur un héritier direct; il connaissait trop bien Bonaparte pour ne pas prévoir que, tôt ou tard, la raison d'État l'emporterait chez lui sur toute autre considération; il craignait de n'être point employé dans cette affaire, qui paraissait devoir être du ressort de M. de Talleyrand, et il voulait tâcher de lui en enlever l'honneur et les avantages. Dans cette intention, il rompit la glace avec l'empereur et l'aborda sur un point si important. Le trouvant disposé, il abonda sur nombre de motifs faciles à réunir, et, enfin, il sut parvenir à se faire ordonner, ou au moins à proposer le rôle de médiateur entre l'empereur et l'impératrice pour une pareille négociation. Il alla plus loin : il fit parler l'opinion publique à l'aide de ses moyens de police; il fit tenir des discours sur le divorce dans quelques lieux de réunion de Paris. Tout à coup, on commença dans les cafés à discuter la nécessité d'un héritier pour l'empereur. Ces propos, inspirés par Fouché, revinrent par lui, et par les autres polices qui rendaient compte de tout, et l'empereur crut que le public était plus occupé de cette affaire que cela n'était réellement. Au retour de Fontainebleau, Fouché dit même à l'empereur qu'on était assez échauffé à Paris pour qu'il arrivât que des groupes de peuple, se réunissant sous ses fenêtres, vinssent lui demander un autre mariage. L'empereur fut d'abord frappé de cette idée; M. de Talleyrand la détourna très habilement.

M. de Talleyrand, dans le fond de son âme, ne répugnait point au divorce; mais, de son côté, il voulait le faire à sa manière, en son temps, et avec utilité et grandeur. Il s'aperçut vite que l'empressement de Fouché ne tendait qu'à lui enlever cette palme; il ne souffrit pas qu'une autre intrigue vînt se placer sur son terrain. La France avait formé une alliance intime avec la Russie; mais M. de Talleyrand, très habile dans la connaissance de l'état de l'Europe, pensait qu'il fallait surveiller l'Autriche, et peut-être déjà penchait à regarder qu'un lien de plus avec cette puissance nous serait, au fond, plus utile. D'ailleurs, il savait que l'impératrice mère, en Russie, ne partageait point les illusions du czar, et qu'elle se refuserait à nous donner une de ses filles pour impératrice. Ainsi, il eût été possible qu'un divorce brusqué n'eût point été suivi d'un assez prompt mariage, et eût tenu l'empereur dans une situation désagréable. D'ailleurs, l'affaire d'Espagne allait éclater, rendre l'Europe attentive, et ce n'était pas le moment de s'engager à la fois dans deux entreprises qui demandaient chacune une préoccupation particulière. Voilà sans doute ce qui porta M. de Talleyrand à contrecarrer Fouché et à s'unir passagèrement aux intérêts de madame Bonaparte. Ni elle, ni moi, nous n'étions de force à pénétrer ses motifs, et je ne les ai connus que depuis. M. de Rémusat avait moins de confiance que moi en ce dévouement à ce que nous souhaitions, dévouement qui me charmait dans M. de Talleyrand ; mais il concluait qu'il en fallait toujours profiter, et, avec des intentions différentes, nous marchions tous dans une ligne pareille.

Ainsi donc, pendant le temps que l'empereur passa à Paris, entre le court voyage qu'il fit en Italie et celui de Bayonne[1], Fouché l'environnant sans cesse et s'étayant des propos populaires, M. de Talleyrand prit un bon moment pour lui représenter que, dans cette circonstance, le ministre de la police le dirigeait vers une très fausse route. « Il est, lui disait-il, et il sera éternellement homme de révolution. Regardez-y bien, c'est encore par des moyens factieux qu'il veut vous amener à un acte qu'il ne faudrait faire que dans un appareil tout monarchique. Il veut qu'un ramas de populace, peut-être assemblée par ses ordres, vienne vociférer, et vous demander un héritier avec les mêmes cris qui imposèrent à Louis XVI je ne sais quelles concessions qu'il ne pouvait jamais refuser. Quand vous aurez accoutumé le peuple à se mêler de vos affaires par de pareilles tentatives, savez-vous s'il n'y prendra pas goût, et ce qu'on vous l'enverra demander ensuite? D'ailleurs, personne ne sera dupe de ces rassemblements, et vous serez accusé de les avoir

1. L'empereur quitta Fontainebleau le 16 décembre 1807 et arriva à Milan le 21 du même mois. Il revint d'Italie à Paris le 1er janvier, et repartit pour Bayonne trois mois après, le 2 avril 1808. (P. R.)

vous-même appelés. » Ces observations frappèrent l'empereur, qui imposa silence à Fouché. De ce moment on ne s'occupa plus du divorce dans les cafés, et le *vœu national* parut s'être refroidi. L'empereur fit valoir à sa femme ce silence, et elle fut tentée de se rassurer un peu. Cependant il continuait à montrer une grande agitation; leurs entretiens étaient gênés; de longs silences les interrompaient tout à coup. Ensuite il revenait sur les inconvénients du manque d'une postérité directe pour la fondation de sa dynastie; il disait qu'il ne savait à quoi se résoudre, et certainement il éprouvait intérieurement de vifs combats.

Il se confiait particulièrement à M. de Talleyrand, qui me racontait une partie de ses conversations : « Si je me sépare de ma femme, disait-il, je renoncerai d'abord à tout le charme qu'elle met dans ma vie intérieure. Il me faudra étudier les goûts et les habitudes d'une nouvelle et jeune épouse. Celle-ci se plie à tout et me connaît parfaitement. Enfin, je lui rendrai ingratitude pour ce qu'elle a fait pour moi; déjà je ne suis guère aimé, et ce sera bien pis. Elle m'est un lien avec beaucoup de monde; elle m'attache une partie de la société de Paris à laquelle il me faudra renoncer. » Après de pareils regrets venaient les raisons d'État, qui faisaient que M. de Talleyrand confiait à mon mari qu'il était convaincu que ces belles hésitations tomberaient un jour devant la politique ; qu'on pouvait retarder le divorce, mais qu'il ne fallait guère espérer qu'on l'évitât toujours. Il finissait, enfin, par dire qu'on pouvait s'assurer qu'il n'y poussait nullement, et que l'impératrice ferait bien de ne point se départir du système qu'elle avait adopté. Nous nous promîmes, M. de Rémusat et moi, de tenir secrète à madame Bonaparte la première partie de ce discours, qui aurait renouvelé ses inquiétudes au point de l'entraîner dans quelques fausses démarches, et surtout nous ne vîmes rien d'utile à lui inspirer de la défiance de M. de Talleyrand, qui n'avait alors aucun intérêt à lui nuire, et qui en eût trouvé peut-être, si, en s'irritant contre lui, elle eût laissé échapper quelque parole imprudente. Je pris mon parti d'attendre l'avenir, sans chercher à le prévoir, et de m'en tenir toujours aux conseils que la prudence et la dignité d'une situation en évidence doivent faire donner à celle qui se trouve, en effet, environnée de cent yeux

pour la regarder, de cent bouches pour répéter
ce qu'elle dit. Ce fut à cette époque que l'empereur dit à M. de Talleyrand que sa femme était bien conseillée.

Peu avant le départ pour Bayonne, il y eut encore sur cet article une explication qui fut la dernière pour un peu de temps, et qui servira à peindre les mouvements contraires auxquels l'empereur, tout fort, tout volontaire qu'il était, se trouvait quelquefois entraîné. Un matin, M. de Talleyrand, rencontrant M. de Rémusat au sortir du cabinet de l'empereur, lui dit en regagnant sa voiture : « Je crois que votre femme aura plus tôt qu'elle ne le croit le chagrin qu'elle craint. Je viens de voir l'empereur animé de nouveau sur son divorce; il m'en a parlé comme d'une chose décidée à peu près, et nous ferons tous bien de nous le tenir pour dit et de ne pas y apporter une opposition inutile. » Mon mari me rapporta ces paroles, qui m'attristèrent profondément. Il devait y avoir un cercle le soir à la cour; je venais de perdre ma mère [1], et je n'allais point dans le

---

1. Au commencement de l'année 1808, les souffrances de madame de Vergennes, malade depuis longtemps, s'étaient aggravées. Elle était poursuivie de douleurs qu'on appelait rhumatismales,

CHAPITRE VINGT-SEPTIÈME.

monde. M. de Rémusat retourna au château, pour surveiller le spectacle qui devait s'y donner. Les appartements étaient pleins de monde. Princes, ambassadeurs, courtisans, tous attendirent longtemps. Enfin, tout à coup, l'ordre fut donné de commencer le spectacle sans attendre Leurs Majestés, qui ne paraîtraient point, l'empereur se trouvant, disait-on, légèrement incommodé. La fête se passa assez tristement, et chacun se retira le plus tôt qu'il put. M. de Talleyrand et M. de Rémusat, avant de sortir, se rendirent dans l'appartement intérieur de l'empereur, et y apprirent que, depuis huit heures, il s'était mis au lit avec sa femme, qu'il avait fait fermer sa chambre et défendu qu'on y pénétrât jusqu'au lendemain.

M. de Talleyrand se retira avec un petit mouvement d'humeur. « Quel diable d'homme, dit-il, pour s'abandonner sans cesse à son premier mou-

et elle succomba le 17 janvier 1808 à un mal de gorge gangreneux. Ce fut une vive douleur pour sa fille, et un grand changement dans la vie de ses enfants. Mon père a conservé toujours un souvenir profond et vivant de cette personne originale et spirituelle, quoiqu'il n'eût pas encore onze ans. La situation de madame de Vergennes dans le monde était assez considérable pour que M. Suard lui ait consacré un article nécrologique dans le *Publiciste*, éloge public moins usité alors qu'aujourd'hui.

(P. R.)

vement, et ne pas savoir ce qu'il veut faire! Eh! qu'il se décide donc, qu'il ne nous laisse point ainsi jouets de ses paroles et ne sachant réellement sur quel pied nous devons nous tenir avec lui! »

L'impératrice reçut mon mari le lendemain et lui raconta qu'à six heures elle avait joint Bonaparte pour dîner, qu'il était très triste, silencieux, et que, pendant le repas, il n'avait pas prononcé une parole; qu'après dîner elle l'avait quitté pour faire sa toilette, et qu'ensuite elle avait attendu l'heure du cercle; mais qu'on était venu la chercher, en lui disant que l'empereur se sentait malade. Elle l'avait trouvé souffrant de crises d'estomac violentes, et dans un état de nerfs assez agité. En la voyant il n'avait pu retenir ses larmes, et, l'attirant sur son lit où il s'était jeté, sans aucun égard pour son élégante toilette, il la pressait dans ses bras, en répétant toujours : Ma pauvre Joséphine, je ne pourrai point te quitter! » Elle ajoutait que cet état lui avait inspiré plus de pitié que d'attendrissement, et qu'elle lui redisait sans cesse : « Sire, calmez-vous, sachez ce que vous voulez, et finissons de telles scènes. » Mais ces discours augmentaient encore la crise de Bonaparte, et cette crise de-

vint assez vive pour qu'elle l'engageât à renoncer
à se montrer au public, et à se mettre au lit. Enfin,
il n'y consentit que dans le cas où elle s'y placerait à côté de lui, et il lui fallut se dépouiller
au même instant de toute sa parure et partager
cette couche, qu'à la lettre, disait-elle, il baignait de
larmes, répétant toujours : « Ils m'environnent,
ils me tourmentent, ils me rendent malheureux! »
La nuit se passa dans un mélange de tendresse
et de sommeil agité. Après il reprit empire sur lui-
même et ne montra plus de si vives émotions.

L'impératrice flottait ainsi de l'espérance à la
crainte; elle ne se fiait point à ces scènes pathétiques; elle prétendait que Bonaparte passait trop
vite de ces protestations tendres à des querelles
pour des galanteries qu'il lui supposait, ou à d'autres plaintes; qu'il voulait la fatiguer, la rendre malade, peut-être pis même; car j'ai dit
comme son imagination abordait tout. Ou bien
elle croyait qu'il s'efforçait de la dégoûter de lui
en la tourmentant sans cesse. Il est certain que,
soit par calcul, soit par suite de ses propres inquiétudes, il l'agitait en tous sens, et qu'elle fut sur le
point d'être assez gravement incommodée. Quant
à Fouché, il avait pris le parti de parler hautement

du divorce à l'impératrice, à moi, à tout le monde, disant qu'on le renverrait si on voulait, mais qu'on ne l'empêcherait point de conseiller ce qui était utile. M. de Talleyrand l'écoutait dans un silence dédaigneux ou moqueur, et consentait à passer assez publiquement pour s'opposer au divorce. Bonaparte voyait tout cela, sans blâmer la conduite de l'un ni de l'autre, ni même celle de personne[1]. Notre cour cherchait à se taire encore plus et mieux que de coutume ; car rien n'indiquait de quel côté de ces grands personnages il fallait se ranger. Au milieu de cette tourmente, le tragique événement de l'Espagne éclata, et le divorce parut tout à fait mis de côté.

1. L'empereur pourtant continuait encore, en apparence, et quand il le croyait utile, à gourmander Fouché sur ses indiscrétions, car il lui écrivait de Venise, le 30 novembre 1807 : « Je vous ai déjà fait connaître mon opinion sur la folie des démarches que vous avez faites à Fontainebleau, relativement à mes affaires intérieures. Après avoir lu votre bulletin du 19, et bien instruit des propos que vous tenez à Paris, je ne puis que vous réitérer que votre devoir est de suivre mon opinion, et non de marcher suivant votre caprice. En vous conduisant différemment, vous égarez l'opinion et vous sortez du chemin dans lequel tout honnête homme doit se tenir. » (P. R.)

CHAPITRE XXVIII.

(1807-1808.)

Retour de Fontainebleau. — Voyage de l'empereur en Italie. — La jeunesse de M. de Talleyrand. — Fêtes des Tuileries. — L'empereur et les artistes. — Opinion de l'empereur sur le gouvernement anglais. — Mariage de mademoiselle de Tascher. — Le comte Romansow. — Mariage du maréchal Berthier. — Les majorats. — L'université. — Affaires d'Espagne.

Vers ce temps, à peu près, M. Molé fut nommé préfet de la Côte-d'Or. L'empereur s'était aperçu de la distinction de son esprit dans plusieurs occasions. Il l'avait en quelque sorte adopté, et son élévation était déterminée dans sa pensée. Il le gagnait de plus en plus, par des conversations où il mettait en évidence ce qu'il avait de plus remarquable, et Bonaparte s'entendait très bien à séduire la jeunesse. M. Molé montra quelque répugnance à s'éloigner de Paris, où lui et sa famille se trouvaient fort bien établis. « Il ne faut effaroucher personne, lui dit l'empereur, par un avancement trop prompt. D'ailleurs, quelques expériences administratives vous seront utiles. Je ne vous tiendrai à Dijon qu'un an, et, après, vous reviendrez, et vous serez content de moi. » Il lui a tenu parole.

Le voyage de Fontainebleau fut terminé vers le milieu de novembre, au grand contentement de chacun, car on était fatigué des fêtes et de leur contrainte. Les princes étrangers retournèrent pour la plupart chez eux, éblouis de notre magnificence, qui avait été administrée, si je puis me servir de cette expression, avec un ordre extrême ; car l'empereur n'entendait jamais raillerie sur l'économie de ses propres affaires. Il fut très content quand M. de Rémusat lui demanda, pour le compte des dépenses, des fêtes, des spectacles, seulement 150 000 francs ; et, en effet, si on avait comparé la somme avec les résultats, on eût remarqué quel soin minutieux il avait fallu apporter à la dépense. L'empereur, qui se voulait instruire de tout, rappela à cette occasion ce que coûtaient autrefois à la cour de France de pareils voyages[1], et il mit une certaine

1. Les mêmes plaisirs du roi, au dernier voyage de Fontainebleau, sous Louis XVI, avaient coûté près de deux millions

vanité, assez fondée après tout, à ce rapprochement. Le service de la maison, très rigoureusement tenu par le grand maréchal, fut arrêté et payé de même, et tout se trouva en ordre et dans une règle très exacte. Ce Duroc tenait remarquablement la maison impériale, mais avec des formes dures, toutes émanées de la dureté du maître. Quand l'empereur grondait, on s'apercevait dans le château d'une succession de brutalités dont le moindre valet de pied ressentait les atteintes. Le service se faisait avec une exactitude de discipline; les punitions étaient sévères, l'exigence ne se relâchait point; aussi chacun ne manquait jamais à son poste, et tout se passait en silence et régulièrement. Tout abus était surveillé, les bénéfices des gens calculés et réglés d'avance. Dans les offices et dans les cuisines, la moindre chose, un simple bouillon, un verre d'eau sucrée ne se seraient pas distribués sans l'autorisation ou le bon du grand maréchal. De même, il ne se passait rien dans le palais dont il ne fût informé. Il était d'une discrétion à toute épreuve, et redisait tout seulement à l'empereur, qui s'informait des moindres choses.

L'empereur quitta Fontainebleau pour faire un

court voyage en Italie. Il voulait revoir Milan, se montrer à Venise, communiquer avec son frère Joseph, et, je pense, surtout, prendre une détermination à l'égard du royaume d'Italie, détermination par laquelle il croyait rassurer l'Europe, et, de plus, signifier à la reine d'Étrurie, fille du roi d'Espagne, qu'elle eût à quitter son royaume. Préparant en secret l'envahissement de l'Espagne, il savait que la réunion des deux couronnes de France et d'Italie avait souvent effarouché l'Europe. En appelant Eugène à la succession future du trône d'Italie, il annonçait que cette réunion ne serait point éternelle, et il supposait qu'on adopterait cette concession, qui ne le dépossédait point et qui mettait une borne au pouvoir de son successeur.

Murat, qui trouvait un grand avantage pour lui à ne point interrompre les communications avec son beau-frère, obtint la permission de l'accompagner dans ce petit voyage, au grand déplaisir de M. de Talleyrand, qui prévit qu'on profiterait de son absence pour écarter de plus en plus ses plans. L'empereur partit donc le 16 novembre, et l'impératrice revint à Paris. Le prince primat y demeura encore quelque temps, ainsi que les

CHAPITRE VINGT-HUITIÈME.

princes de Mecklembourg. Ils venaient aux Tuileries tous les soirs, on jouait, on causait peu, on écoutait de la musique; mais l'impératrice parut parler un peu plus à ce prince de Mecklembourg-Schwérin. On le remarqua, comme je l'ai dit, mais en riant, et on y mettait si peu d'importance qu'on en plaisantait l'impératrice elle-même. Quelques personnes prirent sérieusement ces plaisanteries, écrivirent à l'empereur, et, au retour, il gronda beaucoup. Habitué à se passer bien des fantaisies, il se montrait sévère pour celles des autres. Pendant ce voyage on donnait à Paris, sur l'un des petits théâtres, un vaudeville qui avait un grand succès et que tout le monde voulait voir. Madame Bonaparte en eut fantaisie comme les autres. Elle chargea M. de Rémusat de lui faire garder une petite loge, et, s'étant vêtue simplement et ayant pris une voiture sans armes, elle se rendit en secret à ce théâtre avec quelques dames et les deux princes de Mecklembourg. On écrivit encore à Milan cette très petite affaire; l'empereur écrivit à son tour une lettre fulminante, et il reprocha à sa femme, en revenant, de ne point savoir garder sa dignité. Je me rappelle même que, dans son mécontentement, il lui représentait que la reine de France s'était autrefois fait le plus grand tort, en ne craignant point de manquer à son rang par des légèretés de cette espèce.

Pendant son absence, la garde impériale fit une entrée triomphale à Paris; elle fut haranguée par le préfet et devint l'objet de beaucoup de fêtes.

J'ai dit aussi que les sœurs de charité furent rétablies; le ministre de l'intérieur les rassembla chez Madame mère et leur distribua des médailles en sa présence. L'empereur voulait que sa mère fût à la tête de tous les établissements de charité; mais elle n'avait rien, dans sa manière d'être, qui la rendît populaire, et elle s'acquittait sans goût ni habileté de ce dont elle était chargée.

L'empereur parut content de l'administration du royaume d'Italie et parcourut ce royaume tout entier. Il alla à Venise, où il fut joint par son frère Joseph, et par le roi et la reine de Bavière, qui allèrent lui rendre visite, ainsi que madame Bacciocchi, qui sollicita quelque agrandissement de ses États. Pendant ce temps, la Russie rompait tout à fait avec l'Angleterre; une partie de nos armées, encore dans le nord de l'Allemagne, tenait en échec le roi de Suède; Bernadotte, à Hambourg, communiquait avec les Suédois mécontents, et acquérait une réputation personnelle qu'il soutenait avec soin. Il employait l'argent aussi pour se faire des créatures. Il n'est pourtant pas vraisemblable qu'il eût dès lors idée de ce qui lui est arrivé depuis; mais son ambition, quoique vague encore, le conduisait à se ménager des chances quelles qu'elles fussent, et, à cette époque, on pouvait au fond, dans certaines situations, tout entreprendre et tout espérer. Le prince du Brésil quitta Lisbonne le 29 novembre, et le général Junot y entra, peu de jours après, avec notre armée, en déclarant, toujours selon la coutume, que nous venions dégager les Portugais du joug des Anglais. Vers la fin de ce mois, l'empereur, ayant assemblé à Milan le Corps législatif, déclara qu'il adoptait solennellement Eugène, qui devenait héritier de la couronne d'Italie, à défaut d'héritiers mâles de l'empereur. En même temps, il lui permit de porter le titre de prince de Venise, et il créa la petite princesse qui venait de naître, princesse de Bologne. Après cela, il revint à Paris, où il arriva le 1ᵉʳ janvier 1808.

J'étais alors bien douloureusement occupée. J'avais retrouvé ma mère malade, à mon retour de Fontainebleau. Son état de langueur se pro-

longea d'abord, sans me donner de l'inquiétude.
Toute souffrante qu'elle était, elle se montra
fort contente des améliorations qui s'étaient
faites dans notre situation, et je commençai, pendant les premiers temps de sa maladie, à établir ma maison sur le pied qu'avait ordonné
l'empereur. Vers la fin de décembre, le mal de
ma mère devint si alarmant, que nous ne pensâmes plus qu'à lui donner nos soins, et que
notre maison fut fermée. Trois semaines après,
nous eûmes le malheur de la perdre, et l'un des
plus tendres liens de mon cœur, comme l'une de
mes plus douces jouissances, fut à jamais perdu.
Ma mère était une personne distinguée de toute
manière. Elle avait beaucoup d'esprit, une raison
aimable et solide, dans le monde une considération méritée. Elle nous était utile et agréable à
chaque instant du jour. Elle fut universellement
regrettée; sa perte nous jeta dans le désespoir;
mon mari la pleura comme un vrai fils; on nous
plaignit, même à la cour, car on savait ce qu'elle
valait. L'empereur lui-même s'exprima bien sur
ce malheur, et en parla très convenablement à
M. de Rémusat quand il le revit; mais j'ai dit ailleurs que la vie de retraite que la convenance et

ma douleur me forcèrent de mener, ayant contrarié ses vues, trois ou quatre mois après, il nous retira cette portion de notre revenu qu'il nous avait accordée pour la dépenser d'une manière brillante, en disant qu'elle nous était inutile, et nous laissant par là fort embarrassés de dettes qu'il nous avait obligés de contracter.

Je passai cet hiver bien tristement ; je pleurais amèrement ma mère ; j'étais séparée de mon fils aîné que nous avions mis au collège pour qu'il y cultivât les heureuses dispositions qui annonçaient déjà l'esprit distingué qui s'est, depuis, développé chez lui ; ma santé était mauvaise, mon âme toute découragée. Assurément, ma société ne pouvait offrir de grandes distractions à M. de Talleyrand, et pourtant, il ne me dédaigna point dans mon malheur. Il fut un des plus assidus à me soigner. Il avait connu ma mère autrefois, il m'en parlait bien, et m'écoutait dans mes souvenirs. La gravité de ma peine dissipait toutes mes petites prétentions à faire de l'esprit devant lui ; je ne retenais point mes larmes en sa présence. Souvent, en tiers avec mon mari et moi, il ne se montrait point importuné, ni de ma douleur, ni des tendres consolations que m'offrait si affectueusement M. de Rémusat. Il me semble, quand j'y pense, qu'en nous voyant, il nous examinait avec une sorte de curiosité. Sa vie tout entière l'avait tenu loin des affections naturelles; nous lui donnions un spectacle nouveau qui le remuait un peu. Il semblait apprendre, pour la première fois, ce qu'une tendresse mutuelle, fondée sur les sentiments les plus moraux, procure de douceur et de courage contre les traverses de la vie. Ce qui se passait dans ma chambre le reposait de ce qui se passait ailleurs, peut-être même de ses souvenirs; car, plus d'une fois, à cette époque, il m'a parlé de lui-même avec regret, je dirais presque avec dégoût.

Enfin, comme nous étions touchés de ses soins, nous y répondions par une reconnaissance qui partait du plus profond du cœur; il revenait de plus en plus fréquemment entre nous deux, et il y demeurait longtemps; plus de plaisanteries, de railleries sur les autres, entre nous. Rendue à moi-même, je lui laissais voir le fond d'une âme vive, et que l'habitude d'un bonheur intérieur avait rendue douce. Au travers de mes regrets, de ma profonde mélancolie, de l'oubli où je vivais de tout ce qui se passait au dehors, je le

CHAPITRE VINGT-HUITIÈME.

transportais dans des régions inconnues pour lui, à la découverte desquelles il semblait prendre plaisir. J'acquis peu à peu la liberté de lui tout dire ; il me laissa prendre le droit de le blâmer, de le juger souvent assez sévèrement. Ma sincérité ne parut jamais lui déplaire, et je formai avec lui une liaison intime, et qui nous fut agréable à l'un et à l'autre. Quand je parvenais à l'émouvoir, j'étais satisfaite comme d'une victoire, et lui me savait gré d'avoir remué son âme, si souvent endormie par habitude, par système et par indifférence.

Une fois, emportée par les disparates qui échappaient à son caractère, je me laissai aller à lui dire : « Bon Dieu ! quel dommage que vous vous soyez gâté à plaisir ! Car, enfin, il me semble que vous valez mieux que *vous*. »

Il se mit à sourire. « La manière dont se passent nos premières années, me dit-il, influe sur toute la vie, et, si je vous disais de quelle façon j'ai passé ma jeunesse, vous arriveriez à vous moins étonner de beaucoup de choses. » Ce fut alors qu'il me conta que, estropié, se trouvant aîné dans sa famille, et, par son accident, trompant les espérances, et même les convenances qui, avant la

Révolution, destinaient tout aîné d'une noble famille à l'état militaire, il avait été repoussé de son intérieur, renvoyé en province près d'une vieille tante. Sans le faire rentrer dans la maison paternelle, on l'avait ensuite placé dans un séminaire, en lui signifiant qu'il embrasserait l'état ecclésiastique, pour lequel il ne se sentait aucun goût. Durant les années qu'il avait passées à Saint-Sulpice, il s'était vu forcé de demeurer presque toujours solitaire dans sa chambre, son infirmité ne lui permettant guère de se tenir longtemps sur ses jambes, ne pouvant se livrer à aucune des distractions, à aucun des mouvements de l'enfance, s'abandonnant à la plus profonde mélancolie, prenant dès lors mauvaise opinion de la vie sociale, s'irritant contre cet état de prêtre qu'on lui imposait malgré lui, et se pénétrant de l'idée qu'il n'était point forcé d'observer bien scrupuleusement des devoirs auxquels on le contraignait, sans l'avoir consulté. Il joutait qu'il avait éprouvé le dégoût le plus profond de ce monde, un grand fonds d'irritation contre les préjugés, et qu'il n'avait échappé au désespoir qu'en se convertissant peu à peu à une véritable indifférence sur les hommes et sur les choses; qu'ensuite, se retrouvant enfin vis-à-vis de son père et de sa mère, il avait été reçu comme un objet déplaisant, et traité avec la plus grande froideur; que jamais un mot affectueux ou une consolation ne lui furent adressés. « Vous voyez, me disait-il, que, dans cette situation, il fallait mourir de chagrin, ou s'engourdir de manière à ne plus rien sentir de ce qui me manquait. Je tournai à l'engourdissement, et je veux bien convenir avec vous que j'eus tort. Il eût peut-être mieux valu souffrir, et conserver des facultés de sentir un peu fortement; car cette insouciance de l'âme, que vous me reprochez, m'a souvent dégoûté de moi-même. Je n'ai point assez aimé les autres; mais je ne me suis guère aimé non plus, et je n'ai pas pris assez d'intérêt à moi[1].

1. Parmi les récits de la jeunesse de M. de Talleyrand, je ne saurais oublier une anecdote que mon père m'a contée, la tenant évidemment de sa mère. M. de Talleyrand étudiait en théologie, lorsqu'une fois, en sortant d'un sermon à Saint-Sulpice, il trouva sur les degrés une jeune femme élégante et agréable qu'une pluie subite embarrassait fort, et qui ne savait comment s'en aller. Il lui offrit son bras, et un de ces petits parapluies, en sens inverse des nôtres, qui commençaient à être à la mode; elle accepta, et il la reconduisit chez elle. Elle l'engagea à venir la voir. Ils firent connaissance. C'était mademoiselle Luzy, qui était ou travaillait pour être, de la Comédie française. Elle lui raconta qu'elle était un peu dévote, qu'elle n'avait nul goût pour

» Une fois, je fus tiré de cette indifférence par une passion très forte pour la princesse Charlotte de Montmorency. Elle m'aimait beaucoup aussi. Je m'irritai plus que jamais contre l'obstacle qui s'opposait à ce que je l'épousasse. Je fis beaucoup de démarches pour me faire relever de ces vœux qui m'étaient odieux; je crois que j'y serais parvenu sans la Révolution qui éclata, et ne permit point au pape de m'accorder ce que je souhaitais. Vous comprenez que, dans la disposition où j'étais, je dus accueillir cette révolution avec empressement. Elle attaquait des principes et des usages dont j'avais été victime; elle me paraissait faite pour rompre mes chaînes, elle plaisait à mon esprit; j'embrassai vivement sa cause, et, depuis, les événements ont disposé de moi. »

Quand M. de Talleyrand me parlait ainsi, je le plaignais du fond de l'âme, parce que je comprenais cette triste influence d'une jeunesse toute décolorée sur le reste d'une vie; mais je ne sentais

---

le théâtre, et que c'était malgré elle, et forcée par ses parents, qu'elle se destinait à ce métier : « C'est comme moi, lui répondit-il, je n'ai aucun penchant pour le séminaire et l'Église, et ce sont mes parents qui me contraignent. » Ils s'étendirent chacun sur ce sujet, et ce fut cette confidence mutuelle sur leur vocation contrariée qui les lia comme on se lie à vingt ans. (P. R.)

pas moins intérieurement qu'un caractère, tant soit peu énergique, se fût gardé de conclure comme lui, et je déplorais devant lui qu'il eût encore flétri sa vie de cette manière.

Il est très certain qu'une funeste insouciance du bien et du mal fut le fondement de la nature de M. de Talleyrand ; mais on lui doit cette justice qu'il se garda bien d'ériger en principe aucune immoralité. Il sent le prix de la vertu chez les autres ; il la loue bien ; il la considère, et ne cherche jamais à la corrompre par aucun système vicieux. Il semble même qu'il trouve une sorte de plaisir à la contempler. Il n'a pas, comme Bonaparte, cette funeste idée que la vertu n'existe nulle part, et n'est qu'une ruse ou qu'une affectation de plus. Je l'ai souvent entendu vanter des actions qui devenaient une amère critique des siennes ; sa conversation n'est jamais ni immorale ni irréligieuse ; il estime les bons prêtres, il aime à approuver ; il a de la bonté et de la justice dans le cœur, mais il n'applique point à lui ce qu'il apprécie dans les autres ; il s'est placé à part, il a conclu autrement pour lui. Il est faible, froid, et aujourd'hui, et depuis si longtemps blasé sur tout, qu'il cherche des distractions, comme un palais émoussé a besoin d'une nourriture piquante.

Les pensées sérieuses, appliquées à la morale ou aux sentiments naturels, lui sont pénibles, en le ramenant à des réflexions qu'il craint, et, par une plaisanterie, il cherche à échapper à ce qu'il éprouve. Une foule de circonstances l'ont entouré de gens dépravés ou légers qui l'ont encouragé à mille futilités ; ces gens lui sont commodes parce qu'ils l'arrachent à sa pensée ; mais ils ne peuvent le sauver d'un profond ennui qui lui donne un besoin impérieux des grandes affaires. Ces affaires ne le fatiguent point, parce qu'il ne les prend guère complètement ; il est rare qu'il entre avec son âme dans quelque chose. Son esprit est supérieur, souvent juste ; il *voit vrai*, mais il agit faiblement. Il a de la mollesse, et ce qu'on appelle *du décousu*; il échappe à toutes les espérances ; il plaît beaucoup, ne satisfait jamais, et finit par inspirer une sorte de pitié à laquelle se mêle, quand on le voit souvent, un réel attachement. Je crois que, tant que notre liaison a duré, elle lui a fait du bien ; je venais à bout de ramener chez lui des sentiments endormis, je le ramenais à des pensées élevées ; je l'intéressais à une foule de sensations, ou neuves, ou oubliées ; il me devait des émotions nouvelles ;

il me le disait, et m'en savait gré. Il venait me chercher souvent; j'avoue que je l'en ai estimé quelque peu, car il ne trouvait en moi aucune complaisance pour flatter ses faiblesses, et je lui parlais une langue qu'il n'avait point entendue depuis longtemps.

Il était alors de plus en plus blessé de ce qui se tramait contre l'Espagne. Les ruses vraiment diaboliques que préparait l'empereur offensaient sinon la morale, du moins un goût des convenances qu'il portait dans la politique comme dans les affaires sociales. Il en prévoyait les conséquences, il me les a prédites dès cette époque, et il me dit une fois : « Le malheureux va remettre en question toute sa situation! » Il eût toujours voulu qu'on déclarât une guerre franche au roi d'Espagne, si on ne pouvait obtenir ce qu'on voulait, qu'on lui dictât des conditions avantageuses, qu'on chassât le prince de la Paix, et qu'on s'alliât, par un mariage, avec l'infant Ferdinand. Mais l'empereur voyait une sûreté de plus dans l'expulsion de la maison de Bourbon, et s'entêtait à ses projets, dupe aussi cette fois des ruses dont on l'environnait. Murat et le prince de la Paix, je l'ai dit, se flattaient d'attraper deux trônes. L'empereur n'avait point le projet de leur procurer cette satisfaction ; mais il les trompait, et croyait trop volontiers aux facilités qu'ils s'empressaient de lui offrir pour arriver à leurs fins. Ainsi tout le monde dans cette affaire rusait, et, en même temps, tout le monde était trompé.

L'hiver se passa brillamment ; on avait terminé cette jolie salle que renferment les Tuileries. Les jours de cercle, on donna des spectacles, le plus souvent italiens, quelquefois français. La cour s'y montrait en grand gala ; on distribuait des billets à des personnes de la ville pour les galeries supérieures. Nous leur faisions aussi spectacle. Tout le monde voulut assister à ces représentations. On y déploya le plus grand luxe. On donna des bals parés et même masqués. Ce fut un plaisir nouveau pour l'empereur, auquel il se livra volontiers. Quelques-uns de ses ministres, sa sœur Murat, le prince de Neuchatel, eurent ordre d'inviter une assez grande quantité de monde, soit de la cour, soit de la ville. Les hommes portaient un domino, les femmes un élégant costume, et le plaisir de ce déguisement était à peu près le seul qu'elles apportassent dans ces assemblées, où l'on savait que l'empereur était présent, et où la crainte de le rencontrer imposait un peu silence. Pour lui, masqué jusqu'aux dents, assez facilement reconnu, cependant, par sa tournure particulière dont il ne se pouvait défaire, il parcourait les appartements, ordinairement appuyé sur le bras de Duroc. Il attaquait lestement les femmes, avec assez peu de décence dans les propos, et, s'il était attaqué lui-même, et ne reconnaissait pas tout de suite qui lui parlait, il finissait par arracher le masque, découvrant ce qu'il était par cet acte impoli de sa puissance. Il avait aussi grand plaisir à se servir de son déguisement pour aller tourmenter certains maris par des anecdotes, vraies ou fausses, sur leurs femmes. S'il apprenait que ces révélations avaient quelques suites, il s'en irritait après; car il ne voulait pas même que les actes de mécontentement qu'il avait excités fussent indépendants de lui. Il faut le dire, parce que cela est vrai, il y a dans Bonaparte une certaine mauvaise nature innée qui a particulièrement le goût du mal, dans les grandes choses comme dans les petites.

Cependant, au milieu de tous ces plaisirs, il travaillait fortement, et sa guerre personnelle avec le gouvernement anglais l'occupait beaucoup. Il imaginait toute sorte de moyens pour soutenir son système continental. Il se flattait de répondre par des articles de journaux au mécontentement qu'excitaient partout le renchérissement du sucre et du café, et la privation des marchandises anglaises. Il encourageait toutes les découvertes. Il espérait que le sucre de betterave et d'autres inventions, soit pour certaines productions, soit pour la confection des couleurs, nous affranchiraient du besoin de l'étranger. Il se fit adresser publiquement un rapport par le ministre de l'intérieur, qui avait obtenu, par le moyen des préfets, des lettres de chambres de commerce qui approuvaient le système continental, ce système devant imposer, disait-on, des privations momentanées pour assurer un jour la liberté des mers. On poursuivait les Anglais partout; on les tenait prisonniers à Verdun, on confisquait leurs biens en Portugal, on forçait la Prusse à se liguer contre eux; on menaçait la Suède, dont le roi s'entêtait à demeurer leur allié. La corde se tendait de part et d'autre. Il était impossible de ne pas prévoir que la mort seule de l'un des contendants terminerait la querelle, et les esprits sages s'inquiétaient déjà sérieusement. Mais, comme on nous trompait sur tout, la défiance se glissait toujours à chacune des lectures que nous faisions dans les journaux. On lisait sans croire. L'empereur s'épuisait à écrire sans persuader. Il s'irritait de cette défiance, et prenait tous les jours plus d'aversion contre les Parisiens. Il mettait sa vanité à vouloir convaincre; l'exercice de son pouvoir lui paraissait incomplet, quand il manquait son effet sur la pensée; le vrai moyen de lui plaire était de se montrer crédule : « Vous aimez Berthier, lui disait M. de Talleyrand, parce qu'il croit en vous. »

Quelquefois, on insérait dans les journaux, pour nous reposer des articles politiques, des anecdoctes racontant des mots et des actions journalières de l'empereur. On nous contait, par exemple, qu'il avait été voir le tableau de David qui représentait la cérémonie de son couronnement, qu'il avait admiré et intéressé le peintre par une foule d'observations fines et remarquables, et que, en sortant, il avait ôté son chapeau pour le saluer, et *montrer les sentiments de bienveillance qu'il accordait à tous les artistes.*

Ceci me rappelle qu'il reprocha une fois, à M. de Luçay, l'un de ses préfets du palais, et alors chargé de la surintendance de l'Opéra, de recevoir avec quelque hauteur les acteurs, lorsqu'ils avaient affaire à lui. « Savez-vous bien, lui disait-il, qu'un talent, dans quelque genre qu'il soit, est une vraie puissance, et que, moi-même, je ne reçois point Talma sans ôter mon chapeau? » Il y avait bien un peu d'exagération dans ce qu'il disait là; mais il est certain qu'il se montrait accueillant pour les artistes distingués, et qu'il les encourageait de ses largesses et de ses paroles, pourvu toutefois qu'ils se montrassent soumis à dévouer leur art à ses plaisirs, à ses louanges et à ses projets; car une réputation importante, indépendamment de sa volonté, l'offusquait; une gloire qu'il ne donnait pas le choquait toujours[1]. Il persécuta madame de Staël, parce qu'elle demeura hors de la ligne qu'il eût voulu lui tracer; il négligea l'abbé Delille, qui vécut loin de lui dans la retraite; il mit souvent aux prises avec sa police M. de Cha-

---

1. Dans ce temps, deux auteurs assez distingués, Jouy et Spontini, ayant donné l'opéra de *la Vestale* qui eut un grand succès, l'empereur, qui s'était mis en tête, on ne sait trop pourquoi, de préférer la musique française de l'auteur des *Bardes*, Lesueur sut un mauvais gré réel aux Parisiens de ne pas penser comme lui. Il conserva une sorte de malveillance contre le musicien italien, dont on retrouve les effets lors de la distribution des prix décennaux.

teaubriand, qui l'avait blessé, et qui affectait des opinions offensantes pour lui; enfin, il faut se mettre bien en tête que chacune de ses actions, à l'égard de qui que ce fût, était toujours le résultat d'un marché.

Le 21 janvier 1808, le Sénat assemblé accorda a levée de 80 000 combattants sur la conscription de 1809. Le conseiller d'État Regnault, orateur ordinaire dans ces sortes d'occasions, démontra que, de même que les levées précédentes avaient servi à conquérir la paix continentale, de même celle-ci servirait à obtenir enfin la liberté des mers; et personne ne contredit ce raisonnement. On a su que le sénateur Lanjuinais et quelques autres avaient parfois, pendant la durée de ce règne, essayé au Sénat quelques représentations sur ces levées si dures et si multipliées; mais ces observations s'évaporaient dans l'enceinte du palais sénatorial, et ne changeaient rien aux décisions prescrites d'avance. Le Sénat, soumis et craintif, n'inspirait aucune confiance nationale, et même on s'accoutuma à le regarder peu à peu avec une sorte de mépris. Les hommes sont sévères les uns envers les autres; ils ne se pardonnent point leurs faiblesses, et ils voudraient pouvoir applaudir dans un autre la vertu dont ils ne sont souvent point susceptibles; enfin, quelle que soit la tyrannie, l'opinion, pour qui veut l'écouter, se venge toujours plus ou moins. Il n'est pas de despote qui ignore les pensées qu'il inspire, le blâme qu'il excite. Bonaparte savait très positivement ce qu'il était, en bien et en mal, dans l'esprit des Français, mais il se flattait de pouvoir tout dominer.

Dans le rapport que son ministre de la guerre, le général Clarke, lui fit à l'occasion des nouvelles levées, on lit ces propres paroles : « Une politique vulgaire serait un fléau pour la France, elle rendrait imparfaits les grands résultats que vous avez préparés. » Personne n'était dupe de ces formules; on aurait pu souvent, toujours, demander comme dans la comédie : *Qui est-ce donc qu'on trompe ici?* mais on se taisait, et cela suffisait.

Peu après, les villes de Kehl, de Cassel, de Wesel et de Flessingue furent réunies à l'Empire, comme des clefs qu'il devenait nécessaire d'avoir en notre possession. On faisait à Anvers d'immenses et beaux travaux. En tout, l'activité était grande sur tous les points des pays qui dépendaient de la France.

CHAPITRE VINGT-HUITIÈME.

Au moment où le Parlement d'Angleterre s'ouvrit, il paraît que l'empereur conçut encore des espérances de mésintelligence entre le gouvernement anglais et la nation. Les discussions furent assez vives, l'opposition tonna comme de coutume. L'empereur l'aidait de tout son pouvoir, les notes du *Moniteur* étaient fulminantes; on payait quelques journalistes anglais, on se flattait de produire quelques désordres; mais le ministère anglais, au fond, marchait dans une route qui, quoique difficile, était honorable à son pays, et il avait toujours l'avantage. A chaque vote, 'empereur ressentait une colère nouvelle, et il avouait qu'il ne comprenait rien à cette forme de gouvernement « libéral, disait-il, et où la voix du parti populaire n'avait jamais d'importance ». Quelquefois, avec une sorte d'audace paradoxale, il disait : « En France, au fond, il y a bien plus de liberté qu'en Angleterre; car ce qu'il y a de pire pour une nation, c'est de pouvoir exprimer son vœu sans qu'il soit écouté. Ce n'est au bout du compte qu'une comédie offensante, une simagrée de liberté. Quant à moi, il n'arrive pas qu'on puisse me taire l'état de la France; je sais tout par moi-même, j'ai des rapports exacts, et je ne serais pas assez insensé pour oser faire ce qui serait en opposition directe avec les intérêts ou le caractère français. Toutes les clartés me parviennent comme à un centre commun. J'agis en conséquence, tandis que, chez nos voisins, on ne s'écarte point d'un système convenu qui est de maintenir l'oligarchie, à quelque prix que ce soit. Et, dans ce siècle, les hommes acceptent mieux le pouvoir d'un homme habile et absolu que la puissance humiliante d'une noblesse abâtardie partout. » Quand Bonaparte s'exprimait ainsi, en vérité on ne sait s'il cherchait à tromper les autres ou à se tromper lui-même. Son imagination, naturellement vive, influait-elle sur son esprit ordinairement si mathématique? La lassitude de la nation l'abusait-elle? Cherchait-il à se persuader ce qu'il souhaitait? On a cru le voir s'y efforcer souvent, et même quelquefois y parvenir. Au reste, comme je l'ai dit, Bonaparte pensait toujours se rapprocher de l'esprit de la Révolution, en attaquant ce qu'il appelait les *oligarques;* il voulait à tout propos l'égalité, qui n'était pour lui que du nivellement. Le nivellement est à l'égalité, précisément ce que le despotisme est à la liberté; car il écrase et détruit les facultés et les situations

CHAPITRE VINGT-HUITIÈME.

naturelles, auxquelles l'égalité donne carrière. L'aristocratie des classes nivelle, en effet, tout ce qui se trouve en dehors de ces classes privilégiées, en réduisant, par la plus douloureuse inégalité, la force à la condition de la faiblesse, le mérite à l'état de nullité.

L'égalité, au contraire, ennemie du nivellement, en permettant à chacun d'être ce qu'il est, d'arriver où il peut, ramène dans la société toute la variété des élévations naturelles et des influences légitimes. Elle forme aussi une aristocratie, non de classes, mais d'individus; non pas une aristocratie constituée de manière à niveler tout ce qu'elle domine, mais une aristocratie destinée à attirer dans la sphère élevée de son égalité tout ce qui mérite d'y atteindre. L'empereur avait, sans doute, le sentiment de ces différences; aussi, malgré sa noblesse, ses décorations, ses sénatoreries, toutes ses belles paroles, il ne tendait à autre chose qu'à enter son pouvoir absolu sur une vaste démocratie; car il y a aussi une démocratie niveleuse là où les droits politiques, accordés, en apparence, à tous, ne sont mis à la portée de personne.

Vers le commencement de février, on célébra le

mariage de mademoiselle de Tascher, créole et cousine de madame Bonaparte. Elle fut élevée au rang de princesse, et mariée par la reine de Hollande. La famille de son mari était alors au comble de la joie, et montrait une obséquiosité remarquable. Elle se flattait d'arriver à de grandes élévations. Le divorce la désenchanta tout à fait, et elle se brouilla avec cette jeune princesse, qui ne lui apportait point tout ce qu'elle avait espéré.

Nous vîmes dans ce temps à Paris le comte de Romanzow, ministre des affaires étrangères de Russie. C'était un homme d'esprit et de sens; il arriva plein d'admiration pour l'empereur et animé encore par l'enthousiasme réel qu'éprouvait alors le jeune souverain. Maître de lui cependant, il observa l'empereur avec attention; il s'aperçut de l'état de gêne des Parisiens, qui acceptaient leur gloire sans se l'approprier; il fut frappé de certaines disparates, et se forma un jugement modéré qui, depuis, a bien pu avoir quelque influence sur le czar. L'empereur lui demanda : « Comment trouvez-vous que je gouverne les Français? — Sire, un peu trop sérieusement, » répondit-il.

Bonaparte, à l'aide d'un sénatus-consulte, créa

CHAPITRE VINGT-HUITIÈME.

une nouvelle grande dignité de l'Empire, sous le titre de gouverneur général au delà des Alpes, et il conféra cette dignité au prince Borghèse, qui fut envoyé à Turin avec sa femme. Ce prince se vit forcé de vendre à l'empereur toutes les plus belles statues que renfermait la villa Borghèse, et dont on orna notre Musée. C'était alors une admirable chose que cette collection de tout ce que l'Europe avait possédé de chefs-d'œuvre réunis avec soin et élégance au Louvre, et, par ce genre de conquête, Bonaparte parlait très bien à la vanité et au goût français. I se fit faire un rapport, en séance du conseil d'État, sur les progrès des sciences, des lettres et des arts, depuis 1789, par une commission à la tête de laquelle était M. de Bougainville. Après avoir entendu le rapport, il répondit en ces termes :

« J'ai voulu vous entendre sur les progrès de l'esprit humain dans ces derniers temps, afin que ce que vous auriez à me dire fût entendu de toutes les nations, et fermât la bouche aux détracteurs de notre siècle, qui, cherchant à faire rétrograder l'esprit humain, paraissent avoir pour but de l'éteindre. J'ai voulu connaître ce qui me restait à faire pour encourager vos travaux, pour me consoler de ne pouvoir plus concourir autrement à leurs succès. Le bien de mes peuples et la gloire de mon trône sont également intéressés à la prospérité des sciences. Mon ministre de l'intérieur me fera un rapport sur toutes vos demandes; vous pouvez compter constamment sur les effets de ma protection. »

C'est ainsi que l'empereur s'occupait de *tout* à la fois, et qu'habilement il rattachait toutes les gloires humaines à l'éclat et à la grandeur de son règne.

J'ai dit qu'il désirait beaucoup fonder autour de lui des familles qui perpétuassent le souvenir des dignités qu'il accordait à ses favorisés. Il était blessé des obstacles qu'il avait rencontrés chez M. de Caulaincourt, qui était parti pour la Russie, déclarant très positivement que, ne pouvant épouser madame de ***, il ne se marierait jamais. L'empereur essayait de surmonter une autre opposition qu'il trouvait chez l'homme qu'il aimait le mieux, le prince de Neuchatel, maréchal Berthier. Depuis nombre d'années, celui-ci était intimement attaché à une Italienne, qui, plus près de cinquante ans que de quarante, avait encore une beauté remarquable.

Elle exerçait sur lui un grand empire, au point de se faire pardonner une foule de distractions qu'elle ne craignait point de se permettre devant ses yeux, et qu'elle colorait selon qu'il lui convenait, ou dont elle obtenait le pardon. Le maréchal Berthier, tourmenté par l'empereur, demandait souvent à son maître, pour prix de sa fidélité, de ne point le poursuivre dans cette chère faiblesse de son cœur. Bonaparte s'irritait, se moquait, revenait à la charge, et ne pouvait vaincre cette résistance qui dura plusieurs années. Cependant, à force de prières et de paroles, il l'emporta enfin, et Berthier, tout en répandant de vraies larmes, consentit à épouser une princesse qui tenait à la maison de Bavière, et qui fut conduite à Paris. Ils reçurent la bénédiction nuptiale en présence de l'impératrice et de l'empereur[1]. Cette princesse n'était nullement belle, et elle ne put faire oublier à son nouvel époux les sentiments qui l'attachaient. Il conserva donc cette passion jusqu'à la fin de sa vie.

La princesse était une excellente personne, assez pauvre. Elle se plaisait à la cour de France, elle

---

1. La princesse Marie-Élisabeth était fille du duc de Bavière-Birkenfeld.

trouvait qu'elle avait fait un *bon mariage*. Le prince de Neuchatel, comblé de dons de l'empereur, jouissait d'un immense revenu[1], et ce ménage de trois personnes vivait dans une parfaite intelligence. Elle est demeurée à Paris depuis la Restauration, et depuis la mort du maréchal, qui, pris d'une fièvre chaude au retour de Bonaparte, au 20 mars 1815, dans sa terreur de cet événement, perdit la tête au point de se précipiter ou de se laisser tomber (ainsi que quelques-uns l'ont dit) d'une fenêtre[2]. Il a laissé deux garçons. La belle Italienne est aussi à Paris, et continue ses relations avec la princesse[3].

Ce fut dans ce temps que l'empereur montra plus fortement encore que par le passé quelles idées monarchiques germaient dans sa tête, et qu'il

---

1. Il a eu jusqu'à un million de revenu.
2. Le roi l'avait fait capitaine de l'une de ses compagnies de gardes du corps.
3. La mort du prince de Neuchatel est entourée de circonstances tragiques et mystérieuses. Les uns assurent, en effet, qu'il s'est jeté par une fenêtre pendant un accès de fièvre chaude, les autres qu'il fut assassiné, et jeté dans la rue par une troupe de gens masqués. Il avait abandonné l'empereur, l'un des premiers parmi les maréchaux, et avait reconnu le nouveau gouvernement, avant même l'abdication de Fontainebleau. Le duc de Rovigo l'accuse dans ses Mémoires d'avoir ourdi un complot contre la vie de l'empereur. (P. R.)

fonda l'institution des majorats. Cette institution fut approuvée d'un grand nombre, blâmée par les autres, enviée d'une certaine classe, et adoptée en général assez vivement par beaucoup de familles, qui saisirent cette occasion de donner une importance à l'aîné de leur race, et de perpétuer leur nom.

L'archichancelier porta le décret au Sénat. Il représenta dans son discours que les distinctions héréditaires étaient de l'essence de la monarchie, qu'elles donnaient un nouvel aliment à ce qu'on appelle en France l'*honneur*, et que notre caractère national nous portait à les accueillir avec empressement.

Ensuite, il prononça quelques paroles pour rassurer les hommes de la Révolution, ajoutant que tous les citoyens ne seraient pas moins toujours égaux devant la loi, et que les distinctions accordées indistinctement à tous ceux qui les méritaient devaient, sans exciter la jalousie, enflammer l'ardeur de tous. Le Sénat reçut cette nouvelle détermination avec son approbation ordinaire, et vota une adresse de remerciement et d'admiration à l'empereur. Dans la donnée de cette fondation, quand la loi parut avec les détails, généralement on la trouva bien rédigée. On s'aperçut qu'on y avait pris des précautions contre l'indépendance, mais qu'on avait encore soumis les allèchements qu'on offrait à la vanité, à une forme régulière et administrative qui pouvait, au fond, concourir au bien de l'État. M. de Talleyrand exalta beaucoup cette nouvelle invention, et ne comprenait point une monarchie sans noblesse.

Le conseil du sceau fut créé pour surveiller la soumission de chacun aux lois par lesquelles on obtenait la fondation d'un majorat. M. Pasquier, alors maître des requêtes, en fut nommé procureur général. Des titres commencèrent à être accordés à ceux qui exerçaient quelques charges, ou qui avaient quelques grandes places dans l'État. Cela produisit d'abord une sorte de surprise moqueuse, à cause de cet accolement de certains noms précédés du titre de comte ou de baron; mais on s'y accoutuma assez vite, et, au fond, l'espérance pour tous d'arriver à quelque distinction fit qu'on se prêta assez bien à la supporter, et même à l'approuver chez les autres. J'ai ouï dire que c'est alors que l'empereur se montra véritablement ingénieux pour démontrer à tous les partis à quel point ils devaient approuver les créations qu'il entreprenait.

Il n'épargna aucune parole : « J'assure la Révolution, disait-il aux uns. Cette caste intermédiaire que je fonde est éminemment démocratique ; car, à toute heure, tout le monde y est appelé. Elle appuiera le trône, disait-il à des grands seigneurs. » Puis il ajoutait, en se tournant vers ceux qui voulaient arriver à une monarchie tempérée : « Elle s'opposera à l'empiétement du pouvoir absolu, car elle devient une autorité dans l'État. » Il disait encore à ce qui restait de vrais jacobins : « Réjouissez-vous, car voilà l'ancienne noblesse complètement anéantie. » Et à cette ancienne noblesse : « En vous décorant de nouvelles dignités, vous faites revivre les vôtres, et vous perpétuez vos anciens droits. » On l'écoutait, on voulait encore le croire. D'ailleurs, il ne donnait pas grand temps à nos réflexions, et il nous emportait dans le tourbillon de ses séductions de tout genre. Il les imposait avec force même, quand il était nécessaire. C'était une adresse de plus, car il y a des gens qui aiment avoir été forcés.

Une autre institution suivit celle-ci, et parut imposante et grandiose. Je veux parler de l'université. L'enseignement public fut concentré dans un système fort et étendu, et tout le décret qui le

concerne a été conçu, dit-on, par une grande
pensée. Dans la suite, il arriva pour l'université
ce qui advenait pour tout. Le despotisme de Bonaparte s'effarouchait promptement des pouvoirs
qu'il créait, et qui pouvaient devenir des obstacles à telle ou telle de ses volontés. Le ministre
de l'intérieur, le préfet, l'administration générale,
c'est-à-dire le système absolu, s'immiscèrent dans
les opérations que tentait le corps de l'université,
les contrarièrent, les détruisirent, quand elles annonçaient le plus léger esprit d'indépendance, et
nous sommes encore à ce sujet plutôt une belle façade qu'un véritable monument. M. de Fontanes fut
nommé grand maître de l'université. Ce choix, qui
fut généralement approuvé, était cependant celui
qui convenait le plus au maître, jaloux de conserver son pouvoir journalier sur les hommes et les
choses.

M. de Fontanes, qui avait, par son beau et noble
talent, et par la réputation du goût le plus éclairé,
une sorte de considération distinguée, alliait à
ces qualités un caractère assez triste, un peu d'insouciance, de paresse, une mollesse d'action qui
n'annonçaient aucune disposition à lutter quand
il l'eût fallu. Je le rangerais assez, lui-même, dans

CHAPITRE VINGT-HUITIÈME.

la classe des belles façades dont je parlais tout à l'heure. Cependant, l'éducation publique gagna quelque chose à cette création. On y remit de l'ordre, on fortifia les études, on occupa la jeunesse. On a dit que, sous l'Empire, l'éducation dans les lycées était purement militaire, et on a eu tort. Les lettres y étaient cultivées avec soin. On y perfectionna beaucoup l'étude des langues anciennes, des mathématiques et des arts; on eut égard aux mœurs, on exerça une grande surveillance. Mais l'éducation n'y fut ni assez religieuse, ni assez nationale, et nous étions parvenus à un temps où il eût fallu qu'elle fût l'une et l'autre. On ne tendit nullement à donner aux jeunes gens ces connaissances morales et politiques qui font les citoyens, et qui les préparent à prendre part aux travaux de leur gouvernement. On les forçait d'assister à la classe, mais on ne leur parlait pas de leur religion; on leur parlait bien plus de l'empereur que de l'État, et on les exaltait vers la gloire. Cependant la puissance de l'étude, l'émulation des récompenses, la force des temps, en ont formé un grand nombre, et aujourd'hui la jeunesse française, qui ne vaut pas tout ce qu'elle pourrait valoir, s'est pourtant développée d'une manière remarquable. On peut saisir une extrême différence entre celle qui s'est tenue loin de cette éducation publique offerte à tous, et celle qui a marché avec elle. L'esprit de parti, la défiance, une sorte d'inquiétude, portèrent l'ancienne noblesse française et une portion de la classe aisée à garder leurs enfants près d'eux; on les éleva dans une foule de préjugés dont aujourd'hui ils portent le poids. La jeunesse qui fut confiée aux lycées s'y fortifia de la toute-puissance de l'éducation publique; elle acquit une supériorité sur l'autre, qu'on lui disputerait en vain aujourd'hui. Peut-être s'égara-t-elle quelquefois, et se laissa-t-elle prendre au prestige brillant de l'auréole glorieuse qui environnait Bonaparte; mais l'enthousiasme des jeunes âmes prend toujours sa source dans les beaux sentiments; il les séduit sans les corrompre; on est de si bonne foi à vingt ans, qu'on ne rougit d'aucun changement. On peut avoir exalté Bonaparte, et revenir ensuite à l'amour du pays et d'une sage liberté. Les hommes âgés n'ont pas cet avantage. Comme on suppose plus de réflexion dans leurs approbations, ils sont honteux d'y renoncer; il faut du courage pour sentir et avouer qu'on a eu tort, et l'entêtement d'une vanité embarrassée est souvent ce qui fonde la fidélité à d'inutiles préjugés.

Le décret qui créa l'université, après avoir réglé les attributions de ceux qui doivent la composer, fixa leur traitement à des sommes élevées. On leur donna un costume très beau, une très grande représentation. Après le grand maître, l'évêque de Casal, M. de Villaret, qui était très estimé, fut chancelier. M. Delambre, secrétaire perpétuel de la première classe de l'Institut, considéré sous les rapports de la science et de la réputation, fut trésorier. Le conseil de l'université se trouva composé de gens distingués. On vit surgir les noms de M. de Bausset, ancien évêque d'Alais, aujourd'hui cardinal, de MM. Cuvier, de Bonald, de Frayssinous, Royer-Collard, etc... Les proviseurs des lycées, les professeurs furent choisis avec soin. Enfin, on applaudit beaucoup à cette création. Il est arrivé que les événements l'ont d'abord fait languir, et ensuite désorganisée, comme tout le reste.

Peu après, c'est-à-dire le 23 mars 1808, la cour se rendit à Saint-Cloud. L'empereur quittait toujours Paris le plus tôt qu'il pouvait. L'habitation des Tuileries lui déplaisait, à cause de l'impossibilité de s'y promener à l'aise; et puis, à mesure qu'il avançait, il se trouvait plus gêné en présence des Parisiens. Comme il n'aimait pas la contrainte, quand il se voyait au milieu de la ville, il s'apercevait qu'on y était trop bien informé des paroles ou des emportements qui lui échappaient. Il excitait une curiosité qui l'importunait; on l'accueillait froidement en public, on racontait mille anecdotes sur lui; enfin il était obligé de se contraindre. Aussi les voyages de Paris se raccourcissaient-ils de plus en plus, et commençait-on à parler d'habiter Versailles. La restauration du château fut même décidée, et Bonaparte dit plus d'une fois qu'il n'avait, au fond, besoin d'être à Paris que pendant la session du Corps législatif.

Lorsqu'il allait se promener au dehors, et qu'au retour il passait les barrières, il avait coutume de dire : « Nous voilà donc rentrés dans la grande Babylone. » Quelquefois, il rêvait les plans d'une transplantation de la capitale, et d'un établissement à Lyon; son imagination seule abordait la pensée d'un pareil déplacement, mais il s'y complaisait, et c'était une de ses rêveries favorites. Les Parisiens savaient assez bien que Bonaparte ne les aimait point, et ils s'en vengeaient par des calembours et par des anecdotes souvent in-

CHAPITRE VINGT-HUITIÈME.

ventées. Ils se montraient soumis, mais froids et railleurs à son égard. Les grands de sa cour adoptaient l'antipathie du maître, et ne parlaient de Paris qu'en l'accolant à quelque épithète irritée. Enfin, plus d'une fois, cette réflexion échappa tristement à l'empereur : « Ils ne m'ont point encore pardonné d'avoir pointé mes canons sur eux, au 13 vendémiaire. »

Une collection fidèle des observations que Bonaparte faisait sur sa propre conduite deviendrait un livre fort utile à nombre de souverains, ou à ceux qui se mêlent de les conseiller. Quand, aujourd'hui[1], j'entends des gens, qui me paraissent bien neufs dans l'art de gouverner les hommes, affirmer que rien n'est si facile, à l'aide de la force, que d'imposer sa volonté, et qu'en s'appuyant sur la puissance des baïonnettes, on peut contraindre une nation à subir tel régime qu'il plaira de lui infliger, je me rappelle ce que disait l'empereur sur les embarras qui avaient résulté pour lui de son début dans la carrière politique, des inconvénients provenant de l'emploi de la force contre les citoyens, des difficultés qui surgissaient, dès le lendemain du jour où l'on s'était vu forcé d'user d'une

1. J'écris en 1819.

telle ressource. Je me souviens que j'ai entendu dire à ses ministres que, lorsqu'on déterminait dans le conseil quelque mesure un peu violente, il leur adressait ordinairement cette question : « Me répondez-vous bien que le peuple ne se soulèvera pas? » et que le moindre mouvement populaire lui paraissait grave et fâcheux. On l'a vu prendre plaisir à peindre ou à écouter les émotions diverses qu'on éprouve sur le champ de bataille, et pâlir en entendant conter les excès où le peuple révolté peut se laisser entraîner. Enfin, si, en parcourant à cheval les rues de Paris, un ouvrier venait se jeter au-devant de lui pour implorer quelque grâce, son premier mouvement était toujours de frémir et de reculer.

Les généraux de la garde avaient l'ordre d'éviter avec le plus grand soin le contact entre le peuple et les soldats. « Je ne pourrais, disait-il, donner raison à ces derniers. » Et si, par hasard, il s'élevait quelque rixe entre des militaires et des bourgeois, c'était le plus habituellement les militaires qui étaient punis et éloignés, quitte à recevoir plus tard une distribution d'argent qui les calmait.

Cependant le nord de l'Europe était toujours dans un état d'agitation. Le roi de Suède demeurait trop fidèlement dévoué, pour l'intérêt de ses sujets, à la politique que lui imposait le gouvernement anglais; il excitait de plus en plus l'animadversion des Suédois, et sa conduite tenait un peu de l'état d'exaltation où se trouvait sa tête. L'empereur de Russie lui ayant déclaré la guerre, et, en même temps, ayant commencé une expédition contre la Finlande, M. d'Alopéus, ambassadeur russe à Stockholm, se vit tout à coup retenu prisonnier dans sa maison, contre tout droit des gens.

A cette occasion, les notes du *Moniteur* étaient fulminantes. On y disait : « Pauvre nation suédoise, en quelles mains es-tu tombée ! Ton Charles XII avait sans doute un peu de folie dans la tête, mais il était brave, et ton roi qui vint faire le spadassin en Poméranie, lorsque l'armistice existait, fut le premier à se sauver lorsque le même armistice, qu'il rompait, fut expiré. »

De pareilles paroles annonçaient un prochain orage. Au commencement du mois de mars, mourut le roi de Danemark, Christian VII. Son fils, qui était régent depuis longtemps, monta sur le trône, âgé de quarante ans, sous le nom de Frédéric V. Il est assez remarquable que, dans ce siècle où les peuples agités semblaient avoir besoin de souverains plus éclairés que jamais, plusieurs trônes de l'Europe furent occupés par des princes qui n'avaient qu'un faible usage de leur raison, et qui même, quelquefois, ne l'avaient point du tout. Témoin les rois d'Angleterre, de Suède, de Danemark, et la reine de Portugal.

Quelques mécontentements s'étaient manifestés, à l'occasion de l'arrestation de l'ambassadeur de Russie à Stockholm ; le roi quitta cette ville et se retira dans le château de Gripsholm, d'où il donna des ordres pour la guerre, soit contre les Russes, soit contre les Danois.

Mais tous les regards furent bientôt détournés de ce qui se passait au nord, pour se fixer sur le grand drame qui s'ouvrait en Espagne. Le grand-duc de Berg y avait été envoyé, et y avait pris le commandement de notre armée, qui s'était avancée sur les rives de l'Èbre. Le roi d'Espagne, faible, craintif, gouverné par son ministre, n'apportait aucune résistance contre la marche des troupes françaises qu'on présentait toujours comme dirigées vers le Portugal.

Le parti national des Espagnols, à la tête duquel se trouvait le prince des Asturies, s'irritait de cet envahissement, en apercevait les conséquences,

CHAPITRE VINGT-HUITIÈME

et se voyait sacrifié à l'ambition du prince de la Paix. Bientôt la révolte contre le ministre éclata; le roi et la reine, attaqués, se préparaient à quitter l'Espagne, dont l'empereur voulait les bannir, car il se réservait ensuite de détrôner le prince des Asturies, et croyait qu'il en viendrait facilement à bout. J'ai déjà dit que le prince de la Paix, séduit par les promesses qu'on lui avait faites, s'était dévoué à la politique de l'empereur, qui débutait en Espagne par cette faute énorme d'y faire arriver l'influence française accolée à celle d'un ministre détesté. Cependant le peuple de Madrid, s'étant porté à Aranjuez, pilla le palais du ministre, qui fut contraint de se cacher pour échapper à sa fureur. Le roi et la reine, épouvantés, et presque également affligés du danger de leur favori, furent contraints de lui demander sa démission, et, le 16 mars 1808, le roi, pressé de tous les côtés, abdiqua en faveur de son fils, en annonçant que sa santé le forçait d'aller chercher un autre climat. Cet acte de faiblesse apaisa la révolte. Le prince des Asturies prit le nom de Ferdinand VII, et, par le premier acte de son autorité, il confisqua les biens du prince de la Paix. Mais il n'avait point dans le caractère assez de force pour profiter entièrement de cette situation difficile. Effrayé de sa rupture avec son père, il hésitait dans le moment où il aurait fallu agir. D'un autre côté, le roi et la reine se jetaient dans les bras de l'empereur, appelaient à eux l'armée française. Le grand-duc de Berg alla les trouver à Aranjuez, et leur promit son dangereux secours. Les tergiversations de l'autorité, la crainte qu'inspiraient nos armes, les intrigues du prince de la Paix, les mesures dures et impératives de Murat, tout cela réuni mit le trouble et le désordre en Espagne, et cette malheureuse famille régnante ne tarda pas à s'apercevoir que cette discussion devait tourner au profit du médiateur armé qui s'en établissait le juge.

Le Moniteur rendit compte de ces événements, en déplorant le malheur du roi Charles IV, et, peu après, l'empereur quitta Saint-Cloud, sous prétexte de faire un voyage dans le midi de la France. L'impératrice le suivit, quelques jours plus tard, accompagnée d'une cour brillante.

En commençant la quatrième époque de ces Mémoires, je donnerai de plus grands détails sur ces événements. Ils étaient alors très obscurs pour nous. On se demandait ce que l'empereur allait faire; cette marche nouvelle d'une invasion, ces intrigues secrètes, dont on ne tenait point le fil, la défiance générale qui s'accroissait de plus en plus, tout rendait attentif.

M. de Talleyrand, que je voyais beaucoup, était mécontent. Il blâmait hautement tout ce qu'on faisait et ce qu'on allait faire. Il dénonçait Murat à l'opinion publique. Il criait à la perfidie, se lavait d'y avoir trempé, répétait que, s'il eût été ministre des affaires étrangères, il n'eût point voulu prêter son nom à de pareilles ruses. L'empereur s'irritait de ce blâme exprimé avec assez de liberté; il voyait qu'une approbation d'un genre nouveau se tournait du côté de M. de Talleyrand; il écoutait certaines dénonciations qu'on venait apporter contre lui, et leur liaison passée se trouvait interrompue. Il a beaucoup dit que M. de Talleyrand avait conseillé cette affaire d'Espagne, et qu'il s'en était déchargé après, en voyant son peu de succès. Je suis témoin que M. de Talleyrand la blâmait violemment dès cette époque, et qu'il s'exprimait avec une telle vivacité contre cette violation de tout droit des gens, que je me suis vue obligée de lui conseiller, plus d'une fois, de modérer l'amertume de ses paroles. Ce qu'il eût voulu, ce qu'il eût conseillé, je ne puis précisément le dire, car il ne l'a jamais fait connaître entièrement, et j'en ai écrit tout ce que j'en ai pu savoir. Ce qui est certain, c'est que l'opinion publique lui donna raison dans ce moment, et se déclara pour lui, parce qu'il ne dissimula point sa mauvaise humeur.

« C'est une basse intrigue, disait-il, et c'est une entreprise contre un vœu national ; c'est prendre au rebours sa position, et se déclarer l'ennemi des peuples ; c'est une faute qui ne se réparera jamais[1]. » En effet, la suite a prouvé que M. de Talleyrand ne s'était point trompé, et de ce funeste événement on peut dater la décadence morale de celui qui faisait alors trembler l'Europe entière.

A peu près vers ce temps, la douce et modeste reine de Naples était partie pour rejoindre son époux en Espagne, et occuper un trône sur lequel elle ne devait pas demeurer longtemps.

1. L'opposition de M. de Talleyrand à la guerre d'Espagne a été souvent contestée, et par l'empereur lui-même. Ce qui est dit ici ne peut laisser le moindre doute sur ce fait tout à l'honneur du bon sens et de la perspicacité du grand chambellan. M. Beugnot raconte, dans ses mémoires, une conversation presque identique : « Les victoires, lui disait le prince, ne suffisent pas pour effacer de pareils traits, parce qu'il y a là je ne sais quoi de vil, de la tromperie, de la tricherie. Je ne peux pas dire ce qui en arrivera, mais vous verrez que cela ne lui sera pardonné par personne. » (P. R.)

CHAPITRE XXIX

(1808.)

La guerre d'Espagne. — Le prince de la Paix. — Le prince des Asturies. — Abdication du roi Charles IV. — Départ de l'empereur. — Son séjour à Bayonne. — Lettre de l'empereur au prince des Asturies. — Arrivée de ce prince en France. — Naissance du second fils de la reine de Hollande. — Abdication du prince des Asturies.

Ce fut le 2 avril 1808 que l'empereur partit, sous prétexte de visiter les provinces du Midi, et en effet pour surveiller ce qui se passait en Espagne. J'en donnerai une idée, le plus succinctement possible [1].

On sait quelles transactions le roi d'Espagne,

---

[1]. Je crois devoir publier ce chapitre, ou plutôt ce fragment de chapitre, le dernier que ma grand'mère ait écrit, quoique rien n'en soit achevé, et qu'il n'y ait là que le récit historique, abrégé, des événements d'Aranjuez et de Bayonne. Probablement elle croyait nécessaire d'appuyer sur un exposé des faits les réflexions dont elle l'aurait fait suivre sur l'effet moral et politique de ces événements, et sur la rupture qu'ils amenèrent plus tard entre

Charles IV s'était vu forcé de faire avec les différents gouvernements de la France depuis la Révolution. Après avoir tenté inutilement, en 1793, de sauver la vie de Louis XVI, à la suite d'une guerre noblement entreprise, mais conduite avec gaucherie, les Espagnols reçurent la loi du vainqueur, et le gouvernement français s'immisça toujours plus ou moins dans leurs affaires. A leur tête était Emmanuel Godoï, dont on n'a point ignoré les moyens de succès, et qui, avec un esprit médiocre, fort peu de talents, parvint, par la nature du goût qu'il inspira à la reine, à gouverner les Espagnes. Il entassa sur sa personne toutes les dignités, les honneurs et les trésors que jamais favori ait pu obtenir. Il était né en 1768, d'une famille noble, et il fut placé dans les gardes du corps en 1787. La reine le distingua, il monta rapidement de grade en grade, devint lieutenant général, duc d'Alcudia, ministre des affaires

---

l'empereur et M. de Talleyrand, et les suites de cette rupture pour sa situation et celle de son mari. Du reste, ce récit s'accorde parfaitement avec celui que M. Thiers a fait de ces mêmes événements, et elle ne charge pas le tableau plus qu'il ne l'a chargé. Le point le plus grave, c'est-à-dire la mission de Savary auprès du prince des Asturies, est notamment traité par le grand historien d'une manière qui confirme, et au delà, tout ce qui est dit dans ces Mémoires. (P. R.)

étrangères en 1792. En 1795, il fut fait prince de la Paix, par suite du traité, peu honorable pour lui, qu'il conclut avec la France. Il cessa d'être ministre en 1798, mais il n'en dirigea pas moins les affaires, et conserva toute sa vie le plus grand empire sur le roi Charles IV, qui partagea si étrangement l'engouement de la reine sa femme. Le prince de la Paix avait épousé la nièce du roi Charles III.

Rien n'avait paru troubler la bonne intelligence qui régnait entre la France et l'Espagne, lorsque au moment où s'ouvrit la campagne de Prusse, le prince de la Paix, croyant que la guerre qui commençait allait faire pâlir la fortune de l'empereur, songea à armer l'Espagne pour la préparer à profiter des événements qui pouvaient l'aider à secouer le joug, et fit une proclamation qui invitait les Espagnols à s'enrôler de tous côtés. Cette proclamation arriva à l'empereur sur le champ de bataille d'Iéna, et bien des gens ont dit que, dès cette époque, il avait juré la perte de la maison de Bourbon en Espagne. Après ses succès, il dissémina les troupes espagnoles sur tous les points de l'Europe, et le prince de la Paix n'obtint sa protection qu'en se soumettant à sa politique. Bonaparte a tant répété, en 1808, qu'à Tilsit, le czar avait approuvé ses projets sur l'Espagne, et, en effet, immédiatement après le renversement de Charles IV, l'entrevue des deux empereurs s'est passée si amicalement à Erfurt, qu'il est assez vraisemblable qu'ils s'étaient mutuellement autorisés à poursuivre leurs projets, l'un vers le nord, l'autre vers le midi. Mais ce que je ne sais pas bien, c'est jusqu'à quel point Bonaparte trompa l'empereur de Russie lui-même; et s'il ne commença pas, d'abord, par lui confier seulement le partage qu'il feignait de préparer dans les États du roi Charles IV, et le dédommagement qu'il avait l'air de vouloir lui donner en Italie. Peut-être n'avait-il pas arrêté le plan de le déposséder entièrement. Ce qu'il y a de certain, c'est que M. de Talleyrand n'est point entré dans cette idée.

Quoi qu'il en soit, Murat, dans sa correspondance avec le prince de la Paix, le leurrait du don d'une portion du Portugal, qui, disait-il, serait devenu le royaume des Algarves. Une autre partie du Portugal devait appartenir à la reine d'Étrurie, et cette Étrurie devait désormais devenir l'empire du roi Charles IV, qui conserverait les colonies américaines, et, à la paix générale, prendrait le titre d'empereur des deux Amériques. Durant le voyage de 1807, un traité dressé sur ces bases fut conclu à Fontainebleau, à l'insu de M. de Talleyrand, et malgré lui, et le passage de nos troupes fut accordé par le prince de la Paix pour la conquête du Portugal. L'empereur, à Milan, ordonna à la reine d'Étrurie de retourner auprès de son père.

Cependant le prince de la Paix était de plus en plus odieux à la nation espagnole, et complètement haï du prince des Asturies. Celui-ci, animé par ses propres sentiments, et par les avis de ceux qui l'entouraient, inquiet de sa mésintelligence toujours croissante avec sa mère, de la faiblesse de son père, et de l'entrée de nos troupes, qui lui faisait soupçonner quelque trame nouvelle, poussé à bout d'ailleurs par le mariage que le prince de la Paix voulait lui faire contracter avec la sœur de sa femme, se détermina à écrire à Bonaparte pour lui faire connaître tous les griefs des Espagnols contre le favori, et pour lui demander son appui et la main de quelque femme de sa famille. Cette demande, qui pourrait bien avoir été inspirée par l'ambassadeur de France, demeura d'abord sans réponse. Peu après, le prince des Asturies fut dénoncé comme conspirateur, arrêté, et ses amis furent exilés. On trouva chez lui une foule de notes dénonciatrices des exactions commises par le prince de la Paix. On bâtit surtout cela une accusation de conspiration. La reine poursuivit son fils avec acharnement, et le prince des Asturies allait être mis en jugement, lorsque des lettres de l'empereur arrivèrent, et signifièrent qu'il ne voulait pas qu'il fût question dans le procès du projet de mariage du prince. Comme c'était sur ce point qu'on eût voulu faire porter la principale accusation de conspiration, il y fallut renoncer. Le prince de la Paix voulut se donner la bonne grâce de l'indulgence, et il parut avoir sollicité et obtenu le pardon du prince des Asturies. Le roi Charles IV écrivit à l'empereur pour lui rendre compte de l'affaire et de sa conduite, et Bonaparte devint conseil et arbitre de tous ces différends, qui, jusque-là, favorisaient ses projets. Tout cela se passa au mois d'octobre 1807.

Cependant, nos troupes s'établissaient en Espagne. Les Espagnols, surpris de cette invasion, murmuraient assez hautement, et se plaignaient de la faiblesse de leur souverain et de la trahison du favori. On se demandait pourquoi les armées espagnoles étaient envoyées sur les frontières du Portugal, loin du centre du royaume, qui était ainsi livré sans défense. Murat marchait vers Madrid. Le prince de la Paix envoya un homme à lui à Fontainebleau, pour prendre les dernières instructions. Cet homme, nommé Izquierdo, vit M. de Talleyrand qui l'éclaira, lui démontra l'erreur du prince de la Paix, et lui fit connaître à quel point le traité qu'on venait de signer à Fontainebleau, renfermait la destruction complète de toute la puissance espagnole. Cet Izquierdo, épouvanté de tout ce qu'il apprit, retourna promptement à Madrid, et, sur ses récits, le prince de la Paix ouvrit les yeux, et s'aperçut à quel point il était joué. Mais il était trop tard. On rappela les troupes, et on songea alors à imiter la conduite du prince du Brésil, en abandonnant le continent. La cour s'était retirée à Aranjuez; ses préparatifs ne pouvaient être tellement mystérieux qu'on n'en fût averti dans Madrid ; la fermentation de cette ville s'accrut à la nouvelle de l'approche de Murat et de l'éloignement de son roi. Bientôt cette fermentation éclata par une révolte ; le peuple se porta en foule à Aranjuez, le roi fut retenu prisonnier dans son palais, la maison du prince de la Paix pillée, celui-ci mis en prison, et arraché à grand'peine à la fureur du peuple. On contraignit le roi Charles IV à disgracier son favori, et à l'exiler d'Espagne. Dès le lendemain de cette journée, soit que le roi, épouvanté, se sentît trop faible pour régner sur un pays qui allait devenir le théâtre de tant de troubles, soit qu'un parti opposé sût habilement l'y contraindre, il abdiqua en faveur de son fils.

Tout cela se passait à quelques lieues de Madrid, et en présence de Murat, qui y avait établi son quartier général. Ce fut le 19 mars 1808 que le roi Charles IV écrivit à l'empereur que, sa santé ne lui permettant plus d'habiter l'Espagne, il venait d'abdiquer en faveur de son fils. Cet événement changeait tous les projets de Bonaparte. Il se voyait enlever le fruit de l'intrigue qu'il avait ourdie depuis six mois. L'Espagne allait se trouver gouvernée par un jeune prince qui paraissait, d'après ce qui venait de se passer, capable d'un acte de force. Il était vraisemblable que la nation espagnole embrasserait avec ardeur la cause d'un souverain qui sans doute avait pour but la délivrance de l'Espagne. Nos armées étaient reçues avec mécontentement à Madrid ; Murat se voyait déjà forcé de décréter des mesures sévères pour maintenir le bon ordre ; il fallait prendre un parti nouveau, et s'approcher, avant tout, du théâtre des événements pour les mieux juger. D'après cela, l'empereur se décida à se rendre à Bayonne. Il quitta Saint-Cloud le 2 avril, et se sépara de M. de Talleyrand assez froidement, en se gardant bien de lui faire part d'aucun projet. *Le Moniteur* annonça que l'empereur allait visiter les départements du Midi, et, seulement le 8 avril, sans avoir donné de grands détails sur ce qui se passait en Espagne, on nous apprit que l'empereur était désiré et même attendu à Madrid.

L'impératrice, qui aimait à voyager et à ne point quitter son époux, obtint la permission de partir après lui; elle le rejoignit à Bordeaux.

M. de Talleyrand me parut visiblement inquiet et mécontent de ce voyage. Je serais assez portée à croire que, depuis longtemps, par haine de Murat, et par suite d'un autre plan que j'ignore, il favorisait le parti qui dirigeait la conduite du prince des Asturies. Dans cette occasion, il se voyait écarté, et, pour la première fois, Bonaparte apprenait à se passer de lui. On ne comprenait rien à Paris de tout ce qui se passait; les articles officiels du *Moniteur* étaient chargés de nuages. Avec l'empereur, on s'attendait à tout; mais il commençait à blaser même la curiosité; et d'ailleurs, la maison d'Espagne n'inspirait pas un grand intérêt. On s'agita donc très peu d'abord, et on attendit que le temps répandît un peu plus de clarté. La France ne s'habituait que trop à considérer Bonaparte comme se servant d'elle seulement pour faire les affaires de sa politique et de son ambition particulières.

Cependant Murat, qui connaissait quelques-uns des projets de l'empereur, et qui voyait tomber, par l'abdication du roi Charles IV, une grande partie de son plan, agit à Madrid avec une habileté perfide. Il évita de reconnaître le prince des Asturies, et tout porte à croire qu'il ne contribua pas peu à ramener le vieux roi au désir de reprendre sa couronne. Un compte rendu du général Monthion, envoyé à Aranjuez auprès de Charles IV, qui fut inséré dans *le Moniteur*, apprit à l'Europe que ce monarque s'était amèrement plaint de son fils, qu'il déclarait son abdication forcée, et qu'en se remettant dans les mains de l'empereur, il recommandait surtout qu'on sauvât la vie au prince de la Paix. La reine, encore plus passionnée sur cet article, se livra aux plus violentes plaintes contre son fils, et ne parut occupée que de la profonde inquiétude que lui causait la situation du favori.

Les Espagnols avaient accepté l'abdication de leur roi, et se voyaient avec joie débarrassés du joug du prince de la Paix. A Madrid surtout, ils s'irritaient de la présence des Français, de la sécheresse de leurs relations avec le jeune souverain, et Murat ne put parvenir à contenir la fermentation naissante qu'à l'aide d'une sévérité, nécessaire dans sa situation, mais qui acheva de nous rendre odieux.

L'empereur, étant arrivé à Bayonne, s'établit au château de Marrac, situé à un quart de lieue de cette ville, incertain encore de ce qui résulterait de son entreprise, méditant le voyage de Madrid pour dernière ressource, mais déterminé à ne point laisser échapper le fruit des tentatives commencées. Personne autour de lui n'était dans son secret; il faisait agir tout son monde, sans s'ouvrir à qui que ce fût. On peut lire, dans la relation que l'abbé de Pradt a donnée de la révolution d'Espagne, des notes assez curieuses et des remarques justes sur la force avec laquelle l'empereur savait porter à lui seul le mystère de ses conceptions. L'abbé de Pradt était alors évêque de Poitiers. En

passant devant cette ville, Bonaparte l'emmena à
sa suite, lui sachant assez de goût et de talent
pour l'intrigue, et croyant pouvoir s'en servir.

J'ai ouï dire aux personnes qui firent ce voyage
que le séjour de Marrac fut triste, et que la
préoccupation de tout le monde était de souhaiter le dénouement de ce qui se passait, afin de retourner à Paris.

Savary fut promptement envoyé à Madrid, et
reçut vraisemblablement l'ordre de ramener le
prince des Asturies, à quelque prix que ce fût. Il
remplit sa mission avec cette exactitude qui lui
était particulière, et qui ne lui permettait jamais de réfléchir sur les ordres dont on le chargeait, ni sur les moyens qu'il lui fallait employer.
Ce fut le 7 avril que Savary vit le prince des Asturies à Madrid. Il lui annonça comme certain le
voyage de l'empereur en Espagne, prit tout le caractère d'un ambassadeur qui vient complimenter
un nouveau roi, s'engageant, au nom de son maître,
s'il trouvait ses dispositions amicales, à ne point
s'immiscer dans aucune des affaires de l'Espagne.
Ensuite il commença à insinuer que ce serait
avancer beaucoup les négociations que de venir
au devant de l'empereur, qui, assurait-il, allait

sous peu se rendre à Madrid ; et, ce qui a étonné tout le monde, et ce qui étonnera de même la postérité, c'est qu'il parvint à persuader le prince des Asturies et sa cour sur ce voyage. A la vérité, on ne peut guère douter que la menace ne fût jointe au conseil dans cette occasion, et que ce malheureux prince n'ait été entraîné dans le piège que par une multiplicité de lacs qui lui furent tendus à la fois. On lui fit sans doute sentir que sa couronne était à ce prix, que l'empereur, souhaitant cette démarche, ne lui prêterait secours que si on le satisfaisait sur ce point; on le leurra encore de l'espoir de le rencontrer sur le chemin. Il ne fut d'abord point question de passer la frontière.

Le prince des Asturies se trouvait entraîné par les événements à une entreprise un peu au-dessus de ses forces; il était plutôt agent que chef du parti qui l'avait porté sur le trône, et il ne pouvait entièrement s'accoutumer à la situation d'un fils révolté contre son père. Enfin la présence de nos armées l'intimidait; il n'osait répondre aux Espagnols du salut de la patrie, s'il résistait. Ses conseillers eux-mêmes étaient intimidés. Savary conseillait aussi, mais en menaçant, et ce malheureux prince, par suite d'une foule de sentiments divers, se détermina à l'action qui devait le plus immédiatement le perdre. J'ai entendu dire à Savary qu'une fois qu'il l'eut mis sur la route de Bayonne, il avait des ordres si positifs, qu'il était parfaitement déterminé à ne plus le laisser retourner; et, comme de fidèles serviteurs avaient averti son prisonnier, il le surveillait de si près, qu'il était bien certain qu'aucune force humaine n'eût pu le lui enlever. Pour observer cette intrigue aussi coupable que bien ourdie, l'empereur écrivit cette lettre, imprimée depuis, qui fut remise au prince des Asturies quand il était à Vitoria, et que je transcrirai ici, parce qu'elle aide à comprendre la suite des événements.

« Bayonne, avril 1808.

» Mon frère, j'ai reçu la lettre de Votre Altesse royale. Elle doit avoir acquis la preuve, dans les papiers qu'elle a eus du roi son père, de l'intérêt que je lui ai toujours porté. Elle me permettra, dans la circonstance actuelle, de lui parler avec franchise et loyauté. En arrivant à Madrid, j'espérais porter mon illustre ami à quelques réformes nécessaires dans ses États, et à donner quelque satisfaction à l'opinion publique. Le renvoi du prince de la Paix me paraissait nécessaire pour son bonheur et celui de ses sujets. Les affaires du Nord ont retardé mon voyage. Les événements d'Aranjuez ont eu lieu. Je ne suis point juge de ce qui s'est passé, et de la conduite du prince la Paix, mais ce que je sais bien, c'est qu'il est dangereux pour les rois d'accoutumer les peuples à répandre du sang, et à se faire justice eux-mêmes. Je prie Dieu que Votre Altesse royale n'en fasse pas un jour elle-même l'expérience. Il n'est pas de l'intérêt de l'Espagne de faire du mal à un prince qui a épousé une princesse du sang royal, et qui a si longtemps régi le royaume. Il n'a plus d'amis. Votre Altesse royale n'en aura plus, si jamais elle est malheureuse. Les hommes se vengent volontiers des hommages qu'ils nous rendent. Comment, d'ailleurs, pourrait-on faire le procès au prince de la Paix, sans le faire à la reine et au roi votre père? Ce procès alimentera les haines et les passions factieuses; le résultat en sera funeste pour votre couronne. Votre Altesse royale n'y a de droits que ceux que lui a transmis sa mère; si le procès la déshonore, Votre Altesse royale déchire par là ses droits.

» Qu'elle ferme l'oreille à des conseils faibles et perfides; elle n'a pas le droit de juger le prince de la Paix. Ses crimes, si on lui en reproche, se perdent dans les droits du trône. J'ai souvent manisfesté le désir que le prince de la Paix fût éloigné des affaires. L'amitié du roi Charles m'a porté souvent à me taire, et à détourner les yeux des faiblesses de son attachement. Misérables hommes que nous sommes! Faiblesse et erreur, c'est notre devise. Mais tout cela peut se concilier : Que le prince de la Paix soit exilé d'Espagne, et je lui offre un refuge en France. Quant à l'abdication du roi Charles IV, elle a eu lieu dans un moment où mes armées couvraient les Espagnes, et, aux yeux de l'Europe et de la postérité, je paraîtrais n'avoir envoyé tant de troupes que pour précipiter du trône mon allié et mon ami. Comme souverain voisin, il m'est permis de vouloir tout savoir, avant de reconnaître cette abdication. Je le dis à Votre Majesté royale, aux Espagnols, au monde entier : Si l'abdication du roi Charles IV est de pur mouvement, s'il n'y a pas été forcé par l'insurrection et l'émeute d'Aranjuez, je ne fais aucune difficulté de l'admettre, et je reconnais Votre Altese royale comme roi d'Espagne. Je désire donc causer avec elle pour cet objet. La circonspection que je porte, depuis un mois, dans cette affaire doit lui être garant de l'appui qu'elle trouvera en moi, si, à son tour, des factions, de quelque nature qu'elles soient, viennent à l'inquiéter sur son trône. Quand le roi Charles me fit part de l'événement du mois d'octobre dernier, j'en fus douloureusement affecté, et je peux avoir contribué, par les insinuations que j'ai faites, à la bonne issue de l'affaire de l'Escurial. Votre Altesse royale avait bien des torts; je n'en veux pour preuve que la lettre qu'elle m'a écrite, et que j'ai constamment voulu ignorer. Roi à son tour, elle saura combien les droits du trône sont sacrés. Toute démarche près d'un souverain étranger est criminelle. Votre Altesse royale doit se défier des écarts des émotions populaires. On pourra commettre quelques meurtres sur mes soldats isolés, mais la ruine de l'Espagne en serait le résultat. J'ai déjà vu avec peine qu'à Madrid on ait répandu des lettres du capitaine général de la Catalogne, et fait tout ce qui pouvait donner des mouvements aux têtes.

» Votre Altesse royale connaît ma pensée tout entière; elle voit que je flotte entre diverses idées qui ont besoin d'être fixées. Elle peut être certaine que, dans tous les cas, je me comporterai avec elle comme avec le roi son père. Qu'elle croie à mon désir de tout concilier, et de trouver des occasions de lui donner des preuves de mon affection et de ma parfaite estime. »

On voit, par cette lettre, que l'empereur se réservait le droit de juger encore de la validité de l'abdication du roi Charles IV. Cependant il paraît que Savary flatta le jeune roi d'un assentiment plus positif que celui qui était contenu dans cette lettre, tandis que Murat encourageait sous main le roi Charles à une rétractation. En écrivant de cette manière au prince des Asturies, l'empereur se ménageait les moyens de sauver le prince de la Paix, s'il était nécessaire, de prendre la défense du roi Charles IV, enfin de blâmer le premier mouvement d'insurrection du prince des Asturies contre son père. On a su pourtant, à cette époque, que l'ambassadeur de France avait fait insinuer à ce prince la demande qu'il fit d'une épouse prise dans la famille impériale, demande qui fut son plus grand crime auprès du favori.

Le prince des Asturies avait quitté Madrid le 10 avril; il recevait sur la route les témoignages d'affection de son peuple, et partout on lui montrait de l'inquiétude, en le voyant approcher de la frontière. Savary l'assurait toujours qu'en avançant davantage, il finirait par rencontrer l'empereur, et il le gardait de plus en plus près. A Burgos, le conseil du prince commença à s'alarmer; on poussa jusqu'à Vitoria. Là, le peuple détela les chevaux du prince; il fallut que la garde lui ouvrît un passage, et ce fut en quelque sorte malgré la volonté du prince lui-même dont les espérances se dissipaient à mesure.

« A Vitoria, me disait depuis Savary, je crus un moment que mon prisonnier m'allait échapper; mais j'y mis bon ordre, je lui fis peur. — Enfin, lui répondis-je, s'il avait résisté, est-ce que vous l'auriez tué? — Oh! non, reprit-il, mais je vous atteste que je ne l'aurais point laissé retourner. »

Ce qui rassurait les conseillers du prince, c'est qu'ils s'étaient persuadé qu'un mariage arrangerait tout, et, ne pouvant entrer dans l'immensité des plans impériaux, ils regardaient qu'une telle alliance, et le sacrifice de quelques hommes et de la liberté du commerce, serait la conclusion du traité définitif. On céda donc aux sollicitations très militaires de Savary, et enfin, on passa la frontière. Le cortège entra dans Bayonne le 21 avril. Les personnes qui se trouvaient auprès de l'empereur alors connurent par le changement de son humeur à quel point l'arrivée des infants était importante pour ses projets. Il avait paru jusque-là très soucieux ; il ne s'ouvrait à aucun, mais il envoyait courriers sur courriers. Il n'osait compter sur le succès de son entreprise ; il avait fait engager le vieux roi à le venir joindre ; et lui, ainsi que la reine et le favori, n'avaient alors rien de mieux à faire. Mais il était si vraisemblable que le nouveau roi profiterait de la révolte prête à éclater en Espagne, et qu'il exciterait l'enthousiasme naissant de toutes les classes pour la délivrance de la patrie, que, jusqu'au moment où il sut que le prince avait franchi les Pyrénées, l'empereur dut regarder cet événement comme à peu près impossible. Il a dit, depuis, qu'à dater de cette faute, il n'avait plus douté de l'incapacité du roi Ferdinand.

Le 20 avril, la reine de Hollande accoucha d'un garçon qui fut nommé Louis[1]. A cette époque est mort le peintre Robert, fameux par la facilité de

1. Cet enfant est devenu l'empereur Napoléon III. Le hasard qui le fait naître le jour même de l'arrivée des infants à Bayonne,

son talent, le goût qu'il avait, surtout en architecture ; d'ailleurs, excellent homme et fort spirituel[1].

L'abbé de Pradt a raconté toutes les circonstances de l'arrivée des princes, et, comme il en fut témoin, je renvoie encore à son ouvrage, sans me croire obligée ici de le copier. Il dit que l'empereur vint de Marrac à Bayonne, qu'il traita le prince des Asturies d'égal à égal, qu'il lui donna dans la même journée à dîner, en lui accordant tout le cérémonial de la royauté, et que ce ne fut que le soir de ce jour, quand le prince fut retourné à son logis, que Savary revint chez lui, chargé de lui signifier l'intention de Bonaparte. Cette intention était de renverser la dynastie régnante, pour mettre la sienne à sa place, et, en conséquence, l'abdication était demandée à toute la famille. L'abbé de Pradt s'étonne avec raison de cette scène de comédie que joua l'empereur dans

au moment où la faute criminelle de la guerre d'Espagne s'accomplissait, peut prêter aux rapprochements des historiens fatalistes. (P R.)

1. Il ne s'agit pas ici de Léopold Robert, plus apprécié de la génération actuelle, mais d'Hubert Robert, né en 1733, membre de l'Académie en 1766, et connu par des tableaux de ruines où le goût classique commence à trahir quelques tendances modernes, ou romantiques, comme on aurait dit un peu plus tard. (P. R.)

la journée, et on ne conçoit guère comment il se donna l'embarras de faire, le matin, un personnage ayant des intentions si opposées à celles de la soirée. Quel que fût son motif, on comprend la stupeur des princes espagnols, et quels durent être leurs regrets de s'être ainsi livrés à leur ennemi, qui dès ce moment fut inflexible. Dès lors, ils essayèrent, non de fuir, car ils s'aperçurent promptement que cela était impossible, mais d'instruire la junte qui siégeait à Madrid, et de leur captivité, et des déterminations qui assuraient la perte des derniers Bourbons. La plupart des courriers furent arrêtés; quelques-uns passèrent cependant; les nouvelles qu'ils portaient excitèrent l'indignation à Madrid, et, de là, dans toute l'Espagne. Les protestations de quelques provinces parurent, le peuple s'ameuta dans plusieurs villes; à Madrid, la sûreté de l'armée française fut compromise. Murat redoubla de sévérité, et devint l'objet de la haine comme de la terreur de tous les habitants. Tout le monde sait aujourd'hui à quel point l'empereur se trompa sur l'état de l'Espagne et sur le caractère des Espagnols. Il apporta dans cette odieuse entreprise les deux mêmes erreurs de son caractère et de son esprit, qui l'ont quelquefois entraîné à de si grandes fautes : Premièrement, cette volonté de l'emporter de haute lutte, cette impatience d'être obéi qui le jetait dans la précipitation, et qui souvent lui faisait négliger les intermédiaires qu'on ne dédaigne pas toujours impunément. Ensuite, cette opinion trop arrêtée chez lui, que les hommes subissent très peu de modifications importantes par l'action de leur gouvernement, et que les différences nationales sont d'une si mince considération, que la politique peut agir de la même manière sur des hommes du Midi ou du Nord, sur des Allemands, des Français ou des Espagnols. Il a avoué, depuis, s'être fortement trompé dans cette idée. En apprenant qu'il existait en Espagne une classe élevée qui s'apercevait du mauvais gouvernement qui la régissait, et qui souhaitait quelques changements constitutionnels, il ne douta point que le peuple ne donnât aussi dans l'appât qu'on lui présenterait d'une révolution pareille à celle de France. Il crut qu'en Espagne, comme ailleurs, on soulèverait facilement les hommes contre l'influence temporelle des prêtres, en supprimant tous les intermédiaires dont je parlais tout à l'heure. Démêlant avec la vivacité de son esprit, que le mouvement qui avait excité la révolte d'Aranjuez et mis le pouvoir dans les mains d'un prince faible, trop évidemment dénué des moyens qui font et contiennent les révolutions, il supposa, en dévorant d'avance le temps, les obstacles, les incidents qui retardent, qu'un premier ébranlement donné aux institutions espagnoles en amènerait le changement complet. Il crut donc rendre une sorte de service à la nation même, en devançant les événements, en s'emparant d'avance de leur révolution, et la conduisant de prime abord là où il croyait que la suite des temps devait la mener. Mais quand même il serait possible de parvenir à persuader tout un peuple, et à lui faire accepter, comme résultat d'une prévision habile et sûre, ce qu'il ne peut comprendre que par l'expérience des faits, et souvent des malheurs, l'odieux de tous les moyens employés par l'empereur jeta sur sa conduite un tort qui le flétrit aux yeux de ceux qu'il voulait gagner, et qu'il crut servir : *Jéhu n'avait pas le cœur assez droit, ni les mains assez pures* pour que l'Espagne le reçût comme le restaurateur dont elle avait besoin. Le joug étranger, d'ailleurs, souleva l'orgueil espagnol. Les ruses qui furent ourdies, l'emprisonnement des souverains, le mépris trop étalé des croyances religieuses, les menaces, les exécutions qui suivirent, et, un peu plus tard, les exactions et les cruautés de la guerre, tout se réunit pour s'opposer à toute entente. Bientôt les deux parties contendantes, animées l'une contre l'autre, ne virent plus entre elles qu'une lutte violente, excitée par le désir de se résister et de se détruire mutuellement. L'empereur lui-même sacrifia tout à la passion de ne rien céder; il prodigua les hommes et l'argent, seulement pour demeurer le plus fort; car il aurait rougi devant l'Europe d'avoir été vaincu, et la guerre la plus sanglante, les plus épouvantables désastres furent la suite de son orgueil blessé, comme du despotisme de sa volonté. Il ne parvint donc à créer que l'anarchie en Espagne. La nation, se voyant sans armée, se crut chargée de la défense du sol, et Bonaparte, qui mettait sa vanité et sa sûreté à être l'élu des peuples, qui, dans son système, n'eût jamais dû faire la guerre qu'aux rois, se trouva en peu d'années hors du terrain politique sur lequel il avait fondé sa puissance, et dévoila aux yeux de tous que c'était pour son profit seul qu'il exploitait le pouvoir.

Néanmoins, ce ne fut pas sans prévoir une partie de ces inconvénients qu'il continua à avancer dans la route tortueuse où il était entré. Le refus que fit le prince des Asturies de signer son abdication lui causa une violente inquiétude. Craignant que ce prince ne lui échappât, il le fit garder à vue ; il essaya sur lui tous les moyens de séduction et de violence, et tous ceux qui l'entouraient s'aperçurent facilement de l'agitation dans laquelle il était retombé. Duroc, Savary, l'abbé de Pradt, furent chargés de gagner, persuader ou effrayer les conseillers du prince. Mais quel moyen de parvenir à persuader aux gens de consentir à se voir déposséder? En acceptant l'opinion de l'empereur, que chacun des membres de la famille régnante était également médiocre et inhabile, il faut conclure encore qu'il eût été plus adroit de leur laisser le pouvoir et le trône ; car l'obligation d'agir, dans un temps qui devenait si difficile, les eût conduits à beaucoup de fautes dont leur ennemi eût alors profité. Mais, en les outrageant par la violation de tous les droits humains, en paralysant leur action, en les condamnant au rôle si simple et si touchant de victimes, on déterminait ou facilitait tellement ce qu'ils avaient à faire, qu'on attirait l'intérêt sur eux, sans même qu'ils eussent à prendre la moindre peine pour l'exciter. A l'égard des princes d'Espagne et du pape, l'empereur a fait une faute pareille, et il en a reçu la même punition.

Cependant, comme il voulait sortir de cet état d'angoisse, il se détermina à mander le roi Charles IV à Bayonne, et à prendre, tout à coup et hautement, le parti du vieux souverain détrôné. Il entrevit que la marche qu'il allait suivre entraînerait la guerre; mais aussitôt il se flatta, car, sitôt un parti pris, son imagination active parvenait promptement à le flatter, que cette guerre ressemblerait à toutes les autres. « Oui, disait-il, je sens que ce que je fais n'est pas bien, mais qu'ils me déclarent donc la guerre! » Et, quand on lui représentait qu'une déclaration de guerre était une chose bien peu à attendre de la part de personnes transplantées hors de leur territoire et privées de leur liberté : « Et pourquoi aussi sont-ils venus? Ce sont des jeunes gens sans expérience, et qui viennent ici sans passeports. Il faut que je juge cette entreprise bien nécessaire; car j'ai bien besoin de marine, et ceci va me coûter les six vaisseaux que j'ai à Cadix. » D'autres fois, il disait ,

« Si ceci devait me coûter 80 000 hommes, je ne le ferais pas ; mais il ne m'en faudra pas 12 000 ; c'est un enfantillage. Ces gens-ci ne savent pas ce que c'est qu'une troupe française. Les Prussiens étaient comme eux, et on a vu comment s'en sont trouvés. Croyez-moi, ceci finira vite. ils Je ne voudrais faire de mal à personne, mais quand mon grand char politique est lancé, il faut qu'il passe. Malheur à qui se trouve sous les roues ! »

Vers la fin du mois d'avril, on vit arriver à Bayonne le prince de la Paix, que Murat avait délivré de la captivité où il était retenu à Madrid. La junte, présidée par don Antonio, frère de Charles IV, le céda avec peine ; mais le temps de la résistance était passé. Le favori avait perdu l'espérance de sa future souveraineté ; mais sa vie était compromise en Espagne, la protection de l'empereur était son unique ressource ; il n'était donc point douteux qu'il se prêterait à tout ce qu'on exigerait de lui. Il lui fut enjoint de diriger le roi Charles dans la route qu'on voulait qu'il suivît, et il s'y prêta sans nulle observation.

Je ne puis m'empêcher de transcrire une réflexion de l'abbé de Pradt, qui me paraît fondée et qui trouve ici tout naturellement sa place[1] :

« A cette époque, dit-il, la partie du projet qui concernait la translation de Joseph à Madrid n'était pas encore déclarée. On pouvait la prévoir; mais Napoléon n'en avait pas laissé percer l'idée. Dans les conférences que la négociation avec M. Escoiguiz me mit à portée d'avoir avec Napoléon, il ne lui était pas arrivé d'en rien témoigner, abandonnant au temps de dévoiler chaque partie d'un plan dont il graduait avec soin la manifestation, après l'avoir porté dans son cœur pendant une longue suite de jours, sans qu'aucune indiscrétion l'eût soulagé du fardeau de son secret : emploi bien déplorable sans doute de la force d'âme, mais qui cependant montre un grand empire sur lui-même de la part de l'homme qui peut se maîtriser à ce point, surtout quand il est porté à l'indiscrétion, principalement dans la fougue de la colère, comme l'était Napoléon. »

Le roi Charles IV arriva à Bayonne le 1ᵉʳ mai, avec sa femme, leur plus jeune fils, la fille du

---

1. *Mémoires historiques sur la révolution d'Espagne*, par l'auteur du *Congrès de Vienne*, in-8°, Paris, 1816. (P. R.)

prince de la Paix, la reine d'Étrurie accompagnée de son fils, et, un peu plus tard, don Antonio, qui fut contraint de quitter la junte et de se rendre auprès de sa famille.

APPENDICE

Ici se terminent les Mémoires de ma grand'mère, et l'on regrettera sans doute que la mort ne lui ait pas permis de les prolonger, au moins jusqu'au divorce de l'empereur, que l'on voit planer dès le premier jour comme une menace sur la tête de cette Joséphine, toute séduisante, tout aimable, et peu intéressante au demeurant. Nul ne peut suppléer à ce qui manque ici, et les lettres mêmes de l'auteur donnent peu de renseignements politiques sur les temps qui suivent. Elle parlait même rarement, dans les derniers jours, de sa vie de ce qu'elle avait alors vu ou souffert. Mon père a pourtant eu parfois le projet de continuer son récit, en recueillant ce que ses parents lui avaient raconté, en anecdotes ou en impressions, sur la fin de l'Empire, et ce qu'il savait de leur vie. Il n'a pas accompli son projet en entier, et n'a rien laissé d'achevé sur ce point. Ses notes pourtant nous paraissent précieuses et donnent le dénouement nécessaire du grand drame qui se déroule dans les chapitres précédents. On trouvera peut-être intéressant de les lire à la suite des Mémoires qu'elles complètent, quoiqu'il ait exprimé, dans un ouvrage plus étendu, son jugement sur les derniers jours de l'Empire et sur le

temps où il naissait à la vie politique. Il y a là des observations générales et particulières, et une opinion éclairée sur la conduite des fonctionnaires et des citoyens dans les temps difficiles, qui mérite d'être connue. On me pardonnera donc d'imprimer cet appendice aux Mémoires, en laissant à ces notes un caractère évident de négligence et d'improvisation, me bornant aux modifications nécessaires à la correction et à la clarté du récit.
PAUL DE RÉMUSAT.

« Les souverains espagnols arrivèrent à Bayonne au mois de mai 1808. L'empereur les expédia à Fontainebleau, et envoya Ferdinand VII à Valençay, terre qui appartenait à M. de Talleyrand. Puis il revint, après avoir parcouru les départements du Midi et de l'Ouest, et après avoir fait un voyage politique dans la Vendée, où il produisit beaucoup d'effet. Il arriva à Paris vers le milieu du mois d'août.

» Mon père, qui était alors premier chambellan, fut chargé de recevoir les Bourbons d'Espagne à Fontainebleau. Il le fit naturellement avec ses soins et ses manières ordinaires. Quoiqu'il nous rapportât de ce voyage des traits qui étaient peu propres à donner une grande idée de Charles IV, non plus que de la reine et du prince de la Paix, qui l'accompagnait, il avait naturellement témoigné à ces princes détrônés le respect dû à leur rang et à leur malheur. Comme, apparemment, quelques-uns des autres officiers de la cour, plutôt par ignorance que par mauvais sentiment, s'étaient conduits d'une façon différente, Charles IV le remarqua, et il disait : « Rémusat, lui, il sait que je suis Bourbon. »

» M. de Talleyrand était précisément à Valençay quand l'empereur le chargea d'aller y recevoir, évidemment pour le compromettre dans l'affaire d'Espagne, les trois infants. Il fut un peu troublé de la commission, et cependant il n'épargnait pas, à son retour, les observations piquantes à ces étranges descendants de Louis XIV. Il racontait qu'ils achetaient des jouets d'enfants à tous les petits marchands des foires du voisinage, et que, lorsque ensuite un pauvre leur demandait l'aumône, ils lui donnaient un pantin. Il les accusa, plus tard, d'avoir fait du dégât à Valençay, et il le dit même avec à-propos au roi Louis XVIII, qui, désirant l'éloigner de la cour, et n'osant lui donner l'ordre, lui vantait la beauté et la magnificence du château de Valençay : « Oui, c'était » assez bien, » dit-il; « mais les princes espagnols y ont » tout dégradé, à force d'y tirer des feux d'artifice pour » la Saint-Napoléon. »

» M. de Talleyrand, quoiqu'il commençât à sentir que sa situation auprès de l'empereur était moins simple et moins forte, le trouva, en allant le rejoindre, bienveillant et confiant en apparence. Aucun nuage ne se laissa apercevoir entre eux. L'empereur avait besoin de lui pour la conférence d'Erfurt, à laquelle il se rendit avec lui, à la fin de septembre. Mon père y accompagna l'empereur. Les lettres qu'il dût écrire de là à ma mère ne se sont pas retrouvées. Mais cette correspondance devait être si surveillée et si réservée, que je crois cette perte sans importance. Mon père nous rapporta surtout des récits de l'union des deux empereurs, de la coquetterie mutuelle de leurs rapports, de la bonne grâce de l'empereur Alexandre. M. de Talleyrand a écrit une relation de cette conférence d'Erfurt dont il a fait plusieurs lectures. Il se vantait, à son retour, que, le jour où les deux empereurs montèrent en voiture pour s'éloigner chacun de son côté, il avait dit à l'empereur Alexandre, en le reconduisant : « Si vous pouviez vous tromper de voi- » ture!... » Il avait trouvé quelques qualités à ce prince, et il s'était attaché à se faire dans son esprit une position dont il recueillit les fruits en 1814; mais, dès ce temps-là, il ne prenait l'alliance russe que comme une nécessité accidentelle, quand on était en guerre avec l'Angleterre, et il ne cessait pas de regarder une liaison avec l'Autriche, base éventuelle d'un rapprochement futur avec l'Angleterre, comme le vrai système de la France en Europe. Il a été assez fidèle à ce système dans sa conduite politique, soit lors du mariage de Napoléon, soit en 1814 et en 1815, soit sous le règne de Louis-Philippe. Il en parlait souvent à ma mère.

» Ma mère aurait eu à raconter, en achevant cette année 1808 : 1° la conférence d'Erfurt, suivant les récits de M. de Talleyrand et de mon père; 2° le contre-coup de l'affaire d'Espagne sur la cour des Tuileries et sur la société de Paris. La partie royaliste de cette cour et de cette société fut un peu émue de la présence de ces vieux Bourbons à Fontainebleau. C'est, je crois, alors qu'il faut placer la disgrâce et l'exil de madame de Chevreuse.

» Revenu d'Erfurt au mois d'octobre, l'empereur ne fit que passer à Paris, et partit aussitôt pour l'Espagne, d'où il revint au commencement de 1809, après une campagne peu décisive. L'opinion était loin de s'être améliorée à l'égard de sa politique. On avait pensé, pour la première fois, à la possibilité de sa perte, surtout à sa mort soudaine dans une guerre où un patriotisme insurrectionnel pouvait armer le bras d'un assassin. Des rapports, en partie fidèles, en partie envenimés, lui avaient fait connaître les progrès d'une désapprobation et d'une défiance dont Talleyrand et Fouché n'avaient pas craint de se rendre les organes. Le premier surtout a toujours été hardi, et même imprudent, comme tous les hommes qui sont vains de leur conversation, et qui la croient une puissance. Fouché, dont les propos étaient plus réservés, ou moins répétés dans les salons, avait été peut-être plus loin dans la voie de l'action. En esprit positif qu'il était, il s'était posé pratiquement l'hypothèse de l'ouverture de la succession impériale, et, dans cette hypothèse, il s'était rapproché de M. de Talleyrand. L'empereur revint irrité, et il témoigna son irritation à la cour, et surtout au conseil des ministres, par la scène célèbre qu'il fit à M. de Talleyrand[1], à qui il ôta la place de grand chambellan, pour la donner à M. de Montesquiou.

» On a trouvé parfois mauvais que des fonctionnaires importants de l'Empire, tels que MM. de Talleyrand et Fouché, ainsi que d'autres moins connus, se soient préoccupés de ce qui frappait tout le monde, et attachés à ne pas tromper l'opinion quand celle-ci, en se manifestant, aurait pu arrêter les développements d'une mauvaise politique. Je suis prêt à admettre que la vanité et le bavardage ont pu entraîner les propos de Talleyrand et de Fouché hors de la juste mesure. Mais je maintiens que, sous tout gouvernement, et en particulier sous le gouvernement absolu, il est nécessaire que des fonctionnaires importants, en cas de péril public, ou à la vue d'une mauvaise direction des affaires, ne craignent point, par une opposition connue, d'encourager cette résistance morale qui peut seule ralentir et même changer la marche funeste de l'autorité. A plus forte raison, s'ils prévoient la possibilité d'un désastre prochain pour lequel il n'y a rien de prêt, peuvent-ils se préoccuper de ce qu'il y aurait à faire. Que l'orgueil du pouvoir absolu s'en irrite, qu'il cherche à briser, à

---

1. *Histoire du Consulat et de l'Empire*, par M. A. Thiers, tome X, p 17

supprimer cette résistance, quand elle est trop isolée pour l'entraver, je le conçois. Mais ce n'en serait pas moins un bonheur pour l'État et pour lui, qu'elle fût assez forte, au contraire, pour contraindre le souverain à modifier ses plans. Et, pour ne pas sortir du cas qui nous occupe, supposez qu'un concert plus général eût fait entendre à l'empereur les mêmes sons, qu'au lieu d'imputer à l'intrigue ou à la trahison le mécontentement de Talleyrand ou de Fouché, les rapports de Dubois ou de tout autre, le lui eussent présenté comme une preuve d'une désapprobation universelle ; que son préfet de police, partageant lui-même cette désapprobation, la lui eût montrée partagée et exprimée par Cambacérès, par Maret, par Caulaincourt, par Murat, par ce duc de Gaëte que M. Thiers cite dans cette occasion, enfin par tous les hommes importants de la cour et du gouvernement, le service rendu à Napoléon eût-il été si mauvais? et cette résistance unanime n'eût-elle pas été la seule chose propre à l'éclairer, à l'arrêter, à le détourner de la voie de perdition, à une époque où il en était bien temps encore?

» Quant au reproche adressé à Talleyrand ou à tel autre, d'avoir blâmé le gouvernement après l'avoir approuvé et servi, c'est un reproche naturel dans la bouche de Napoléon, qui ne craignait pas, d'ailleurs, de l'exagérer par le mensonge. Mais il est puéril en lui-même ; ou bien il est défendu, parce qu'on a suivi un gouvernement, parce qu'on a supporté, couvert, même justifié dans le passé ses fautes par erreur ou faiblesse, de s'éclairer quand le danger s'accroît, quand les circonstances se développent ; et comme s'il ne fallait pas, à moins de rester dans une opposition constante ou une soumission sans limites, qu'il y eût un moment où l'on cessât d'approuver ce qu'on a approuvé jusqu'à la veille, où l'on parlât après s'être tu, et où, plus frappé des inconvénients que des avantages, on reconnût des défauts qu'on avait essayé ou feint d'ignorer, et des fautes qu'on pouvait avoir palliées longtemps. C'est, après tout, ce qui est arrivé à la France à l'égard de Napoléon, et ce changement devait s'opérer naturellement dans l'âme des fonctionnaires comme dans celle des citoyens, à moins que cette âme ne fût aveuglée par la servilité, ou corrompue par une ignoble ambition.

» Dans notre sphère modeste, nous n'eûmes jamais, sous l'Empire, à décider que de la direction de nos vœux et de nos sentiments. N'ayant jamais eu ni pris la moindre part d'action politique, nous avons eu cependant à résoudre pour nous-mêmes cette question qui se présente sans cesse à moi quand je relis les mémoires et les lettres où ma mère a consigné l'histoire de ses impressions et de ses idées.

» Ma mère aurait eu à toucher, au moins indirectement, ce grave sujet, en racontant la disgrâce de M. de Talleyrand. Elle le vit alors au moins autant qu'auparavant. Elle entendit ses récits. Il me semble que rien n'était alors connu du public comme la manière froide, silencieuse, dénuée de faiblesse et d'insolence, avec laquelle, adossé à une console, à cause de ses mauvaises jambes, il avait écouté la philippique de l'empereur [1]. Comme la chose se pratique sous la monarchie absolue, il avala sa disgrâce, et continua d'aller à la cour avec un aplomb qui ne fut pas pris alors pour de l'humilité, et je ne me rappelle pas qu'à partir de ce jour son attitude sous l'Empire ait été taxée de faiblesse. Il est bien entendu, d'ailleurs, qu'il ne faut pas appliquer ici les règles

---

1. C'est après cette scène que M. de Talleyrand disait publiquement : « Quel dommage qu'un si grand homme soit si mal élevé ! » (P. R.)

du point d'honneur telles qu'elles se comprennent dans un pays libre, ni les lois philosophiques de la dignité morale comme on les entend hors du monde des cours et des affaires.

» Ma mère aurait eu ensuite à raconter notre rôle épisodique dans cette sorte de drame. Je ne suis pas sûr que l'empereur soit arrivé ressentant ou montrant quelque mécontentement contre mon père. Je ne sais si ce ne sont pas des rapports postérieurs qui nous attirèrent notre part de disgrâce. En tout cas, il ne le sut pas sur-le-champ, soit parce que, ne s'y attendant nullement, il ne soupçonna rien, soit parce qu'en effet, dans le premier moment, l'empereur ne pensa pas à lui. Il était des amis de M. de Talleyrand, et, jusqu'à un certain point, de sa confidence. C'était déjà un motif de suspicion, une cause de défaveur. Aucune lettre, aucune démarche ne pouvaient nous être reprochées ; même, je m'en souviens, la conversation était chez nous excessivement prudente, et ce n'est que si l'espionnage avait surpris jusqu'aux entretiens de M. de Talleyrand dans le petit salon de ma mère, où mes parents le voyaient habituellement seul, qu'on aurait pu trouver la matière d'un rapport positif de police. Il y en eut cependant ; mon père n'en doutait pas, quoique l'empereur ne lui ait jamais témoigné son mécontentement par quelque scène vive, ni même par quelque explication sévère. Mais il lui témoigna une froideur malveillante, et donna à ses manières cette dureté qui rendait son service insupportable. Mes parents se sentaient dès lors, se savaient, à l'égard du souverain, dans une position pénible qui pouvait même aboutir à leur retraite de la cour.

» Les choses ne s'améliorèrent pas lorsque Napoléon, parti pour l'Allemagne au mois d'avril 1809, revint le 6 octobre à Fontainebleau, vainqueur à Wagram, et

fier de la paix signée à Vienne. Des victoires, quoique
chèrement achetées, n'étaient pas pour le rendre plus
généreux et plus bienveillant. Il venait encore de faire
d'assez grandes choses pour être vain de sa force, et, si
elle avait été mise à de rudes épreuves, c'était une
raison de plus pour qu'il voulût qu'elle fût respectée.
Cependant, il trouvait en arrivant le souvenir récent de
la descente des anglais à Walcheren, un état de choses
en Espagne peu satisfaisant, une querelle avec le saint-
siège poussée à ses dernières extrémités, et l'opinion
publique plus inquiète de son goût pour la guerre que
rassurée par ses victoires, défiante, triste, sévère même,
et entourant de ses soupçons l'homme qu'elle avait si
longtemps environné de ses illusions.

» Cette fois, c'est à Fouché qu'il en voulait. Fouché
avait agi à sa manière au moment de la descente des
Anglais. Il avait pris sur lui, il avait fait un certain
appel au sentiment public, il avait réorganisé la garde
nationale, employé Bernadotte sur nos côtes. Tout dans
cette conduite, et le fond et les détails, avait vivement
déplu à l'empereur. Toute son humeur était donc
contre Fouché, et, de plus, comme il était revenu décidé
au divorce, il était difficile qu'il tînt M. de Talleyrand
à l'écart d'une délibération où la connaissance de
l'état de l'Europe devait peser d'un poids décisif. C'est
ici qu'il faut voir encore une de ces preuves, chaque
jour moins fréquentes alors, de la justesse presque
impartiale de son esprit. On l'a entendu dire quelquefois : « Il n'y a que Talleyrand qui m'entende ;
» il n'y a que Talleyrand avec lequel je puisse cau-
» ser. » Il le consultait, et, dans d'autres moments, il
parlait de le mettre à Vincennes. Aussi ne manqua-t-il
pas de l'appeler lorsqu'il délibéra sur son mariage.
M. de Talleyrand insista fortement pour qu'il s'unît à

une archiduchesse. Il pensait même que l'empereur ne l'avait alors rapproché de lui que parce que son intervention dans cette affaire contribuerait à décider l'Autriche. Ce qui est certain, c'est qu'il a toujours cité sa conduite dans cette circonstance comme un des gages qu'il avait donnés de son opinion fondamentale sur les alliances de la France et les conditions de l'indépendance de l'Europe.

» On sent combien, sur toutes ces choses, l'état de l'opinion pendant la campagne du Danube, les délibérations relatives au divorce, celles qui précédèrent le mariage avec Marie-Louise, les Mémoires de ma mère auraient été instructifs et intéressants. Il m'est malheureusement impossible de suppléer à cette dernière lacune. On peut se rappeler seulement qu'elle dit que l'impératrice avait eu le tort de douter de sa fidélité dans une occasion, probablement relative au divorce. Elle a annoncé qu'elle expliquerait cela. Je ne puis l'expliquer à sa place, et je n'ai nul souvenir qu'elle m'en ait jamais parlé. Au moment même du divorce, son dévouement fut apprécié, et la reine Hortense alla jusqu'à lui conseiller d'y regarder à deux fois avant de s'attacher sans retour à sa mère[1]. Ce n'est pas que je veuille lui faire un grand mérite de ce qu'elle fit alors : la plus simple délicatesse dictait sa conduite, et d'ailleurs, avec sa santé déplorable, son inaction forcée, ses anciens rapports avec Joséphine, et notre nouvelle situation auprès de l'empereur, elle aurait eu dans une cour renouvelée, auprès d'une nouvelle impératrice, la position la plus gauche et la plus pénible. On conçoit, du reste, qu'il ne se passa rien dans tout ce que je viens de rappeler qui

---

1. J'ai donné, dans une note du chapitre XXVII, la lettre qui raconte cette conversation. (P. R.)

relevât notre crédit à la cour, et ma famille y resta irréparablement diminuée. L'empereur, pourtant, approuva que ma mère restât avec l'impératrice Joséphine. Il l'en loua même; cela lui convint. Il la regarda comme une personne à la retraite, dont il n'aurait plus à s'occuper. Ayant moins à attendre de lui, moins à lui demander, il nous reprocha moins dans sa pensée ce qui pouvait nous manquer pour lui plaire. Il laissa mon père dans le cercle de ses fonctions officielles, où son caractère et un certain mélange de mécontentement et de crainte le portaient assez à se renfermer. Il fut à peu près établi dans l'esprit de Napoléon qu'il n'avait plus rien à faire pour nous, et il n'y pensa plus.

» Cette nouvelle situation eût fait que les Mémoires de ma mère, à dater de 1810, auraient perdu de leur intérêt. Elle ne revit plus la cour, hors une fois seulement pour être présentée à l'impératrice Marie-Louise; puis elle eut plus tard une audience de l'empereur, qui lui prescrivit de la demander[1]. Elle n'aurait donc plus eu rien à raconter dont elle eût été témoin dans le palais impérial. Elle n'était plus obligée à des relations avec les grands personnages de l'État, du moins elle s'en crut dispensée, et cédant, peut-être avec excès, à ses goûts, à ses souffrances, elle s'isola de plus en plus de tout ce qui rappelait la cour et le gouvernement.

» Cependant, comme mon père ne cessa pas de fréquenter le palais jusqu'au terme, comme la confiance de M. de Talleyrand n'éprouva aucun affaiblissement, et enfin comme la marche rapide et déclinante des affaires de l'empereur affecta de plus en plus l'opinion publique, et bientôt émut la vive inquiétude de la na-

---

1. J'ai parlé, dans une note, de cette audience et de la lettre qui suivit. (P. R.)

tion, ma mère eut encore beaucoup à connaître et à observer, et elle aurait pu donner à la peinture des cinq dernières années de l'Empire une certaine valeur historique.

» Quelques réflexions sur plusieurs événements de ces cinq années pourront, si l'on veut, être prises comme un souvenir de ce que j'ai entendu, dans le temps même, chez mes parents.

» Parmi les événements de cette année 1809, un des plus importants et qui firent le moins de bruit fut le coup de main sur le pape. On savait mal les faits au moment où ils se passaient, et, il faut bien le dire, chez la nation que Louis XIII a mise sous la protection de la sainte Vierge, personne n'y pensait. Cependant, l'empereur avait commencé par faire occuper les États romains, puis par les démembrer, puis par exiger du pape qu'il fît la guerre à l'Angleterre, puis par le réduire à la ville de Rome, puis par lui ravir toute puissance temporelle, puis enfin par le faire arrêter et garder prisonnier. Voilà qui est étrange, assurément! Et cependant il ne paraît pas qu'aucun gouvernement de l'Europe catholique ait sérieusement réclamé pour le père commun des fidèles. Le pape certainement, délibérant, en 1804, s'il sacrerait Napoléon, ne s'était pas objecté que c'était celui qui, dans l'année, avait fait fusiller le duc d'Enghien. L'empereur d'Autriche, délibérant, en 1809, s'il donnerait sa fille à Napoléon, ne s'est pas objecté que c'était celui qui avait, dans l'année même, mis le pape en prison. Il est vrai qu'alors tous les souverains de l'Europe avaient, en ce qui touche l'autorité pontificale, de tout autres idées que celles qu'on leur prête ou qu'on leur attribue aujourd'hui. La maison d'Autriche, en particulier, avait pour règle traditionnelle ce *testament politique* où le duc de Lorraine, Charles V, recommande de réduire le pape au seul domaine de la

cour de Rome, et se joue « de l'illusion des excommu-
» nications, quand il s'agit du temporel que Jésus-Christ
» n'a jamais destiné à l'Église et que celle-ci ne peut
» posséder sans outrer son exemple et sans intéresser
» son Évangile¹ ».

» On voit, dans une lettre de ma mère, qu'elle conseille dans l'automne de 1809, à mon père de ne pas faire représenter à la cour *Athalie,* dans un moment où l'affaire du pape peut faire chercher des allusions dans cette lutte d'une reine et d'un prêtre, et devant un prince aussi pieux que le roi de Saxe, qui venait en visite chez l'empereur. C'était là le *maximum* de la préoccupation à elle causée par un coup de tyrannie dont on ferait tant de bruit aujourd'hui, et l'opinion publique ne s'en inquiétait certainement pas davantage. Je n'ai pas entendu dire qu'un seul fonctionnaire, dans cet immense empire, se soit séparé d'un gouvernement dont le chef était excommunié, si ce n'est nominativement, au moins implicitement, par la bulle lancée contre tous les auteurs ou coopérateurs des attentats commis envers l'autorité pontificale. Je ne puis m'empêcher de citer le duc de Cadore. Ce n'était un homme ni sans intelligence, ni sans honnêteté ; mais, acceptant comme règles indiscutables les intentions de l'empereur, après avoir prêté son ministère à la spoliation de la dynastie espagnole, il concourait avec la même docilité à celle du souverain pontife, et excommunié lui-même comme *mandataire, fauteur et conseiller*, il soutenait avec un grand sang-froid que Napoléon pouvait reprendre ce que Charlemagne avait donné, et que maintenant la France rentrait vis-à-vis de Rome dans les droits de l'Église gallicane.

---

1. *Histoire de la réunion de la Lorraine à la France,* par M. le comte d'Haussonville, t. III, p 471.

» Le résumé de la situation de l'Empire, à la fin de 1809, est fait en ces termes par le grand historien de l'Empire : « L'empereur s'était fait, à Vincennes, l'émule
» des régicides; à Bayonne, l'égal de ceux qui décla-
» raient la guerre à l'Europe pour y établir la répu-
» blique universelle; au Quirinal, l'égal au moins de
» ceux qui avaient détrôné Pie VI pour créer la répu-
» blique romaine[1] ».

» Je ne suis pas de ceux qui ajoutent par la déclamation à l'odieux de ces actes. Je ne les regarde pas comme des monstruosités inouïes et réservées à notre siècle ; je sais que l'histoire est pleine d'exemples qu'ils n'ont guère fait que reproduire, et que des attentats analogues peuvent se retrouver dans la vie des souverains à qui la postérité a conservé quelque respect. Il ne faudrait pas presser l'histoire des rigueurs du règne de Louis XIV pour découvrir des exécutions qui ne sont pas incomparables avec la mort du duc d'Enghien. L'affaire de l'homme au masque de fer, surtout si, comme il est difficile de ne le pas croire, cet homme était un frère du roi, n'a pas grand'chose à envier au meurtre de Vincennes, et la force et la ruse ne se sont pas déployées d'une manière moins indigne dans l'acte par lequel Louis XIV se saisit de la Lorraine, en 1661, que dans la soustraction frauduleuse de l'Espagne en 1808. Je ne vois guère que l'enlèvement du pape, dont il faudrait remonter jusqu'au moyen âge pour retrouver l'équivalent. J'ajouterai même qu'après ces actions à jamais condamnables, il était encore possible, avec un peu de sagesse, d'assurer le repos, la prospérité et la grandeur de la France, à ce point qu'aucun nom dans l'histoire ne serait au dessus de celui de Napoléon. Mais, si l'on songe

1. *Histoire du Consulat et de l'Empire*, t. XI, l. XXXVII, p. 303.

que c'est ce qu'il n'a point fait, que toutes les guerres entreprises désormais n'ont plus été que des acheminements insensés à la ruine de la patrie, et que dès lors le caractère de l'homme déjà chargé de tels méfaits se développait avec une hauteur et une dureté qui décourageaient ses meilleurs serviteurs, il faut bien comprendre que, même à la cour, tous ceux que n'égarait pas la servile complaisance d'un esprit faux ou d'un cœur abaissé, ont pu légitimement, ont dû peut-être, tristement désabusés, servir sans confiance, admirer sans affection, craindre plus qu'espérer, souhaiter des leçons ou des résistances à un pouvoir terrible, dans ses succès redouter son ivresse, et dans ses malheurs, plaindre la France plus que lui.

» Tel est, en effet, l'esprit dans lequel ces Mémoires auraient été continués, et l'on pourra même trouver que, par une sorte d'effet rétroactif, cet esprit s'est montré dans les récits antérieurs à 1809. A l'époque même où les choses se passaient, cet esprit fut lent à se prononcer, comme je viens de le décrire. Des années s'écoulèrent encore dans une tristesse craintive et défiante, mais sans haine, et chaque fois qu'une heureuse circonstance ou une sage mesure y donnaient jour, le besoin d'espérer reprenait le dessus, et l'on s'efforçait de croire que le progrès vers le mal aurait son terme.

» Les années 1810 et 1811 sont les deux années tranquilles de l'Empire. Le mariage dans l'une, et la naissance du roi de Rome dans l'autre semblaient des gages de paix et de stabilité. L'espérance eût été sans nuages, la sécurité entière, si le voile déchiré à travers lequel on apercevait l'empereur, n'eût montré des passions et des erreurs, germes toujours vivants de fautes gratuites et de tentatives insensées. On sentait que le goût de l'excès s'était développé en lui, et pouvait tout emporter. D'ailleurs, la durée interminable d'une guerre avec l'Angle terre, sans possibilité de la vaincre glorieusement, ni de lui faire aucun mal qui ne nous fût dommageable, et la continuation d'une lutte, en Espagne, difficile et malheureuse, étaient deux épreuves que l'orgueil de l'empereur ne pouvait paisiblement supporter longtemps. Il fallait qu'il se dédommageât à tout prix, et qu'il fît cesser ou du moins oublier par quelques succès étourdissants ces échecs permanents à sa fortune. Le bon sens indiquait que c'était la question d'Espagne qu'il fallait terminer, je ne dis point par un retour à la justice et par un généreux abandon, les Bonapartes ne sont pas de ceux à qui ces partis-là se proposent, mais par la force. Il est à croire que si l'empereur eût voulu concentrer toutes les ressources de son génie et de son empire sur la résistance de la Péninsule, il devait la vaincre. Les causes injustes ne sont pas dans le monde destinées à succomber toujours, et l'empereur aurait dû voir qu'en soumettant l'Espagne, il trouvait enfin l'occasion, si vainement cherchée, de frapper l'Angleterre, puisque celle-ci s'était rendue vulnérable en débarquant là ses armées sur le continent. Une telle occasion valait bien la peine qu'on risquât quelque chose, dût Napoléon s'y employer de sa personne et entrer lui-même en lice avec Arthur Wellesley. Quelle gloire, au contraire, et quelle fortune ne lui a-t-il pas réservées ainsi qu'à sa nation, en ajournant toujours la lutte, et en ne les rencontrant enfin l'un et l'autre que dans les champs funèbres de Waterloo!

» Mais l'empereur n'aimait pas l'affaire d'Espagne; elle l'ennuyait. Elle ne lui avait jamais donné un bon et glorieux moment. Il entrevoyait qu'il l'avait mal commencée, faiblement conduite, qu'il en avait singulièrement méconnu la difficulté et l'importance. Il s'efforçait de la mépriser, pour n'en être pas humilié; il la négligeait, pour en éviter les soucis. Il avait une répugnance puérile, si elle n'était pas pire, à se hasarder dans une guerre qui ne parlait pas à son imagination. Oserons-nous dire qu'il n'était pas parfaitement sûr de la bien faire, et que les risques de revers achevaient de le détourner d'une entreprise qui, même bien déterminée, l'aurait été trop lentement et trop difficilement pour sa grandeur? Toujours improvisateur, il était plus dans ses allures de vieillir ce qui lui déplaisait, et de rajeunir *par du neuf* sa fortune et sa renommée. Il ne résistait pas à la séduction de l'inattendu. Ces causes, jointes aux développements logiques d'un système absurde, et aux développements naturels d'une humeur démesurée annulèrent toutes les garanties de prudence et de salut que les événements intérieurs de 1810 et 1811 semblaient avoir données, le détournèrent de l'Espagne sur la Russie, et produisirent cette campagne de 1812 qui le devait traîner à sa perte.

» Deux années où l'espérance pouvait dominer la crainte, et trois années où la crainte laissait bien peu de place à l'espérance, voilà le partage des cinq dernières années du règne de Napoléon.

» En parlant de 1810 et 1811, ma mère aurait eu à montrer comment les deux événements qui auraient dû inspirer à l'empereur l'esprit de conservation et de sagesse, son mariage et la naissance de son fils, ne servirent en fin de compte, qu'à exalter son orgueil. Dans l'intervalle, on vit tous les obstacles successivement enlevés entre lui et l'exécution de sa volonté. Aussi, depuis longtemps, il ne pardonne pas à Fouché d'être quelque chose par lui-même. Fouché a montré qu'il souhaitait la paix. Une scène violente vient rappeler celle dont Talleyrand avait été l'objet, et le duc de Rovigo devient ministre de la police, choix qui trompe sans doute les espérances de l'empereur et les craintes du public, mais qui semble pourtant aplanir encore le terrain où se jouait l'arbitraire. L'existence de la Hollande et le caractère indocile de son roi est encore un obstacle, au moins une limite. Le roi est réduit à abdiquer, et la Hollande est déclarée française. Rome même devient un chef-lieu de département, et le domaine de saint Pierre est réuni, comme jadis le Dauphiné, pour fournir un titre à l'héritier de l'empire. Le clergé, mené la main haute, est violenté dans ses habitudes et dans ses traditions. Un simulacre de concile est essayé et brisé, et la prison ou l'exil imposent silence à l'Église. Un conseiller, soumis mais modeste, exécute les volontés du maître, mais ne le célèbre pas ; il manque d'enthousiasme dans la servitude : Champagny est remplacé par Maret, et le lion est lâché en Europe, sans plus entendre une voix qui ne l'excite à la fureur. Et comme, pendant ce temps, la fortune du conquérant et la liberté du monde ont trouvé l'une sa limite, l'autre son rempart dans ces lignes immortellement célèbres de Torrès-Vedras, il faut que cette force impatiente et irritée rebondisse sur Moscou, et qu'elle aille s'y briser.

» Cette dernière période, si riche pour l'historien politique en affreux tableaux, prêterait peu au simple observateur des scènes intérieures du gouvernement. Le nuage s'épaississait autour du pouvoir, et jamais la France n'a moins su ce qu'on faisait d'elle qu'alors qu'on la perdait en quelques coups de dés. Cependant, il y aurait encore à faire l'instructive peinture des cœurs et des esprits ignorants et inquiets, indignés et soumis, désolés, rassurés, abusés, insouciants, abattus, tout cela tour à tour et quelquefois en même temps, car le despotisme, qui feint toujours d'être heureux, prépare mal les peuples au malheur, et ne croit au courage que lorsqu'il l'a trompé.

» C'est, je pense, à cette description des sentiments publics que ma mère aurait pu consacrer la fin de ses Mémoires, car elle a su peu de chose que personne n'ait vu. M. Pasquier, qu'elle voyait tous les jours, observait, par goût autant que par devoir, la discrétion prescrite à ses fonctions. Habitué aux conversations du monde qu'il régentait sans contrainte, il a été longtemps soigneux d'en écarter la politique, même alors que tout le monde fût libre d'en parler. Le duc de Rovigo, moins discret, divulguait cependant plutôt ses opinions que les faits, et les conversations plus franches et plus confiantes de M. de Talleyrand n'étaient guère que la confidence de ses jugements et de ses pronostics. »

FIN DU TOME TROISIÈME ET DERNIER.

TABLE

DU TOME TROISIÈME.

Pages.

PRÉFACE DU TOME TROISIÈME..................... 1

LIVRE II.

(Suite.)

CHAPITRE XX.

1806.

Sénatus-consulte du 30 mars. — Fondation de royaumes et de duchés. — La reine Hortense.................. 1

CHAPITRE XXI.

1806.

Mon voyage à Cauterets. — Le roi de Hollande. — Tranquillité factice de la France. — M. de Metternich. — Nouveau catéchisme. — Confédération germanique. — La Pologne. — Mort de M. Fox. — La guerre est déclarée. — Départ de l'empereur. — M. Pasquier et M. Molé — Séance du Sénat. — Premières hostilités. — La cour. — Réception du cardinal Maury.................. 36

CHAPITRE XXII.

1806-1807.

Mort du prince Louis de Prusse. — Bataille d'Iéna. — La reine de Prusse et l'empereur Alexandre. — L'empereur et la Révolution. — Vie de la cour à Mayence. — Vie de Paris. — Le maréchal Brune. — Prise de Lubeck. — La princesse de Hatzfeld. — Les auditeurs au conseil d'État. — Souffrances de l'armée. — Le roi de Saxe. — Bataille d'Eylau.. 78

CHAPITRE XXIII.

1807.

Retour de l'impératrice à Paris. — La famille impériale. — Junot. — Fouché. — La reine de Hollande. — Levée des conscrits de 1808. — Spectacles de la cour. — Lettre de l'empereur. — Siège de Danzig. — Mort de l'impératrice d'Autriche. — Mort du fils de la reine Hortense. — M. Decazes. — Insensibilité de l'empereur............. 117

CHAPITRE XXIV.

1807.

Le duc de Danzig. — Police de Fouché. — Bataille de Friedland. — M. de Lameth. — Traité de Tilsit. — Retour de l'empereur. — M. de Talleyrand. — Les ministres. — Les évêques..................................... 151

CHAPITRE XXV.

1807.

Tracasseries de cour. — Société de M. de Talleyrand. — Le général Rapp. — Le général Clarke. — Session du Corps législatif. — Discours de l'empereur. — Fêtes du 15 août — Mariage de Jérôme Bonaparte. — Mort de Lebrun. — L'abbé Delille. — M. de Chateaubriand. — Dissolution du Tribunat. — Voyage à Fontainebleau.................. 183

CHAPITRE XXVI.

1807.

Puissance de l'empereur. — Résistance des Anglais. — Vie de l'empereur à Fontainebleau. — Spectacles. — Talma. — Le roi Jérôme. — La princesse de Bade. — La grande-duchesse de Berg.— La princesse Borghèse.— Cambacérès. — Les princes étrangers. — Affaires d'Espagne. — Prévisions de M. de Talleyrand. — M. de Rémusat est nommé surintendant des théâtres. — Fortune et gêne des maréchaux........ 218

CHAPITRE XXVII.

1807-1808.

Projets de divorce..................................... 227

CHAPITRE XXVIII.

1807-1808.

Retour de Fontainebleau. — Voyage de l'empereur en Italie. — La jeunesse de M. de Talleyrand. — Fêtes des Tuileries. — L'empereur et les artistes. — Opinion de l'empereur sur le gouvernement anglais. — Mariage de mademoiselle de Tascher. — Le comte Romanzou. — Mariage du maréchal Berthier. — Les majorats. — L'université. — Affaires d'Espagne......................... 315

CHAPITRE XXIX.

1808.

La guerre d'Espagne. — Le prince de la Paix. — Le prince des Asturies. — Abdication du roi Charles IV. — Départ de l'empereur. — Son séjour à Bayonne. — Lettre de l'empereur au prince des Asturies. — Arrivée de ce prince en France. — Naissance du second fils de la reine Hortense. — Abdication du prince des Asturies............ 360

APPENDICE... 398

FIN DE LA TABLE DU TOME TROISIÈME ET DERNIER.

PARIS — IMPRIMERIE ÉMILE MARTINET, RUE MIGNON, 2.